算法交易系统与策略

〔美〕维多利亚·多尔曾科 著

黄 刚 译

清华大学出版社

北 京

内 容 简 介

　　本书详细阐述了与算法交易系统相关的基本解决方案,主要包括开发交易系统的流行方法、开发交易系统导论、架构解决方案、技术栈和库、优化算法、优化算法的实现、Core 模块的实现、最终实现方法等内容。此外,本书还提供了相应的示例、代码,以帮助读者进一步理解相关方案的实现过程。

　　本书既适合作为高等院校计算机及相关专业的教材和教学参考书,也可作为相关开发人员的自学用书和参考手册。

北京市版权局著作权合同登记号 图字:01-2024-5506

Algorithmic Trading Systems and Strategies: A New Approach, by Viktoria Dolzhenko

Copyright © Viktoria Dolzhenko, 2024

　　This edition has been translated and published under licence from APress Media, LLC, part of Springer Nature.

　　本书中文简体字版由 Apress 出版公司授权清华大学出版社。未经出版者书面许可,不得以任何方式复制或抄袭本书内容。

图书在版编目(CIP)数据

　　算法交易系统与策略 /(美) 维多利亚·多尔曾科著;
黄刚译. -- 北京 : 清华大学出版社, 2025. 8. -- ISBN
978-7-302-69964-4

　　I. F830

　　中国国家版本馆 CIP 数据核字第 2025Y95W63 号

责任编辑:贾小红
封面设计:刘　超
版式设计:楠竹文化
责任校对:范文芳
责任印制:刘　菲

出版发行:清华大学出版社
　　　　　网　　　址:https://www.tup.com.cn,https://www.wqxuetang.com
　　　　　地　　　址:北京清华大学学研大厦 A 座　　　　　邮　　编:100084
　　　　　社 总 机:010-83470000　　　　　邮　　购:010-62786544
　　　　　投稿与读者服务:010-62776969,c-service@tup.tsinghua.edu.cn
　　　　　质量反馈:010-62772015,zhiliang@tup.tsinghua.edu.cn
印 装 者:三河市天利华印刷装订有限公司
经　　销:全国新华书店
开　　本:185mm×230mm　　　　印　张:17　　　　字　数:334 千字
版　　次:2025 年 9 月第 1 版　　　　印　次:2025 年 9 月第 1 次印刷
定　　价:89.00 元

产品编号:109275-01

谨以此书献给那些不断寻求新思想的人。这些孜孜不倦的探索者不会被任何困难或失败所阻挠，他们一生都在寻找一些新的事物来改善自己和周围人的生活。我对这样的人深感敬佩。正是因为有了这样的人，世界才能在某种程度上变得更加美好。

　　勇于创新，正是我们人生的追求。

译　者　序

由于人工智能技术的发展，今天的交易者和以前相比有了很大的不同。以前的交易者依靠个人经验和直觉，以及各种市场分析图表进行交易；而今天的交易者更愿意借助人工智能技术，直接获得更加清晰的买卖信号。许多交易者甚至开发出智能化的交易机器人，通过高频量化交易，实施更加精准的交易。

要形成自己的交易系统并开发相应程序，需要从策略构建、技术实现到测试优化进行全流程的系统化设计。交易系统构建的核心步骤包括策略基础设计、模型开发、量化规则转化和历史回测验证等。本书从实用性出发，讨论了这一系列步骤。例如，在策略基础设计方面，本书介绍了市场规则认知，包括深入理解目标市场的交易机制（如订单类型、价格机制、交易时段），了解交易目标设定，明确风险承受能力（如单笔风险控制在1%～2.5%本金）、收益预期（如年化收益率目标）和操作周期（日内/波段/长线）等。在模型开发方面，本书介绍了与顺势策略、逆势策略和形态策略等相关的各种技术指标，如移动均线（MA）、RSI超买超卖、支撑位和阻力位等。在量化规则转化方面，本书介绍了如何将策略转化为可执行规则，例如：设置入场条件为突破20日均线且MACD金叉；设置止损为固定比例（如2%）或波动率ATR指标；设置止盈逻辑，如动态跟踪止盈或固定盈亏比（如3∶1）。在历史回测验证方面，本书介绍了最大回撤和夏普比率等指标。

本书还介绍了一些算法交易系统开发的关键技术要点，包括技术架构设计、策略搜索子系统和真实交易子系统。在策略搜索子系统方面，本书介绍了种群算法和遗传算法，为开发人员创建自己的策略搜索系统提供了颇具启发性的思路；在真实交易子系统方面，本书介绍了核心模块的实现，帮助开发人员快速搭建原型，再逐步转向深层开发。最后，本书还介绍了如何使用Docker和Kubernetes部署和运行开发的系统，并部署所需的基础设施。

当然，程序化交易也并非百战百胜，面对变幻莫测的市场，交易者仍然需要持续跟踪市场结构的变化，每年进行1次甚至多次的策略迭代。通过本书介绍的模块化开发技巧，读者可以轻松完成这一任务。

在本书的翻译过程中，为了更好地帮助读者理解和学习，本书对大量的术语以中英文对照的形式给出，这样的安排不但方便读者理解书中的代码，而且有助于读者通过网络查找和利用相关资源。

本书由黄刚翻译，陈凯、马宏华、黄永强、黄进青、熊爱华等也参与了部分章节的翻译工作。由于译者水平有限，错漏之处在所难免，在此诚恳欢迎读者提出任何意见和建议。

前　　言

你如果开始研究算法交易，会注意到创建交易系统的逻辑中的一般性模式。这种模式就是找到一些高盈利策略并在交易中使用它们。通常，搜索这样的策略需要大量的体力劳动，而且这种方法有一个很大的缺点：找到盈利策略的可能性很低。

此外，这个过程由于需要大量的体力劳动，因此对于所发现的策略也会提出过高的要求，而这些都需要大量的资源支持和配置。

我过去曾经尝试了许多不同的策略，其中大多数都表现不佳，因此我对自己和使用的方法越来越感到沮丧。有一天，我想起了我在大学时和一位老师一起从事的一些工作，当时我们正在寻找发射和调整人造地球卫星运动的最佳参数，要求以最少的燃料消耗将其发射到目标轨道。我想，这项任务与寻找盈利策略的任务有何不同？我意识到它们是一样的，这意味着我在该领域的知识可以应用于一个全新的方向。

因此，我结合了构建高载荷系统和工程领域的知识，创建了一种寻找和使用盈利策略的新方法。我提出的解决方案不是要孜孜以求地寻找几十个超高盈利的策略，而是要快速找到数百种适度盈利策略，尽管这些策略的盈利目标不如超高盈利策略那样激进，但需要的体力劳动却是最少的。

本书将介绍如何开发一个能够不断搜索和运行策略的系统，并使用.NET Framework演示实现这种系统基础部分的选项。因此，在本书中，读者将学习如何构建一个交易系统，该系统将比传统方法更有可能找到盈利策略。

关 于 作 者

    我成为一名程序员的梦想始于我家第一台计算机出现的那一刻。小时候，我喜欢编程，并定期参加各种编程比赛。今天，我在开发复杂系统方面已经拥有 10 多年的经验。

    我的本职工作是设计各种复杂的应用程序，但就个人而言，我对算法交易更感兴趣。为了将这两者结合起来，我决定建立一个系统，它可以自己搜索和找到可盈利的策略。开发这样一个算法交易系统对于我来说是一项有趣而艰巨的任务。

    本书将分享我的发现和结论，以帮助每一个试图建立自己的算法系统的人，避免浪费时间创建无效的系统。读者可以从我的经验中学习，以从自己创建的算法交易系统中获得最大的利益。

Viktoria Dolzhenko

关于审稿人

Ganesh Harke 是一位经验丰富的技术领导者，在一家跨国投资银行工作。在过去的 14 年中，Ganesh 将他在可扩展和低延迟系统的设计、架构和开发方面的专业知识引入各个行业中。

Ganesh 目前担任花旗银行的技术主管，处于开发尖端电子商务平台的最前沿。他的职业生涯不仅限于花旗银行，还包括在巴克莱银行和西门子公司等机构担任过有影响力的职务。他在每个关键岗位上都作出了重要贡献，从复杂的金融解决方案到尖端的技术创新，他在多个项目上留下了不可磨灭的印记。

Ganesh Harke

Ganesh 拥有金融工程硕士学位和信息技术学士学位，并通过了所有三个特许金融分析师（chartered financial analyst，CFA）级别的考试。

Ganesh 也是一位导师，他乐于用自己的技术专长帮助其他同事和相关人士。Ganesh 因其在职业网络内外的工作而受到认可。

Vadzim Zylevich 是一名经过认证的微软解决方案开发人员，拥有深厚的软件开发背景，专注于 C#和 ASP.NET 等技术。他在 10 余年的职业生涯中，领导了若干个重要项目，并因技术技能和领导力而颇受认可。目前，他在全球领先的物流公司丹麦马士基（Maersk）工作，主要负责应用自己的专业知识进行创新和提高公司的技术能力。

除了编程，他还是 Code-Maze 博客平台的技术作家，热心指导有抱负的开发人员，分享自己的知识和经验。他喜欢探讨人工智能对软件开发的影响，并在 TickerNews 的一次

Vadzim Zylevich

采访中讨论了这个话题，这也凸显了他对科技领域创新和教育的兴趣。他的目标不仅是推动技术进步，还试图通过让所有人都能理解复杂概念来促进技术社区的发展。

Samantha 是一名资深的投资组合绩效和风险专家，在其领域内提供了多种资产的专业知识。她喜欢利用彭博社的解决方案和模型向全球资产管理公司和卖方阐明战略解决方案。Samantha 擅长对各种投资工具进行流动性压力评估、固定收益分析和定制索引，她对不断变化的投资格局以及应对监管和行业挑战的世界级解决方案有着丰富的知识。

Samantha

目　　录

第 1 章　开发交易系统的流行方法 ……………………………………………… 1

1.1　人工交易 ……………………………………………………………… 1

1.2　现成的信号和算法 …………………………………………………… 1

　　1.2.1　信号 ………………………………………………………… 2

　　1.2.2　第三方算法 ………………………………………………… 3

1.3　专业服务 ……………………………………………………………… 5

1.4　独立创建交易平台 …………………………………………………… 6

　　1.4.1　测试单一策略 ……………………………………………… 6

　　1.4.2　不同开发人员的方法 ……………………………………… 7

1.5　雇用第三方开发者 …………………………………………………… 7

1.6　我的方法 ……………………………………………………………… 8

1.7　小结 …………………………………………………………………… 9

第 2 章　开发交易系统导论 ……………………………………………………… 10

2.1　一般理论 ……………………………………………………………… 10

　　2.1.1　订单执行 …………………………………………………… 12

　　2.1.2　保证金和杠杆 ……………………………………………… 14

2.2　交易系统的构成 ……………………………………………………… 15

2.3　交易理论 ……………………………………………………………… 16

　　2.3.1　技术分析 …………………………………………………… 17

　　2.3.2　基本面分析 ………………………………………………… 21

　　2.3.3　混合方法 …………………………………………………… 21

　　2.3.4　波动 ………………………………………………………… 22

　　2.3.5　信号 ………………………………………………………… 22

2.4　资本管理 ……………………………………………………………… 24

　　2.4.1　固定头寸规模 ……………………………………………… 24

　　2.4.2　凯利标准 …………………………………………………… 25

　　　2.4.3　最优 f ·· 26

　　　2.4.4　鞅 ··· 27

　　　2.4.5　反鞅 ··· 28

　　　2.4.6　固定比例头寸规模 ··· 28

　2.5　风险控制 ·· 30

　　　2.5.1　最大损失金额 ·· 31

　　　2.5.2　止损单 ··· 31

　　　2.5.3　止盈单 ··· 32

　　　2.5.4　追踪止损单 ·· 33

　　　2.5.5　投资组合多样化 ··· 34

　　　2.5.6　监测市场波动 ·· 35

　2.6　测试 ·· 36

　2.7　绩效指标 ·· 37

　　　2.7.1　盈利能力 ··· 37

　　　2.7.2　获利因子 ··· 38

　　　2.7.3　回撤 ·· 38

　　　2.7.4　夏普比率 ··· 39

　　　2.7.5　盈利交易的平均盈利规模和亏损交易的平均亏损规模 ·········· 39

　　　2.7.6　期望值 ··· 40

　2.8　优化 ·· 40

　2.9　小结 ·· 42

第 3 章　架构解决方案第 1 部分：识别需求 ································ 43

　3.1　确定需求 ·· 44

　　　3.1.1　信号 ·· 44

　　　3.1.2　客户对系统的愿景 ·· 45

　3.2　理论生成器 ··· 47

　　　3.2.1　策略搜索 ··· 50

　　　3.2.2　选择和前向测试 ··· 59

　　　3.2.3　金融工具的选择 ··· 60

　　　3.2.4　盈利策略搜索设置 ·· 60

　　　　3.2.5　搜索盈利策略的逻辑 ……………………………………………… 60

　　　　3.2.6　真实交易 …………………………………………………………… 62

　　3.3　重要问题 ……………………………………………………………………… 62

　　　　3.3.1　头寸的生命周期 …………………………………………………… 63

　　　　3.3.2　资本管理 …………………………………………………………… 64

　　　　3.3.3　风险控制 …………………………………………………………… 65

　　　　3.3.4　指标的可伸缩性 …………………………………………………… 69

　　3.4　小结 …………………………………………………………………………… 71

第 4 章　架构解决方案第 2 部分：服务和子系统 ……………………………………… 72

　　4.1　微服务架构 …………………………………………………………………… 72

　　4.2　Kubernetes …………………………………………………………………… 74

　　4.3　子系统 ………………………………………………………………………… 76

　　4.4　策略搜索子系统 ……………………………………………………………… 76

　　　　4.4.1　生成器 ……………………………………………………………… 77

　　　　4.4.2　队列 ………………………………………………………………… 79

　　　　4.4.3　有限状态机 ………………………………………………………… 82

　　　　4.4.4　理论处理步骤的概念 ……………………………………………… 82

　　　　4.4.5　子理论计算 ………………………………………………………… 86

　　　　4.4.6　生成器过程检查 …………………………………………………… 87

　　　　4.4.7　优化算法 …………………………………………………………… 88

　　　　4.4.8　任务 ………………………………………………………………… 89

　　　　4.4.9　核心 ………………………………………………………………… 91

　　　　4.4.10　沙盒交易所 ……………………………………………………… 91

　　4.5　真实交易子系统 ……………………………………………………………… 92

　　　　4.5.1　集成交易所 ………………………………………………………… 92

　　　　4.5.2　策略的启动和运行 ………………………………………………… 95

　　　　4.5.3　启用和禁用策略 …………………………………………………… 96

　　　　4.5.4　检查金融工具的类型 ……………………………………………… 98

　　　　4.5.5　主数据 …………………………………………………………… 101

　　4.6　小结 ………………………………………………………………………… 103

第 5 章　技术栈和库 ··· 104

　5.1　选择框架 ··· 104

　5.2　应用程序架构 ··· 105

　　5.2.1　意大利面条式代码 ··· 105

　　5.2.2　整洁架构 ··· 105

　　5.2.3　域驱动设计与贫血模型 ··· 107

　5.3　对象关系映射器 ·· 108

　　5.3.1　使用 Dapper 的方法 ··· 108

　　5.3.2　迁移 ··· 111

　5.4　有限状态机 ·· 112

　　5.4.1　工作原理 ··· 113

　　5.4.2　托管服务 ··· 115

　　5.4.3　后台运行机制 ··· 125

　5.5　小结 ··· 129

第 6 章　优化算法 ··· 130

　6.1　问题的形式 ·· 130

　6.2　种群算法 ·· 131

　6.3　遗传算法 ·· 132

　　6.3.1　突变算子 ··· 133

　　6.3.2　交叉算子 ··· 134

　　6.3.3　筛选算子 ··· 136

　　6.3.4　选择算子 ··· 140

　　6.3.5　限制 ··· 142

　　6.3.6　局部无约束优化算法 ··· 147

　6.4　小结 ··· 155

第 7 章　优化算法的实现 ··· 156

　7.1　总体愿景 ·· 156

　7.2　暴力算法 ·· 158

　　7.2.1　获取信息 ··· 159

　　　　7.2.2　获取一组值 ·· 162

　　　　7.2.3　使用方法 ·· 166

　　7.3　遗传算法 ·· 167

　　　　7.3.1　步骤 ·· 168

　　　　7.3.2　获取信息 ·· 168

　　　　7.3.3　获取一组值 ·· 172

　　　　7.3.4　初始化步骤 ·· 178

　　　　7.3.5　突变步骤 ·· 179

　　　　7.3.6　筛选步骤 ·· 181

　　　　7.3.7　繁殖步骤 ·· 184

　　7.4　测试函数 ·· 188

　　7.5　子理论示例 ·· 189

　　7.6　小结 ·· 191

第 8 章　Core 模块的实现 ··· 192

　　8.1　用例 ·· 192

　　8.2　上下文 ·· 194

　　8.3　更新 K 线事件 ·· 194

　　8.4　检查信号 ·· 196

　　　　8.4.1　策略模型 ·· 197

　　　　8.4.2　计算信号 ·· 201

　　　　8.4.3　指标计算 ·· 205

　　　　8.4.4　平均真实范围 ·· 209

　　8.5　头寸处理 ·· 212

　　　　8.5.1　ProcessBot Lite ·· 213

　　　　8.5.2　处理步骤 ·· 218

　　　　8.5.3　事件 ·· 221

　　　　8.5.4　处理操作 ·· 229

　　8.6　小结 ·· 233

第 9 章　最终实现方法 ·· 234

　9.1　Binance 适配器 ··· 234

　　9.1.1　功能目标 ··· 234

　　9.1.2　具体实现 ··· 235

　9.2　Docker ··· 237

　　9.2.1　容器化技术发展简史 ·· 237

　　9.2.2　需要 Docker 的理由 ··· 239

　　9.2.3　Docker 组件 ··· 239

　　9.2.4　启动应用程序 ·· 240

　9.3　Kubernetes ·· 245

　　9.3.1　组件 ··· 245

　　9.3.2　Pod ··· 246

　　9.3.3　部署 ··· 247

　　9.3.4　服务 ··· 251

　　9.3.5　helm ··· 252

　9.4　小结 ··· 254

第1章　开发交易系统的流行方法

在开始创建自己的系统之前，你必须首先寻找实现它的可能方法。也许有人已经实现了你的想法，因此你并不需要创建自己的程序。即使市场上没有和你的想法一样的产品，你仍然可以从现有产品中收集有价值的见解。

目前，创建交易系统的方法有很多，从在证券交易所使用传统的人工交易系统到雇佣第三方开发人员或公司来实现你的想法，不一而足。事实上，你不仅可以在互联网上找到交易系统的想法，还可以找到它们的实现方案。

本章将带你了解创建交易系统的主要方法，并思考它们的优缺点。此外，我还将描述我自己的方法，并解释为什么选择它。

1.1　人　工　交　易

这个世界上有很多著名的股票交易者通过他们的知识、努力和丰富的经验赚取了海量财富。如果你想追随他们的道路，则需要每天磨炼你的交易技巧，增加你的知识。

基于人工交易的交易系统的本质是独立寻找成功的策略，从日常的失败和成功中获得经验。我对那些不使用第三方辅助程序进行交易却取得巨大成功的交易者感到由衷的钦佩。虽然这些人也会使用证券经纪人提供的经典图表，但最重要的交易策略分析工作却是由他们自己所完成的。无论人工神经网络现在有多受欢迎，它们都还没有衍生出敏锐的直觉和潜意识，这正是人类不可否认的优势。

当然，需要强调的是，这样的人工交易可能加分也可能减分。情绪和贪婪长期困扰着人类，股票交易者也不例外。一般来说，当需要做出重大决定时，一些人会屈服于群体效应，甚至产生恐慌情绪，轻率地承担不必要的风险。这就是在人工交易中，人为错误率很高的缘故。反过来，错误也会破坏人类的神经系统，击溃交易者的信心。

人类的情绪永远做不到像交易机器人那样冷静理性。此外，交易机器人能够比人类更快地做出决定，而且不需要休息或睡眠；因此，它可以完成的交易数量远远大于人类。

1.2　现成的信号和算法

最容易理解和实现的交易系统可以基于其他交易参与者的交易信号，也可以基于你购买的交易机器人的信号或自动交易。这两种方法都可以产生收入，但前提是使用得当。不要被卖家的承诺所欺骗。也就是说，你可以将它们用作工具，而不是包办一切的解决方案。

1.2.1 信号

交易中的信号是信号提供者对证券买卖的提示或建议。也就是说，一个信号告诉你买入或卖出。在实践中，如果此信号是警报形式，那么它可能看起来像是一条短信，如下所示。

特斯拉（TSLA），买入价 203，卖出价 208

信号提供者既可以是普通交易员，也可以是专业公司经验丰富的分析师。市场上有大量的信号提供者；主要问题是找到一家高质量、诚实的公司。

信号很方便，因为它们完全不需要时间来开发和测试。当购买一个信号时，你会收到一个现成的解决方案，所需要做的就是按照指示进行交易。但正如人们常说的，"魔鬼藏在细节中"，尽管信号简单明了，但信号提供者经常会隐藏或仅提供有关决策逻辑的部分信息，因此用户并不确切知道该信号基于什么逻辑。

有鉴于此，要决定是否与某个信号提供者合作，你需要仔细研究其分析内容。

根据控制和价格的不同，信号包含不同的类型。这类划分有点肤浅，但区别如下：

- 手势信号。这些是提供者使用人工交易系统提供的信号。它们通常是长时间坐在显示器前并耗费大量时间研究和分析证券的结果。最有可能的是，一个提供者不会发出太多这样的信号。

- 自动信号。这些是基于提供者交易算法获得的信号。也就是说，这些信号是自动生成的。当然，采用这种方法时，生成的信号数量很可能会高于人工研究获得的信号。

- 跟单交易（copy trading）。所谓"跟单交易"是指平台将顶级交易者的交易信号实时传送给跟单投资者，后者的账户会自动执行相同的交易。这是一种简单做法，信号买方不需要花费大量时间研究证券，只要跟随信号卖方的操作即可。但是，这种情况下的最大缺点是信号买方缺乏对账户的足够控制。

- 警报。这些是短信形式的信号，告诉用户该做什么。上文展示了一个警报的例子。这是最安全的信号类型之一，因为操作和头寸大小（position size）始终由账户所有者决定。

- 账户管理。此选项意味着客户将其账户的控制权完全转移给信号提供者。在这种情况下，信号提供者很可能会获得一定比例的利润。选择此选项时，你应该仔细阅读提供此类服务的公司的信息。此外，该方式存在较高的欺诈风险。

- 免费信号。免费信号的质量通常低于付费信号。这是合乎逻辑的，因为几乎没有人愿意免费分享他们的工作成果。

初看之下，基于现成信号创建交易系统的任务很简单，用户可以组合来自不同提供者的信号并对其进行综合处理。这里的主要困难是，你可能会花费大量时间进行分析和测试，不断添加新的信号并消除过时的信号。这意味着创建这样一个系统相对简单，但维护它却面临着巨大的困难和成本。

1.2.2　第三方算法

今天的股票交易领域出现了一切自动化和算法化的全球趋势，那些旨在帮助交易者甚至能够独立进行交易的算法系统的数量每年都在增长。任何人都可以购买算法机器人，你并不需要成为一名程序员才能这样做。

既然有了这么多的交易机器人，那么问题来了：为什么创造它们的人没有用它们来为自己赚个盆满钵满呢？当然，有些人可能赚到了，但具有讽刺意味的是，这并不是因为股票交易，而是因为向消费者出售机器人的收益。

我的观点是，你需要明白，如果使用交易机器人进行股票交易可以带来比机器人本身更多的收入，那么没有人会出售交易机器人。当然，这并不意味着没有真正好用的机器人，只能说机器人在搜索和分析方面能做的有限。

你还应该注意到此类机器人的价格相当高。也就是说，你希望获得一个高盈利的交易算法，同时还能赚回你在机器人上投资的钱。事实上，找到一个能够持续工作的优秀机器人是相当困难的。在撰写本书时，一个销售算法机器人的热门网站销售了大约 4 000 个"专业"机器人。想象一下，分析所有这些机器人并确保它们有效是多么困难。在购买之前，你不仅应该查看评论，还应该自己分析指标。

也就是说，任何不想从头开始创造这一切的人都可以很容易地购买机器人。事实上，有些人的投资组合中有数百个这样的机器人，但他们没有花费哪怕一秒钟的时间来创造它们。

交易机器人使用了不同类型的算法。这些机器人不仅在决策逻辑上有所不同，而且在资金管理、平均交易时间、交易方法、价格和许多其他参数上也有所不同。此外，任何交易机器人都必须包含其工作的分析数据，这对买家来说是有价值的信息。

以下是可用于分析交易机器人绩效的指标的简短列表，第 2 章将更详细地讨论它们。

- 预期值（expected value）。这是对策略在长期使用过程中的平均预期回报的估计。从本质上讲，它将告诉你某个策略在较长时期内的预期盈利。

- 获利因子（profit factor）。这是交易策略有效性的指标，即总获利与总亏损的比率。这显示了利润与损失的比较。
- 绝对回撤（absolute drawdown）。这表示交易账户中资金从交易期开始到结束的绝对值变化。
- 相对回撤（relative drawdown）。这表示最大亏损值占初始余额的百分比值。
- 最大回撤（maximum drawdown，MDD）。这显示了资本从有史以来的最高水平到有史以来最低水平的最大跌幅。
- 回收因子（recovery factor）。回收因子等于净利润的绝对值与最大回撤的比率。回收因子越高，则策略弥补损失并开始产生利润的速度就越快。

正如你所理解的，目前有很多类型的机器人，以下是其中一些类型。

- 长期、中期、短期。这是一种基于平均持仓时间的分类。
- 短期交易机器人又分为套利和倒卖两种类型。套利机器人（arbitrage robot）不是在一个交易所而是在若干个交易所开立头寸，但它们的头寸总是短期的，持续时间几乎是毫秒级的。在这方面，它们类似于倒卖机器人（scalping robot），只不过后者通常仅在一个交易所交易。
- 自动和半自动机器人。自动机器人可以在没有人工协助的情况下进行操作，而半自动机器人则需要持续的关注。这是因为半自动机器人的功能要少得多，可以被人工所取代。例如，这样的系统可能需要有关开仓大小的信息。
- 基于鞅（martingale）原理的专家顾问系统。这是一种资金管理系统，在每次无利可图的头寸平仓后，都需要将下一个头寸的规模扩大一倍。如果结果是盈利的，则可以弥补之前交易的损失，并恢复到原始头寸规模。
- 趋势（trend）系统和振荡器（oscillator）系统。这些是基于技术分析的系统。
- 非指示器（nonindicator）系统。这些是涵盖特定的算法机器人。例如，根据对新闻网站或论坛的分析做出决策的系统。

对于短期信号，最重要的分析指标之一是持有头寸的平均时间。毕竟，如果这个指标等于或小于一分钟，则意味着你正在使用的是倒卖或套利信号。这些信号对 ping 速（即网络通信速度）非常敏感，很可能你没有机会及时交易它们。因此，我建议你只考虑至少持有若干分钟或更长时间的头寸的信号。

时间过长的交易也是一个坏信号。也许机器人正试图等待交易的累积损失，并且其决策逻辑包含一个严重的缺陷，并反映在过早退出头寸上。

此外，你绝对应该对基于鞅原理的专家顾问系统敬而远之。尽管这个系统看起来很简单，但它几乎总是会导致你砸进去所有的本金。在一系列长期亏损的交易之后，你的资本将重置为零。要确定一个系统是否基于鞅原理很容易，只要查看其余额表（balance chart）和资金表（funds chart）即可，正常系统的这些图表应该尽可能接近，并且会呈现自然增长态势。开仓和平仓的均匀交替也表明了系统的可靠性。如果这两个图表之间出现巨大差距，并且未平仓头寸数量增加，平仓头寸减少，这些都表明这是一个基于鞅的系统。

自动机器人通常被认为比半自动机器人更可靠。毕竟，此时人为因素完全被排除在外。但也应该指出的是，它们的开发比半自动系统复杂得多，因此高质量系统的价格也更高。同样需要指出的是，你需要对此类系统的运行进行全面控制，以便你或监控系统能够及时发现问题并停止交易。

目前的算法机器人市场由趋势系统和振荡器系统主导。这是合乎逻辑的，因为技术指标的公式可以很容易地转移到程序中。它们在股票图表上很容易看到，也很容易分析。

任何算法机器人不可否认的优势是它能够交易不同的金融工具。事实上，仅这一特征就表明机器人相当可靠；很明显，这种机器人不是通过调整来工作的，这意味着它将在长期内取得良好的效果，并对市场变化做出良好的反应。

对于那些想要基于购买算法创建自己的交易系统的人来说，可以走多样化的道路以降低风险。例如，可以为投资组合购买大量机器人，它们最好按照不同的原理工作，然后可以综合使用它们。本质上，该原理类似于根据交易信号创建投资组合。这里，你的大部分时间也将花在不断的分析和测试上。遗憾的是，这种方法更加昂贵。

1.3　专 业 服 务

上述所有选择都有一个缺点——它们不会完全实现你的交易策略。当然，你可以使用自己的想法创建自己的交易系统。但是，你如果没有编程技能，那么会怎么做？

在这种情况下，可以考虑使用专业服务。在无须任何特殊知识的情况下，专业服务可以帮助你逐步构建机器人。你可以简单地实现决策逻辑，然后测试和分析由此产生的策略。有些服务甚至允许你设置资金管理和风险控制规则，而另一些服务则允许你使用特殊的脚本语言使逻辑复杂化。

遗憾的是，很难用这些类型的服务创建特定的东西。对于更高级的策略，你至少需要学习一种简单的脚本语言，而不是使用简单的逻辑。一些服务可使用 Python 或 C#等语言提供编程功能，这两种语言都允许你创建更复杂的算法。

除了像"构造函数"之类的服务，市场上还有更多类似服务，它们通常有大量的用户，因此你可以拥有一个较为成熟的学习环境。

但是，当你想要创建一些独特的东西来测试一个不符合标准框架的理论时，你将不可避免地会遇到一些困难，这时就需要转向独立开发或雇佣第三方开发人员。

1.4　独立创建交易平台

拥有自己的交易系统比其他方法具有更大的优势——这意味着你有能力测试任何理论，因为你不受现成解决方案中包含的功能的限制。这一方向的前景是巨大的，因为它不受任何人或任何事物的限制。这个过程对每个开发人员来说都充满了创造性并具有独特的吸引力。此外，开发人员不受任何特定编程语言的约束，你可以使用你所熟悉的任何技术栈。最有可能的是，一旦选择了某个技术栈，你就很难切换到另一个技术栈。

将这一开发类别划分为不同的方法是任意的。毕竟，每次向程序添加某些功能或从程序中删除某些功能都会改变系统，并且可能让程序变得完全不一样。但是，我们仍可以查看有哪些不一样的方法，这样你就知道什么方法最适合你了。

1.4.1　测试单一策略

想象一下，现在你有一个绝妙的想法，迫切地想要测试它。此时需要快速编写自己的逻辑程序，并通过自己或第三方服务进行测试。你的交易系统所包含的一切其实就是一个单一的策略，你的交易平台的其他功能并不重要，它可能包含也可能不包含测试或优化模块。你的平台所做的就是根据一个给定的场景进行交易。

这种方法有一个不可否认的优势就是它极高的开发速度。你无须担心策略参数的最佳值或任何指标对绩效的影响。

这种方法明显的缺点是缺乏对策略中可以改进的内容的理解，或者，如果添加或删除某些条件或更改某些指标参数，该方法也无法解释绩效的变化。

简而言之，它的主要缺点是无法为你的理论寻找最佳策略，但是如果你的策略中已经有一个理论，那么你只需立即为它设置某些参数即可。

以下是一个这种策略的例子。

```
输入信号：
    BBW>0.05
    WMA<开盘价
输出信号：
    BBW<0.01
    RSI>30
```

当然，你可以从绩效指标的角度评估这一策略，但如果策略的具体参数也发生了变化，那么最好考虑这些指标是如何变化的。蛮力方法（brute-force method，也称为穷举法）在这里最容易实现。

蛮力方法虽然古老而简单，但在难以理解的情况下总是能帮助人类。对于一个简单的开发人员来说，它也可以起到很好的作用。如果在前面的策略中实现了蛮力方法，则可以看到每个参数的具体值是如何影响绩效的。也就是说，通过设置特定的范围和步骤，可以根据参数的变化构建任何绩效指标的变化图。

蛮力方法在分析指标参数的特定值对理论有效性的影响方面做得很好。因此，通过顺序或全面地遍历所有可能的参数选项，可以对某个策略的理论进行准确的分析。当然，这种方法只在参数较少的情况下有效。如果该理论包含大量可能的策略选项，那么找到其最优值将需要花费大量时间。

1.4.2　不同开发人员的方法

一般而言，那些真正想要认真对待此事（指创建交易平台）的人会开发出具有很多功能的完整交易平台。有些人会编写他们自己的模拟交易所，有自己的独立测试模块、优化模块、搜索最优策略模块、真实交易模块和资金管理模块等。

标准辅助服务无法验证的理论可以在自己的系统中验证。例如，假设想测试市场心理学理论，即某家公司的股价直接取决于社交网络对该公司的评论，则可以创建一个解析器，该解析器可以使用话题标签（hashtag）分析公众对该公司的情感，并在正向或负向情感达到临界质量时生成信号。或者，你可能会认为某公司的股票直接与其他几只股票相关，或者某家公司的股票在下雨时会上涨。这样的策略理论有点难以理解吧？但也许是真的呢？你完全可以在独立开发时测试你的所有想法。

1.5　雇用第三方开发者

在某些时候，机械化交易（mechanical trading）的交易者可能会决定全部或部分自动化他们的系统，这将使他们有更多的时间进行更深入的分析和改进交易策略理论。但是，如果交易者没有编程经验，那么这可能会是一项让人望而生畏的工作。毕竟，当不清楚所花费的时间是否会得到回报时，没有人愿意花儿个月甚至几年的时间来研究这个问题。

因此，尽管市场上有许多服务可以帮助你创建一个功能齐全的交易机器人，但它仍然是一项劳动密集型的任务。因此，成功的交易者通常会考虑聘请经验丰富的工程师设计和开发自己的交易系统。也就是说，当有人发明出一个伟大的交易理论，但既没有时间也没有能力以编程方式实现这个想法时，他们通常会雇用第三方开发人员。

这种方法的第一个缺点是需要与他人分享你的盈利思路，这可能会导致竞争对手的出现，然后他们开始按照你的理论工作。因此，你需要注意保护你的知识产权。在这种情况下，可以考虑拟订一份特殊合同，这可能会有用，但也可能毫无作用。无论哪种情况，你都不应指望开发人员会帮助你保守秘密。因此，只与开发人员分享你的部分思路似乎是正确的，但在这种情况下，开发的系统可能不会像最初计划的那样工作。因此，如果决定雇佣程序员，那么最好自己制订详细的技术规范。

第二个缺点是，你无法确定是否能够收回开发成本。你也许需要花很多钱来实现你的理论，但这可能不会带来任何利润。

还有一个重要的问题是，在哪里为你的系统找到一个很好的开发人员？这里也有很多门道，雇佣第三方公司似乎是最合适的，而且你的知识产权很可能仍然是你的，毕竟公司会更加珍视自己的声誉，只不过你需要做好花大价钱的准备，因为雇佣第三方公司显然会比雇佣自由开发者昂贵得多。

1.6 我 的 方 法

前面讨论的每一种方法都有其优劣性，并且每一种方法都可能为股票交易者带来利润。本书将描述我的方法，即，我是如何在不雇用第三方开发人员、不使用专门程序的情况下创建一个交易平台的。

一开始，我分析了开发交易机器人的现有方法，研究了当时出售的机器人，阅读了成功实践算法交易者的博客等。因此，我意识到几乎所有的交易者都在寻找超高盈利的策略。这必须是一个每月带来 1 000% 的收益、回撤在 1% 以下的策略。当然，每个交易者都有自己的对于超高盈利策略的理解，但他们中的大多数人都显得野心勃勃，对于每年 3% 收益这样较为平淡的策略通常不屑一顾。

我最初并不理解他们的这种野心。毕竟，即使一个人非常聪明，即使他们一生都在寻找，也有可能找不到这样的策略。我理解的是，找到超高盈利策略的可能性非常低。所以，我决定尝试多样化的方法。

我在想，如果我制订从根本上来说就完全不同的策略，使用较为适度的指标，例如每月盈利 0.5% 到 1%，但在数百个真实交易中使用它们，那么结果会如何呢？

最有可能的是，这样的策略比超级盈利策略多得多，而且，很自然地，它们更容易找到。

因此，我选择了完全独立开发的选项，基本思路是自动搜索许多可盈利的策略，但盈利目标适中。如果系统找到了一个超高盈利的策略，那自然更好；如果找不到，也没关系。

基于这一思路，我想创建一个每位开发人员都可以独立完成的系统，它几乎 100% 可找到盈利策略，产生不错的收入。是的，它虽然不能一口气赚上一个亿这样的"小目标"，但胜在可以持续工作，并且需要的运营成本也很低。

这种方法的最大缺点是需要花费大量时间来实现。事实上，这个过程永远不会结束，因为我会持续地想改进一些内容或添加一些功能。这是一个非常有创意和有趣的过程，建议大家也像我这样做。

1.7　小　　结

本章简要讨论了交易系统的类型以及创建它们的方式，并讨论了它们的优缺点。

- 人工交易。这种方法的主要优点是完全不需要创建交易系统的劳动力成本，仅凭交易者个人的智慧和经验。人工交易的主要缺点是人可能受到不稳定的情绪状态的影响。例如，在市场跟风心理下追涨，或者在市场恐慌蔓延时杀跌。人工交易的另一个缺点是无法实现高频交易。
- 使用现成的信号进行交易。这种方法的优点是不需要实现交易系统。主要的缺点是，你只能相信别人的经验，对信号工作的内在逻辑缺乏理解。这意味着你可能糊里糊涂地赚钱，也可能糊里糊涂地赔钱。
- 使用购买的算法机器人进行交易。这种方法的优势也是不需要创建交易系统。你将使用别人的系统工作。当然，这也意味着它的缺点：只有在购买后才能了解系统的真正功能。你经常会误解这些系统的内部逻辑。
- 独立制订个人战略。这是一种流行的方法，主要是因为它的简单性和灵活性。你可以实现自己独特的交易策略，但如果你想要快速开发，则可能最终交易系统的功能会比较简单。
- 聘请第三方开发人员。通过这种方法，你几乎可以得到任何东西，包括在开发交易系统时实现自己的交易策略。该方法的主要缺点是很难找到合适的开发者，并且需要分享你的想法，这有泄露你独特的交易策略的风险。聘请第三方开发公司虽然可以部分免除这种风险，但是其成本很高。
- 独立开发交易系统。通过这种方法，你可以独立地实现或在少数合作伙伴的圈子中实现一个交易策略，甚至还可以实现具有自动搜索、测试和启动策略的一整套系统。这种思路的明显优势是策略实现的灵活性。当然，这种方法的最大缺点是实现这种系统的劳动力成本很高，你需要掌握一定的技能。

第 2 章　开发交易系统导论

在了解有关本书提供的系统架构和技术解决方案的具体信息之前，我们必须考虑与股票交易相关的一些基本概念。如果你已经了解存在什么类型的市场，限价单是如何运作的，以及什么是反鞅策略资金管理（anti-martingale money management）等底层知识，则可以跳过本章内容，直接阅读后续章节。

但是，如果你想创建自己的交易系统，却不知道从哪里开始，那么我强烈建议你阅读本章内容，这样你在学习更多主题时就不会感到一头雾水。

本章将简要阐释交易所交易的一般理论，介绍交易系统的大致组成，并详细探讨交易理论的形成，因为这是本书的突出主题。此外，我们还将研究资本管理和风险控制的主要方法，并稍微触及测试和优化的话题。事实上，本章仅涵盖开始创建自己的交易机器人所需的一般知识，没有这些知识作为基础，你可能无法完成后续学习。

2.1　一　般　理　论

首先，我们需要了解什么是股票交易。为此，让我们通过简单的术语来了解本领域的一些基本概念。

- 证券交易所（exchange）是一种组织有序的交易平台，买卖双方在这里会面，进行股票、债券、商品和货币等金融工具的买卖交易。
- 证券经纪人（broker，也称为券商）可充当投资者（交易者）和证券交易所之间的中介。它接受客户的指令买卖证券，提供股票交易服务，执行客户订单，提供市场信息，并提供各种金融服务。

经纪人和交易所之间的关系包括以下两个要点。

首先，二者都是订单执行链中的一环。当经纪人执行投资者的各种订单时，会将它们发送到交易所，由交易所本身进行订单的处理，从而确保交易者与真实市场的互动。值得注意的是，经纪人不仅可以访问一个特定的交易所，还可以访问许多不同的交易所，这使得交易者可以延长工作时间，并增加他们可以使用的金融工具列表。

其次，经纪人可以为交易者提供有关市场状况的最新信息、分析师评论、新闻和其他有助于做出交易决策的数据。经纪人还可对交易者的交易进行技术分析，显示订单状态和账户中的资金流动情况等。

　　此外，一些经纪人还会就客户的投资策略和投资组合状态向客户提供建议和咨询，或者他们甚至可以直接管理客户的财务账户。因此，在交易所的交易过程中，经纪人和交易所是紧密相连的，经纪人作为中介，为交易者提供进入真实市场的机会，并为他们提供成功参与交易所需的服务和设施。

　　当人们谈论金融工具时，他们指的是任何可以买卖以实现盈利或减少亏损的事物。例如，公司股票、债券、债务，甚至比特币和以太坊等加密货币都是金融工具（值得一提的是，中国政府明确禁止境内开展比特币和其他虚拟货币的交易业务）。这些工具可以帮助人们投资和管理他们的财务。

　　让我们仔细看看这些金融工具的主要类型。

- 股票（stock）。简而言之，股票代表的是公司部分财产的所有权。持有股票的交易者被称为股东（shareholder）。
- 债券（bond）。这些是债务证券，代表公司或政府对偿还交易者借入资金并支付利息的某种承诺。但糟糕的是，他们可能不会遵守诺言。
- 大宗商品（commodity）。这些是最有形的资产——真正的实物商品，如黄金、石油或谷物等——它们可以在市场上买卖。
- 货币（currency）。这是最简单的资产，是可以在外汇市场上交易的各国货币单位。
- 金融衍生品（derivative）。这些金融工具的价值取决于另一种金融工具——即所谓标的资产（underlying asset）价格的变化。简单地说，衍生品来源于另一种资产，允许投资者押注其价值的变化。这样的例子包括期货（future）、期权（option）和掉期（swap）等。
- 指数（index）。指数金融工具包括交易型开放式指数基金（exchange traded fund，ETF）、指数期货和指数期权等。它们很容易被认为是代表市场或行业整体表现的股票或其他金融工具的投资组合。
- 投资基金（investment fund）。这些基金汇集了不同交易者的资金，并投资于各种资产。
- 加密货币（cryptocurrency）。这是最新类型的资产。加密货币是去中心化的数字货币，使用密码学来确保交易安全（再次强调一下，中国政府明确禁止境内开展比特币和其他虚拟货币的交易业务）。

　　值得一提的还有股息（dividend）。一些公司会将部分利润支付给股东。支付股息是为了吸引新股东并奖励老股东。支付的金额与持有人持有的股份数量成正比。总体而言，股息对投资者来说是一个重要方面，为他们提供了持有公司股份的额外收入。

　　最后，需要补充的是，股息不仅支付给股东，某些类型的债券、投资基金、交易型开放式指数基金（ETF）和衍生品也可以成为这种收入的来源。

金融工具的概念与股票代码的概念密不可分，股票代码是一种独特的符号代码。它用于识别金融市场中的特定资产。股票代码通常由几个字母组成，这些字母与特定的公司、货币、商品或其他类型的金融资产相关联。它们使识别和跟踪市场价格变化变得更加容易，因为它们是每种资产的精简而独特的名称。

以下是一些股票代码的示例。

- TSLA：特斯拉股份有限公司股票代码。
- JPYUSD：日元兑美元汇率。
- CC1！：大宗商品可可的交易代码。
- ADAUSD：卡尔达诺（Cardano）加密货币对美元的报价。

2.1.1　订单执行

现在你知道了什么是金融工具，还需要了解如何买卖它。为了执行这些操作，经纪人为我们提供了一个订单工具。在交易中，订单（order）是交易者向经纪人或交易平台发送的指令，用于在金融市场执行交易。订单指定了交易者想要执行的操作（买入或卖出），并确定了交易的主要参数，如交易量（资产数量）和价格。任何订单都包含一些特殊特征，如订单类型、订单方向、股票代码和交易量等。

让我们快速了解一下每个特征的含义。

- 订单类型。这决定了交易者与市场互动并实施交易策略的方式。主要类型有市价单（market）、限价单（limit）、止损单（stop order）、止损限价单（stop limit order）、止盈单（take profit order）、销售止损单（stop limit for sales）、开盘市价单（market on open）、收盘市价单（market on close）、触及市价单（market if touched order）和二选一订单（one cancels the other order，OCO 订单）。
- 订单方向。这表明交易者对资产的预期行为。它决定了交易者是想买入还是卖出资产。两种可能的方向是买入订单和卖出订单。买入订单表示交易者想要购买资产，卖出订单表示交易者想要卖出资产。
- 交易量。这是交易者想要买入或卖出的（股票、债券等）数量。
- 价格。对于限价订单，这是交易者想要进行交易的价格水平；对于止损单，一旦达到该价格水平，订单就会被激活。
- TimeInForce。这表示订单相关性的持续时间。

事实上，订单只有两种主要类型：市价单和限价单。市价单反映了交易者以当前市场价格买入或卖出资产的请求；限价单是相同的请求，但购买或出售必须在交易者指定的价格水平上进行。

为了更好地理解它们之间的区别，让我们看看创建订单后会发生什么。

交易者创建订单后，它会被发送到所谓的市场深度订单簿（depth of market order book），后者简称为"订单簿"。订单簿是特定证券的买入和卖出报价层次结构的总览，包括了不同价格水平的买卖意愿和可成交量的详细信息。一般来说，订单簿从最高买价到最低卖价的每一分钱都会显示相应的挂单数量。通过查看订单簿，交易者可以了解市场对该证券的整体看法，以及在特定价位上有多少未结清的买入或卖出意向。这种信息有助于投资者做出决策，尤其是在决定执行大宗交易时。

市价单会立即更改订单簿，而限价单则通常并不会直接更改订单簿。限价单是投资者指定以特定价格买入或卖出的订单，仅当股票的市场价格达到或优于设定的限价时，该订单才会被执行。但是，如果在此之前没有其他交易达到触发条件，则限价单将不会直接影响订单簿的深度。在市场到达触发价格后，它才会创建一个新的买卖挂单，从而影响市场深度订单簿的结构。因此，限价单可以提供有关市场参与者愿意交易的价格水平、阻力和支撑水平的信息。

出现这种区别是因为市价单和限价单的性质不同。市价单将立即以当前买入或卖出的价格执行，可改变供需水平；而限价单则可确定交易者准备买入或卖出特定资产的具体价格。

让我们来看一下图 2-1。

首先，在交易者创建任何订单之前，我们会看到订单簿。然后，交易者创建了一个限价卖出订单，数量为 7 手（一手是证券市场一笔交易的最低限额，每个市场对一手数量的规定不一样。在中国上海证券交易所和深圳证券交易所的规定中，一手等于 100 股），价格为 20.02。

在第二个订单簿上，可以看到交易订单簿中 20.02 水平的总交易量增加了 7 个单位。很容易猜测，这是刚才交易者的限价订单作出的贡献。

接下来，交易者决定创建一个交易量为 20 手的市价买入订单。此订单将立即生效：首先以 20.01 的价格买入 18 手（买空了这一价格水平上挂出的卖单），然后以 20.02 的价格买入 2 手。总共买入 20 手。

注意，该示例是仅从订单执行的性质这一角度给出的。在现实生活中，不太可能有一个真正的交易者会在同一时间对一种金融工具发出这样的订单链。

正如你可能猜到的，金融工具本质上有两种价格：一种价格是最高买入价，也称为出价（bid）；另一种价格是最低卖出价，也称为要价（ask）。这两种价格的组合称为报价（quote）。

也就是说，报价是指交易者可以买卖此金融工具的当前价格。这些价格之间的差异称为价差（spread），它主要取决于金融工具的流动性、波动性和经纪人的订单处理成本。本章稍后将更深入地讨论波动性。

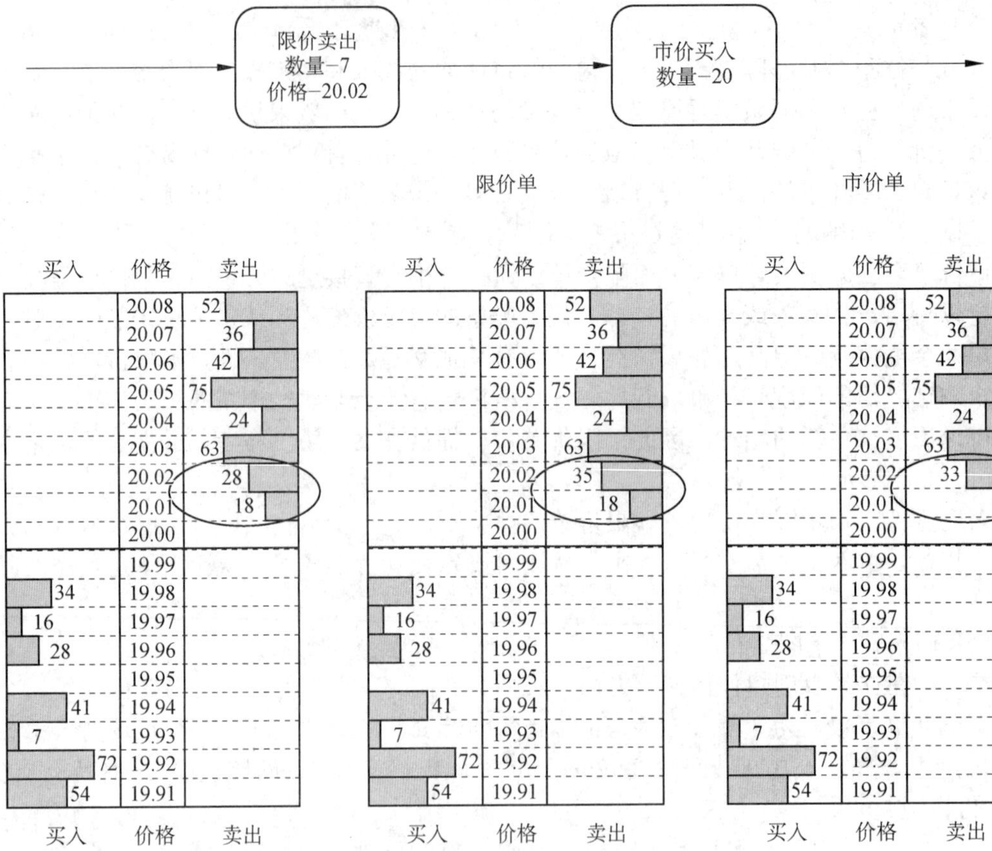

图 2-1　限价单和市价单的买卖流程

2.1.2　保证金和杠杆

一些交易者会使用经纪人的服务（如杠杆）增加潜在利润。杠杆使他们能够进行比自有资金允许的交易量更大的交易。它显示了与你自己的资金相比，交易中可以使用多少资金的比率。例如，如果杠杆率为 1∶50，则交易者的交易量可以是其账户中的 50 倍。

这使得交易者投资更昂贵的资产，因为他们如果仅使用个人资金，就没有足够的钱进行这种投资。

杠杆意味着使用另一个概念：保证金。这两个概念都与经纪（brokerage）杠杆的使用有关，但以不同的形式表达。因此，保证金（margin）是交易者参与交易所需提供的特定金额，而杠杆（leverage）则决定了这些资金在多大程度上提高了他们在市场上的购买力。

通常的做法是，交易者将保证金作为抵押品存入，以确保交易的执行并弥补潜在损失，而经纪人则提供剩余资金。

保证金主要有两种类型。

- 初始保证金（initial margin）。这是开立新头寸的最低金额。
- 维持保证金（maintenance margin）。这是维持未平仓头寸的最低金额。

值得注意的是，在使用保证金和杠杆时，交易者需要向经纪人支付借入资金的利息（interest）或融资费用（financing fee）。这些费用可能会减少交易的整体利润。但杠杆最主要的缺点还是在市场剧烈波动的情况下风险大大增加，因为股价下跌带来的损失可能超过交易者自己的资金。在这种情况下，如果交易者无法提供足额的维持保证金，则可能会被经纪人强行平仓，致使交易者血本无归。因此，谨慎使用这些工具非常重要。

2.2 交易系统的构成

对于一个想创建自己的交易系统的交易者来说，在了解了上述基础知识之后，接下来要思考的就是交易系统的架构，你需要知道交易系统由哪些内容组成，它的主要目的是什么。让我们从目标开始。

对于任何已创建的交易系统来说，其目标几乎都是获得主要或额外的收入来源。但坏消息是，我们无法在构思阶段或测试阶段评估系统的潜力。只有当开发出最低限度的必要功能，并在实际交易中对系统进行测试时，效率才会显现出来。因此，为正在开发阶段的交易系统确定财务目标可能是一项吃力不讨好的任务。

但是，"磨刀不误砍柴工"，我们在开发和思考交易系统的策略和功能上投入的时间越多，后期潜在的效率就越高。总的来说，我们的主要目标是不断改进系统。这是我们的指路明灯和前进动力。毕竟，我们的财务业绩将直接关系到这一战略目标。

有了这个目标之后，下一步是什么？答案是：交易者需要制订自己的交易策略，对其进行测试，深入思考风险控制和资金管理，并评估系统的有效性。

对于这些任务中的每一个，交易系统都应该有自己的单独模块。这些关键模块中的每一个都将执行特定的功能。

此外，这些模块还必须相互连接，提供完整的交易操作循环。它们之间的有效互动是交易系统成功运作的关键。

现在让我们看看这些主要模块：

- 交易理论。该模块基于一个多步骤处理过程，包括各种步骤，如选择一种方法（技术分析、基本面分析等），选择要交易的市场结构（波动、看跌、看涨等），选择时间框架，选择交易策略，并创建交易规则和基于这些规则生成的特定信号。
- 资本管理。这里的主要目标是确保交易的可持续性并将风险降至最低。这包括选择一种方法确定最佳持仓规模。

- 风险控制。该模块与资金管理密切相关，确保财务稳定和防止潜在损失。该模块的目的是确定最大风险水平，使用止损单，使投资组合多样化，并在市场条件发生变化时重新评估风险。
- 测试。这是在实际市场中使用该系统之前的重要一步。这包括市场数据的选择，评估标准的确定，初步测试、回溯测试、正向测试和结果评估等。
- 绩效指标。这是决定交易系统质量和其在市场中获得成功可能性的重要阶段。主要任务是计算盈利能力、夏普比率、最大回撤和获利因子等绩效指标。
- 优化。该模块基于一个动态过程，其任务是找到策略的最佳参数和设置，以实现最大的效率和盈利能力。优化算法应受到高度重视。

在我看来，这些模块中的每一个都有其可取之处，但并不是必需的。毕竟，每个算法交易者都有自己的门道，他们完全可以创建一个结构独特的交易程序。

2.3　交　易　理　论

你如果在炒股时不想只凭运气（或听天由命），那么就必须在进行真正的交易之前，制订自己的交易理论，以便你的所有交易都将基于该思想。

交易理论的目的是创建一个规则和策略体系，使交易者能够就进入和退出市场做出合理的决定。基于这些规则，未来将产生一些特定的信号。这是创建系统最重要的阶段之一，所以我们将从它开始进行讨论。

正如植物没有种子就无法生长一样，如果交易系统没有一个高质量的理论，那么它也将无法盈利。但是，如何制订这样一个交易理论呢？交易思想从何而来呢？实际上，这有很多选择，让我们先来重点介绍交易理论形成的主要方法，然后仔细探讨其中的一些方法。

- 技术分析（technical analysis）。这种分析金融市场的方法需要仔细查看和解读价格与交易量图表，以识别趋势并预测未来的价格走势。
- 基本面分析（fundamental analysis）。这种分析方法需要对金融、经济和其他基本数据进行认真研究，以做出合适的交易决策。
- 混合方法。这是指将技术分析和基本面分析结合起来。这种方法将使用基本数据和技术指标更全面、更明智地预测市场走势。
- 算法交易中的自动理论形成。在该方法中，将使用算法和机器学习技术自动创建和优化交易策略。这种方法允许算法分析历史数据，识别模式和趋势，然后根据这些数据生成交易信号和策略。

- 事件交易（event trading）。这和基本面分析类似，只不过基本面分析主要侧重于长期价格变化，而事件交易则侧重于与特定事件或新闻相关的短期价格变化。使用这种方法的交易者通常会寻求从市场对新闻的反应引起的波动中快速获利。事件交易是一种动态的、快节奏的交易方式，要求交易者对实时发生的新闻和事件保持警惕，并迅速做出反应，创造有利可图的交易机会。
- 拥有独特的理论。这是一种有趣且富有创意的方法，每个人都可以看到其他交易者以前没有注意到的联系或模式。

因此，你可以选择一种特定的方法或将多种方法组合起来，具体怎么做全凭你自己的意愿。接下来，让我们更仔细地看看其中一些方法。

2.3.1　技术分析

技术分析可能是最受欢迎的。这也难怪，因为它使用图形，因而相对容易理解。图表很容易被大多数交易者理解和解读，即使是初学者也可以进行技术分析。此外，技术分析还适用于广泛的金融工具和市场，包括股票、大宗商品等。

事实证明，技术分析是最通用的交易工具之一。其易于自动化的特点使技术分析更常用于开发机器人交易系统。这有助于交易者在不持续监控市场的情况下使用策略。

技术分析的另一个优点是它使用历史数据进行测试，这使得分析策略更加容易。

技术分析包括不同的领域，每个领域都侧重于不同形式的价格变动。

以下是技术分析的主要功能：

- 图形分析。
- 指标和振荡器。
- 趋势分析。
- 几何分析。
- 斐波那契回调（Fibonacci retracement）和斐波那契扩展（Fibonacci extension）。

1. 图形分析

图形分析意味着使用价格活动的视觉表示做出交易决策。其基本思想是将价格信息反映在图表中，分析这些图表可以帮助交易者预测未来的价格走势，并制订正确的策略。这使你能够识别趋势、阻力和支撑位，以及模式和最佳进入点、最佳退出点。

图形分析主要使用 K 线图、条形图、折线图、点数图和砖形图。图 2-2 显示了这些图表的示例。

2. 指标和振荡器

指标和振荡器（oscillator）是基于市场价格和交易量活动的数学表达式。它们可以在

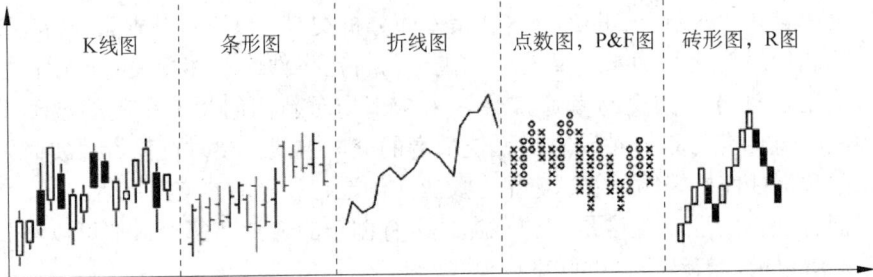

图 2-2　图表类型

图表上可视化，在做出交易决策时可以方便地用于分析。指标和振荡指标可帮助交易者评估当前的市场形势，识别潜在的反转点或趋势的延续，并确定资产的超买或超卖水平。

指标还可以帮助交易者确定总体趋势、市场走势的方向和趋势的强度。它们通常在图表上表示为直线或曲线，并在价格轴或单独的比例上绘制值。指标多种多样，可以根据其主要功能进行分类。

以下是几种主要类型的指标：

- 趋势指标。趋势指标的示例包括移动平均线（moving average，MA）、移动平均线收敛 - 发散（moving average convergence divergence，MACD）、布林带（bollinger band，BB）和抛物线转向指标（parabolic SAR）等。它们有助于确定趋势的总体方向和强度。

- 振荡器指标。振荡器是一类特殊的指标，它们主要用于衡量价格运动的速度和幅度，以及市场的超买或超卖状态。这些指标通常通过比较当前市场价格与其历史水平来生成信号，帮助交易者识别潜在的趋势反转点。它们通常围绕中心线（如零线）波动，是位于主价格下方的图表。振荡器的示例包括相对强弱指数（relative strength index，RSI）、随机振荡指标（stochastic oscillator）、顺势指标（commodity channel index，CCI）和 MACD 等。

- 交易量指标。交易量指标的示例包括平衡交易量（on-balance volume，OBV）、Chaikin 资金流（chaikin money flow）和交易量价格趋势（volume price trend，VPT）等。它们的功能是分析交易量，帮助评估趋势的强度并确定其方向。有些指标不仅取决于交易量，还取决于价格，如交易量加权平均价格（volume weighted average price，VWAP）和资金流指数（money flow index，MFI）。它们结合了价格和数量信息以根据交易量确定平均价格。

- 波动性指标。波动性指标的示例包括布林带（bollinger band，BB）和平均真实区间（average true range，ATR）等。它们反映了价格波动，使你能够确定支撑位和阻力位，以及市场何时超买或超卖。

- 动量指标。动量指标的示例包括相对强弱指数（relative strength index，RSI）、动量指数（momentum index）和随机动量指数（stochastic momentum index）。它们的功能是衡量价格走势，并帮助确定可能的转折点。
- 周期性指标。周期性指标的示例包括去趋势价格振荡器（detrended price oscillator，DPO）和沙夫趋势周期（schaff trend cycle）等。它们强调了价格数据中的周期性成分，这有助于预测未来的趋势变化。
- 其他指标。其他一些指标的示例包括一幕均衡图（ichimoku cloud）、艾略特波浪理论（elliott wave theory）和 Gartley 模式（gartley pattern）等。它们的功能是识别图表上的某些形态和结构，提供有关价格变动的可能信号。需要说明的是，上述指标列表及其可能的功能并不止于此。

指标也分为领先指标和滞后指标。领先指标（leading indicator）试图在未来价格变化和趋势发生之前进行预测。例如 RSI 和随机振荡指标。滞后指标（lagging indicator）则反映了过去的价格变化和趋势，证实了当前的市场状况。例如 MA、布林带和 MACD。

领先指标和滞后指标之间的选择取决于交易者的交易策略和风格。一些人更喜欢领先指标，试图在早期阶段识别潜在的市场变化，而另一些人则更喜欢滞后指标，以更可靠地确认当前的趋势。

重要的是要记住，没有单一的指标能保证在市场中获得成功，将它们结合起来并分析支持因素可能是一种更有效的方法。

3. 趋势分析

趋势分析旨在确定特定金融工具价格走势的总体方向。这种方法的本质是确定当前的趋势，并了解它在未来是会继续还是会改变。交易者需要寻找最佳点，以便在趋势方向上进行交易，并在可能发生变化之前退出。

趋势按持续时间可以划分为：短期趋势、中期趋势和长期趋势。但是，主要的划分发生在趋势的方向上（见图 2-3）。

- 向上。价格逐渐上涨。从左向右看，该图看起来像一个上升的楼梯。

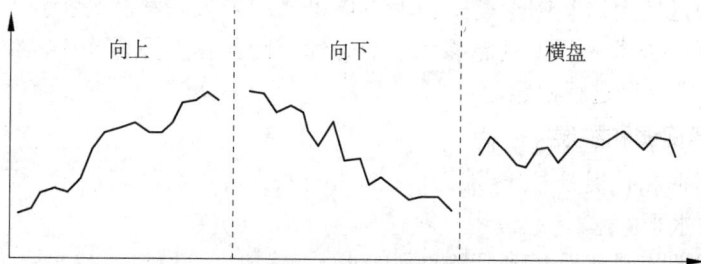

图 2-3　趋势类型

- 向下。价格逐渐下降。从左向右看，该图看起来像一个向下的楼梯。
- 横盘。价格在水平范围内波动，没有明确的主导方向。

4. 几何分析

几何分析主要表现为对图形模式的研究，在市场数据中搜索它们，并基于它们预测未来的价格走势。

基本的几何形状包括：

- 头肩形态（head and shoulders）。这种形态通常在上升趋势中出现，包括一个头部和两个肩膀（因此得名"头肩"）。它是一种反转模式，预示着上涨趋势可能即将结束。因此，当价格跌破颈线时，可能是卖出的信号。
- 双底/双重底（double bottoms）。这种形态在下降趋势中出现，由两个大致相同的低点组成，类似于字母"W"。它是一种反转模式，预示着上涨趋势可能即将开始。因此，当价格突破颈线时，可能是买入的信号。
- 三角形态（triangles）。三角形整理通常发生在明确的上升或下降趋势中。它们分为对称、上升和下降三种类型。因此，交易者可以在确定突破方向后入场操作。
- 旗形与楔形（flags and wedges）。这些形态出现在快速的价格运动之后，通常是趋势暂停的标志。当趋势恢复时，可能会跟随类似的形态。
- 矩形/横向整理（rectangles/horizontal corrections）。该形态是指价格在一定的水平区域内横向移动，形成矩形或水平的整理区间。在突破区间的上限或下限时，交易者可以考虑进入市场。
- 扩散形态（falling wedge and runaway upside gap two bearish）。这些是特殊的价格形态，预示着可能的反转或趋势加速。交易者可以在确认形态后寻找入场点。
- 岛形反转（island reversals）。这种形态通常发生在持续性缺口之后，形成一个价格孤立区。在市场重新开放时，可能出现突破。
- 圆顶与圆底（rounding tops and bottoms）。这些形态是头肩形态的变体，通常发生在长期的整理阶段。在形态完成后可寻找进入市场的机会。

技术分析师可使用这些图形模式预测市场可能的未来趋势和转折点。但是，需要注意的是，没有任何技术分析工具能够保证准确性，因此在实际操作中应结合其他分析方法和个人风险管理原则进行决策。

5. 斐波那契回调和扩展

斐波那契回调和扩展是基于斐波那契数的技术分析工具。它们用于确定金融市场的潜在支撑和阻力水平。

斐波那契回调使用基于斐波那契数列的水平（例如，23.6%、38.2%、50%、61.8%、

76.4%）。在资产价格上涨或下跌后，交易者可以使用斐波那契回调工具从初始走势中识别价格改变方向的可能水平。例如，38.2%、50%和61.8%通常被用作潜在的支撑位和阻力位（50%不是斐波那契数，但也经常被使用）。

如果资产价格上涨然后经历回调，交易者可以从走势开始到回调结束应用斐波那契回调来确定支撑位。

斐波那契扩展也使用斐波那契数，但它们不是用于确定回调水平，而是用于确定价格可以完成移动或继续朝同一方向移动的水平。

交易者可以使用斐波那契扩展确定价格可能走向的未来水平。161.8%、261.8%和423.6%的水平是交易者经常使用的斐波那契扩展水平。如果价格在修正后开始走高，交易者可以从运动开始到修正结束应用斐波那契扩展识别潜在的阻力位和支撑位。

如同所有技术分析工具一样，斐波那契回调和扩展只是一种预测手段，它们并不能保证100%的准确性，因此在实际操作中应谨慎使用并结合其他分析方法一起使用。

2.3.2　基本面分析

在证券市场交易理论中，基本面分析方法指的是评估影响金融资产价值的基本面因素，并在此基础上进行市场分析。其基本思想是，估计资产的内在价值，然后将其与当前市场价格进行比较，以识别潜在的高估或低估行为。

为了做出买卖相关金融工具的决定，交易者需要分析公司的财务指标，如损益表（profit and loss statement）、资产负债表（balance sheet）和现金流量表（cash flow statement）；评估公司管理层；当然，还要评估这家公司的行业趋势和前景。

此外，还有一个重要阶段是评估竞争对手及其市场份额，评估全球和政治事件对公司活动的影响，以及评估盈利能力和股息支付。

正如你所看到的，这些都需要做大量的工作。因此，考虑到所研究的数据量，基本面分析被投资者广泛用于长期决策。

重要的是要强调，基本面分析可以与技术分析等其他方法相结合，以更全面地了解市场。

2.3.3　混合方法

交易中的技术基本面分析（technical-fundamental analysis）是一种结合技术和基本面分析元素做出交易决策的方法。这种方法允许交易者评估资产，同时考虑从技术分析工具获得的当前价值和趋势，以及从基本面获得的影响其价值的主要因素。

这种组合可以更全面地了解价格走势的方向。将这两种方法结合起来，不仅有助于最大限度地降低仅从技术或基本面考察市场的风险，而且还可以提供更准确的预测和明智的交易决策。交易者可以使用技术指标确认或反驳基本面信号，反之亦然。

2.3.4　波动

值得一提的是波动性（volatility）这一重要概念。交易波动性是衡量金融市场价格波动的指标。这一概念反映了资产价格在一段时间内的波动程度。波动性越高，则价格的上下波动幅度就越明显。

波动性向交易者显示以下内容：

- 描述资产价格在短时间内会发生多大变化。高波动性可能意味着不稳定的时期。
- 作为重要的风险指标，更高的波动性可能意味着更大的潜在收益，但也可能意味着更多的潜在损失。例如，波动性越高，则应设置更大的止损水平。
- 影响策略的选择。波动的市场可以提供更多的盈利机会，但风险也可能更大。
- 影响分析期的选择，这可能取决于波动程度。例如，当波动性很高时，交易者可能更喜欢采用更短的时间框架以更快地应对市场变化。

波动概念涉及两种主要类型的分析：技术分析和基本面分析。

在技术分析的背景下，波动性可以被视为决定进入和退出交易的关键参数。因此，许多技术指标和策略在生成信号时都考虑了波动性。

在基本面分析中，新闻、经济事件和数据等基本面因素会影响市场波动。例如，大公司的重要公告或者一个国家经济政策的变化都会导致价格发生巨大变化。

因此，波动性不是一种单独的分析，而是分析方法中考虑的一个因素，无论对于技术分析还是基本面分析来说都是如此。

在实践中，波动性是由交易者使用波动性指标进行评估的。例如波动率指数（volatility index，VIX）、真实平均区间（true average range，ATR）、布林带、Chaikin 波动率（chaikin volatility）、波动率止损（volatility stop）、波动率动量（volatility momentum）和市场便利化指数（market facilitation index，MFI）等。

2.3.5　信号

我们已经讨论了形成交易理论的方法。也就是说，到目前为止，交易者已经知道了生成自己的交易策略所需的理论。接下来，交易者需要定义明确的交易规则，然后根据这些规则生成信号。

这个过程如下：

（1）选择一种或多种要交易的金融工具。

（2）选择一种方法以开发交易策略。

（3）设定开仓条件。

（4）设定平仓条件。

设定交易中的进入和退出条件是一个过程，在该过程中，你需要定义明确的规则，交易者根据这些规则决定进入市场（买入或卖出资产）或退场离开。这些术语基于我们已经涵盖的市场分析的各个方面。

它们必须明确定义，并经常进行优化和回溯测试。

它们可以大致描述如下：

- 入场条件。首先，确定哪个条件或事件将作为开仓信号；然后，确定该策略将在哪个时间图表上起作用；最后，如有必要，还需要通过一些额外的指标确认接收到的信号。

- 退场条件。首先，确定哪个信号或事件表明需要平仓；然后，寻找表明趋势方向发生变化的确认信息；最后，设定止损和止盈点以进行自动平仓操作。

让我们来看一个例子：

- 开仓条件：当价格触及日线图上的下布林带（lower bollinger band），且其宽度处于相对较低的水平时买入。信号的确认是 4 小时图（four-hour chart）上 RSI 指标存在超卖情况。

- 平仓条件：当价格触及日线图上的布林带上方（upper bollinger band），且其宽度变得相对较高时卖出。信号的确认是 4 小时图上 RSI 指标存在超买情况。

现在我们可以根据这些交易条件生成交易信号。虽然买入和卖出条件是更一般的概念，但交易信号是具体的指示，表明需要在市场上采取某些行动，例如购买或出售资产。

以下是一个基于上述示例条件的交易信号：

```
入场信号
    日线图
        价格<=下布林带
        BBW<0.05
    4 小时图表
        RSI<30

退场信号
    日线图
        价格>=布林带上方
        BBW>0.08
    4 小时图表
        RSI>70
```

在实践中，交易者遵循的是许多人所走过的道路，从经典的移动平均线交叉信号开始，然后逐渐学习更复杂的策略并在实践中进行测试。我认为这是正确的做法——没有对指标的基本了解，就很难做任何有价值的事情。

2.4　资　本　管　理

假设一位交易者提出了一个颇有前景的交易理论，并在证券交易所开始交易，但是他没有考虑到每个头寸的规模，这会导致什么结果？

在我看来，这将是严重的经济损失。为什么这样讲？假设一位经验丰富的交易者拥有 10 000 美元的资本，他决定进入股票市场从事短期交易。他不遵循任何资本管理策略，而是将全部资金投资于 4 股高风险股票。市场状况出乎意料地出现了问题，由于价格突然下跌，所有 4 股股票都亏损了。结果就是，该交易者在很短的时间内就损失了高达 70% 的资本。如果还加了高杠杆，那么他甚至可能瞬间资产归零。

如果交易者决定使用简单的资本管理策略，如购买国债获取固定利息，则交易者将保留大部分资本。也就是说，资本管理不仅有助于减少损失，还有助于在困难的市场条件下保护资本。简而言之，资本管理的目的是维持交易账户使其不断成长，避免巨额损失，控制风险，并帮助避免情绪化决策。

奇怪的是，管理资本最平庸、最有效的方法是将资本分成几个部分。是的，你不需要也不应该将所有的鸡蛋都放在同一个篮子里。几乎每个人都明白这个道理，但遗憾的是，并非所有人都愿意这样做。

就证券交易而言，管理资本的意义就是要控制你的头寸规模，该规模反过来又取决于你的资本管理方法。这样的资本管理方法有很多，简单列举如下：

- 固定头寸规模（fixed position size）。
- 凯利标准（kelly criterion）。
- 最优 f 值（optimal f）。
- 鞅（martingale）。
- 反鞅（anti-martingale）。
- 固定比例头寸规模（fixed proportional position sizing）。

2.4.1　固定头寸规模

固定头寸规模意味着每笔交易都有固定的头寸规模，而不管当前的资本金额或风险水平如何。这意味着交易者在每笔交易中总是承担相同的固定金额或固定比例的资本风险。交易者如果决定以固定的交易量（金额）进行交易，那么每次都需要设置准确的交易量以及金融工具计量的恒定单位数（金额），并始终按此设定进行买入或卖出。如果选择固定百分比，那么他们需要以当前资本的固定百分比进行交易。

第一种方法（固定交易量或金额）简单明了，它不考虑资本量和资产的波动性。在资金很少的情况下，它的风险是比较高的。

第二种方法（固定比例）会自动适应资本的变化，但同样不考虑波动性。当账户发生变化时，需要不断重新计算头寸规模。

例如，假设一个交易者有 10 000 美元的资本。在使用固定交易量的情况下，以每股 60 美元和 100 股的恒定数量购买股票后，他将面临 6 000 美元的风险，这已经是其资本的一半以上，可以说风险是很高的。使用固定金额也是同样的道理。

固定百分比的情况则有所不同。如果交易者决定在每个头寸上承担 1.5%的资本风险，那么他在一笔交易中可能损失的最大金额为 150 美元。股票价格为每股 60 美元，那么他可以买得起 2 股（150 美元/60 美元）。由此可见，这种方法更安全。

2.4.2　凯利标准

凯利标准是美国数学家和统计学家 John L. Kelly 于 1956 年提出的一个公式，用于确定资金管理中的不确定性或风险条件下的最佳投注规模。大多数情况下，交易者使用这一标准进行杠杆交易。

基本的凯利公式如下：

$$f^* = x - \frac{y}{z} \text{①}$$

其中，

- f^*：每笔交易中投资的最佳资本份额。
- x：获利的可能性。
- y：亏损的概率（$y=1-x$）。
- z：相对于平均亏损的平均获利。

根据凯利所提出的公式，每次订单都需要承担总资本的一定比例的风险。例如，如果 x 为 0.05，那么在每个订单上的投注应该是总资本的 5%。

假设一个交易者使用一种策略进行交易，即每 100 个头寸中，52 个头寸为亏损，48 个头寸为盈利。这意味着 $x=48\%$，$y=52\%$。代入公式，它们将采用以下形式：

$$x=0.48，y=0.52$$

以货币计算，获利总额为 7 000 美元，亏损为 3 000 美元。

那么 z 将等于：

---

① 本书公式采用原著公式的字体。——编辑注

$$z=7\,000/3\,000 \approx 2.33$$

则：

$$f^* = 0.48 - \frac{0.52}{2.33} = 0.226\,8$$

经过计算，$f^*=0.226\,8$，即 22.68%。每个头寸的风险最高可达资本的 22.68%。

为了更好地理解和对比，还可以更改亏损和盈利的金额。假设现在的盈利是 3 800 美元，亏损是 3 600 美元。即：

$$z=3\,800/3\,600 \approx 1.055$$

则：

$$f^* = 0.48 - \frac{0.52}{1.055} = -0.012\,89$$

毫无疑问，这意味着账户将归零。

由于这种方法有很多缺点，例如需要特定策略的头寸历史记录，需要不断重新计算（最好是在每次交易后），缺乏预测性，或者经常建议使用大笔投注，因此许多交易者将其现代化，或以简化形式使用 f^*，或将凯利标准视为最佳杠杆的大小。

2.4.3　最优 f

最优 f 系统的主要开发者是 Ralph Vince。他对凯利标准公式进行了现代化，在该标准中，他考虑了不同规模的盈亏。该策略的基础假设是：交易者的获利直接取决于他们在每笔交易中使用了多少资金。

最优 f 比率是每笔交易中为最大化策略的整体获利而使用的资本的动态优化百分比。该方法主要通过迭代技巧得出。假设一系列完成的交易中至少包含一个亏损交易。为了找到最优 f 值，Vince 引入了一个名为 TWR 的概念，它代表的是最终财富比值（terminal wealth ratio）。TWR 是表征相关最终资本的指标。

首先需要计算一个加权过的持有期回报（holding period return，HPR）。第 i 个交易的 HPR=1+[f^*(−第 i 个交易的回报/损失最大的交易回报)]，其公式表示如下：

$$1 + f^* \left(\frac{-\text{Trade}_i}{\text{BiggestLoss}} \right)$$

其中，

- f^*：资本份额。
- $-\text{Trade}_i$：第 i 笔交易的获利或亏损（前面使用了一个负号，使亏损变为正数，获利变为负数）。
- BiggestLoss：每笔交易的最大损失（始终为负数）。

然后计算一个最终财富比值（TWR），TWR 为 n 次交易的 HPR 值的乘积。

$$TWR=HPR_1 * HPR_2 * \cdots * HPR_n$$

其公式表示如下：

$$TWR = \prod_{i=1}^{N}\left(1 + f^* \left(\frac{-\text{Trade}_i}{\text{BiggestLoss}}\right)\right)$$

将 f=0.1 到 0.9 代入上面的公式计算出不同的 TWR 值，最后取获得最大 TWR 值的 f 值作为最优 f。

当最优 f 仅偏离很小的值时，TWR 的值也会发生急剧变化，因此，也可以使用 0.01 的步长从 0 到 1 搜索 f^*，找到使 TWR 最大化的 f^* 值。

这种方法比凯利标准更接近现实生活中的最佳头寸规模。它的主要缺点是无法在实时交易中确定最优 f，因为它的计算基于过去的数据。一个交易时段的最佳份额可能是 25%，而另一个时段可能是 20%，以此类推。因此，想要通过最优 f 方法在交易的正当下精确确定最佳份额仍然是不可能的。

2.4.4　鞅

鞅是一种用于股票交易的资本管理方法，它使用在亏损时增加头寸规模的原则弥补亏损。这可能带来重大风险，许多专业交易者都不建议这样做。

鞅原则是在每笔亏损交易后将头寸规模加倍，以便在下一笔获利交易中，交易者可以弥补之前的损失，甚至获利。

这种方法基于这样的假设，即最终会发生一笔获利的交易，并抵消之前的所有损失。然而，应该指出的是，鞅没有考虑到资本限制的问题，如果市场没有朝着预期的方向发展，这种方法可能会导致重大亏损，并可能造成迅速损失所有资本的风险，尤其是在发生长期亏损交易的情况下。出于这些原因，大多数专业交易者更喜欢较为保守的资本管理方法。

举例来说，一个交易者将初始投注设定为总资本（10 000 美元）的 1%，如果第一笔交易以亏损告终，交易者将加倍下注，并在下一笔头寸上承担 2% 的资本风险。如果再次出现亏损交易，交易者将继续加倍下注。

当交易者完成一笔获利交易时，他们将恢复到使用初始资本的 1% 进行投注。

以下是头寸示例：

- 第一次建仓，交易者使用 10 000 美元的 1%（即 100 美元）。该头寸亏空平仓。
- 第二次建仓，交易者使用 10 000 美元的 2%（即 200 美元）。该头寸亏空平仓。
- 第三次建仓，交易者使用 10 000 美元的 4%（即 400 美元）。该头寸亏空平仓。

- 第四次建仓，交易者使用 10 000 美元的 8%（即 800 美元）。该头寸已平仓并获利。

在这个例子中，即使在前 3 个头寸亏损后，只要第 4 个头寸获利，也能让交易者恢复到初始水平。但是，你应该记住的是，证券市场的下跌有时深不见底，在经过一连串的亏损之后，基于鞅原则投注的交易者可能很快就亏完了全部的资本。因此，为了降低风险，一些交易者使用相对较低的比率而不是加倍下注。但就我个人而言，我仍然建议你永远不要使用这种稍显不理性的方法。

2.4.5　反鞅

改变投注大小是鞅和反鞅的关键因素。在基于鞅原则的方法中，头寸亏损后会加倍投注，而在基于反鞅的方法中，只有头寸获利后才会加倍投注，而在一场失利之后，投注将下降。

反鞅的本质很简单，简单到只需要数一、二、三。如果第一次建仓获利，那么下一次将以相同的方向建仓，但数量加倍；如果头寸带来亏损，则相应地减少交易量。

每个交易者都可以根据自己的交易策略自行选择新头寸的价格水平，但不建议开仓超过三个订单。与鞅一样，你可以使用较小的系数增加仓位（例如，不是 2 倍，而是 1.3 倍）或使用算术级数而不是几何级数（例如，仓位改变 20%）。

反鞅方法潜藏着很大的风险，因为如果预测不成功，则第一个订单的获利很快就会被最后一个、数量最大的订单的亏损所吞噬。当交易者错误地认为他们已经抓住了趋势时，就会发生这种情况。

2.4.6　固定比例头寸规模

经济学家 Ryan Jones 提出了一种称为固定比例头寸规模的资本管理技术。该策略旨在有效平衡风险控制和利润最大化。固定比例法是反鞅策略的一种变体。

这种方法的概念是，在交易的初始阶段，利润可能很小，但与此同时，随着时间的推移，会提供更稳定的结果。随着资金投入的增加，交易者获得的收益也会随之增长，从而降低了整体风险。该方法的主要思想是确定一个特定的水平，在达到这个水平后，交易者可以按一定数量的手数增加交易量。

Jones 建议使用 δ（delta）的概念定义一个固定值，一个特定的比例，当达到这个比例时，交易者可以增加头寸的规模。当达到 delta 时，交易的手数增加，当损失超过指定的 delta 时，交易的手数减少。

Jones 方法允许你同时控制风险和盈利这两个方面。delta 是计算中的一个变量值，根据交易者的交易方法或风格确定。交易者对交易的积极程度取决于其规模：规模越小，资本管理就越激进。

确定 delta 水平的公式如下：

$$\text{Capital}_{i-1} + (i * \delta) = \text{Capital}_i$$

其中：

- i：水平数字（通常与手数一致）。
- Capital_i：下一水平的资本。
- Capital_{i-1}：上一水平的资本。
- δ：delta 变量。

想象一下，交易者的初始资本是 5 000 美元。他们选择 4 000 美元的 delta 并交易一手。然后，要进入下一个水平，需要进行以下计算：

$$5\,000\$ + (1 * 4\,000\$) = 9\,000\$$$

这意味着资本达到 9 000 美元这个水平后，即可交易两手。下一个水平的计算如下：

$$9\,000\$ + (2 * 4\,000\$) = 17\,000\$$$

在第三级水平，他们将能够交易三手。以此类推。

正如你所看到的，交易者只能决定 delta。它反映了交易风格：激进或保守（较低风险）。

还有一种情况是，交易者开始遭受损失。在这种情况下，为了降低损失的增长率并保住已产生的利润，delta 应该减少（与账户增长时的 delta 相比）。也就是说，用于计算盈利情况下增加头寸规模的 delta 与用于计算亏损情况下减小头寸规模的 delta 是不一样的，前者应该比后者大。例如，相比于增加头寸规模的 delta，减少头寸规模的 delta 可以只是前者的一半，或者也可以设置独立的减少头寸规模的 delta。

亏损情况下，降低交易水平的公式可以是不一样的，这取决于交易者的风格。图 2-4 显示了降低交易水平的一种方法。

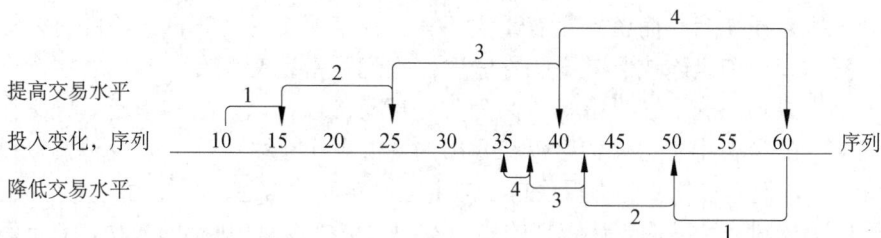

图 2-4　降低交易水平的过程示例

例如，如果亏损情况下降低交易水平的 delta 是盈利情况下提高交易水平的 delta 的一半，那么在亏损期间交易手数的减少速度将是盈利期间交易增长速度的两倍。计算亏损情况下降低交易水平的公式如下：

$$\text{Capital}_i - (\text{Capital}_i - \text{Capital}_{i-1}) * 0.5 = \text{Capital}_{new}$$

其中：

Capital_{new} 是一个新交易水平的资本。

想象一下，一个交易者上升到第 8 级水平，其账户现在的资本是 150 000 美元，之前的交易水平等于 115 000 美元，他最初选择的 delta 是 5 000 美元。在降低交易水平等级的情况下，新交易水平计算如下：

$$150\,000\$ - ((150\,000\$ - 115\,000\$) * 0.5) = 132\,500\$$$

与其他方法一样，固定比例法也有其优缺点。这一策略的主要优势之一是，如果满足所有条件，则有可能实现几何利润增长。使用这种方法时，再投资利润和增加交易量可以显著提高盈利能力，特别是由于使用了 delta。激进或保守交易的程度取决于所选的 delta，其中较小的 delta 会导致交易量更快的增长。

固定比例法的缺点是从亏损时期恢复的时间很长。交易量的下降速度远快于其增长速度。当然，这种情况也使得你可以保住在盈利交易期间获得的利润。

此外，选择最佳 delta 也需要较长时间。当然，可以使用固定比例法全面测试你的策略，将所有变量调整到最佳状态以达成盈利交易。

2.5　风　险　控　制

交易中的风险控制是一个让交易者尽可能控制损失的系统。简单地说，这是一系列旨在实现以下目标的行动和计算：

防止已投入资本的损失并尽可能地保持获利。

在股票交易中采用有效的风险管理机制将使你能够度过亏损交易的困难时期。每次成功度过一段亏损期后，而资本没有重大损失，都表明交易者管理风险的有效性。在这一方面，资本管理和风险控制是齐头并进的；它们紧密地交织在一起，往往一个成功意味着另一个也成功。这很容易解释，因为头寸规模管理在风险控制中起着关键作用。通过管理风险，交易者将决定他们可以在亏损的情况下平仓多少次，以及他们可以损失多少。也就是说，他们首先要努力保住自己的本金，然后才考虑盈利能力。

对于风险控制来说，你要认识到的第一条规则是：没有 100% 的成功，总会有亏损的交易。因此，及时减少平均损失，例如每笔交易减少 100 美元，对账户的积极影响与增加 100 美元的获利是相同的。也就是说，风险控制直接影响交易者的最终利润。

风险控制有以下几种主要方法：

- 最大损失金额。
- 止损单。
- 止盈单。
- 追踪止损单。
- 投资组合多样化。
- 监测市场波动。

2.5.1　最大损失金额

为了有效管理交易操作中的损失，首先确定交易者愿意为每个头寸承担的最大风险百分比至关重要。如前所述，良好的资本管理对此有所帮助。这里一个同样重要的因素是限制同时建仓的头寸数量。例如，假设每个头寸的既定风险是 0.3%，每次投入的最大风险为 6%，则同时建仓的交易数量不能超过 20 笔。这是一种简单但有效的方法，甚至连初学者也同样适用。

特定时间段（例如，一天、一周或一个月）的风险控制在性质上是相似的，其中也包括退出止损的特定策略。因此，如果交易者在评估时发现自己面临一系列无利可图的头寸，则不妨休息一下，这使得限制损失和重新评估情况成为可能。例如，如果已经达到一天的最大损失，则建议结束当天的交易，并在下一天恢复。

这同样适用于每周和每月的损失限额，它将使你能够有效地管理不同时间范围内的风险。

让我们来看一个例子。假设一个交易者持有 10 000 美元的本金，如果他可接受的每日亏损是 200 美元，那么全部本金将在 50 个交易日后亏损完毕；如果允许的每日损失为 100 美元，那么交易者将能够在亏损交易中存活 100 天；如果最高亏损额为 50 美元，则存活期限增加到 200 天；如果每日亏损 25 美元，则存活交易日长达 400 天。

2.5.2　止损单

止损单允许交易者在交易单个头寸时确定潜在损失的最高水平。在实际操作中，这意味着当价格达到设定止损的水平时，该订单将以亏损平仓。

设置止损单允许交易者预先确定特定头寸的最大可能损失量，并且这一决定是在开仓阶段进行的。预设止损单是在快速变化的市场中控制风险和最大限度减少损失的有效工具。

应用严格的止损规则，例如在损失 3%至 10%时退出头寸，是一种常见的做法。但是，需要强调的是，并非所有情况都适用止损。我个人的观察和分析表明，对于许多策略来说，使用止损单都是不合适的。当然，如果你将止损作为策略的一部分，那么在市场没有出现预期走势时，执行退出头寸的操作非常重要。

根据交易者是否开立了买入或卖出订单，止损的位置会有所不同（见图2-5）。

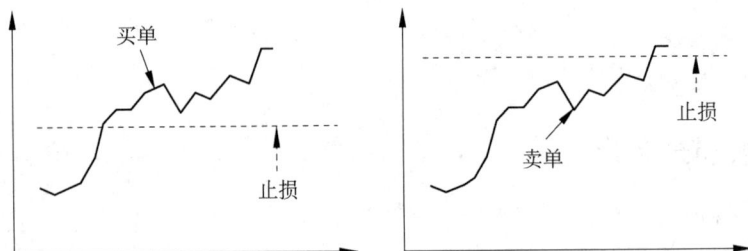

图2-5　止损水平示例

一些交易者更喜欢使用多种类型的止损信号进行灵活的头寸管理。止损的主要类型包括以下几种：

- 初始止损（initial stop）。在买入前预先设定一个止损位置，通常在买入价下方的3%或5%处（或使用固定金额）。一旦价格有效跌破这个位置，立即平仓。
- 追踪止损（trailing stop）：追踪止损是一种动态调整的止损方式，随着市场价格的变动而调整止损价格。这种策略旨在保护已有的盈利，当市场价格不利于投资者时，止损价格会随之上升，以锁定利润。
- 止盈（take profit）。当达到预定的利润总额时，该信号将导致头寸关闭。
- 盈亏平衡（breakeven）。这意味着将止损移动到盈亏平衡点所在的价格。交易者通常会在任意位置设置止损，这从根本上来说是错误的。所有操作都必须仔细考虑，而不应随意进行。
- 定时止损信号（timed stop sign）。如果市场表现不符合预期，即使没有经济损失，一些专业人士也会建议退出头寸。如果不清楚实际发生了什么，定时止损信号会提醒你退出市场。

总之，设置初始止损是一种特殊的交易艺术。识别阻力位和支撑位的虚假或真实的突破能力在这项技能中起着关键作用。

2.5.3　止盈单

在2.5.2节"止损单"中已经介绍过，止盈单实际上也是止损类型之一。在达到预先设定的止盈水平后，交易者可选择获利了结，自动关闭头寸。也就是说，指定的止盈水平总是超过资产的当前市场价格，如果市场价格上涨到预定值，则经纪人会自动下达限价单并进行卖出（见图 2-6）。

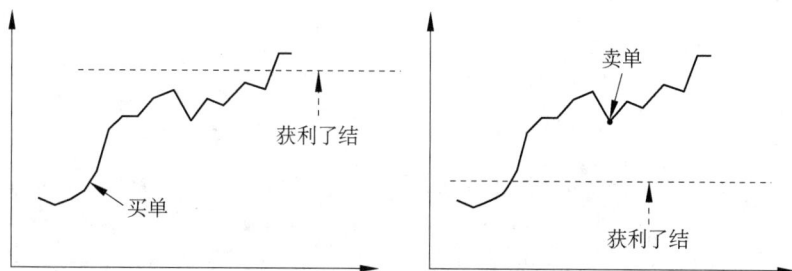

图 2-6 止盈水平示例

许多交易者根据关键阻力位和支撑位确定止盈水平。另一种方法是使用艾略特波浪理论（Elliott wave theory），该理论认为市场在由不同顺序的波浪组成的周期中移动。此外，许多交易者更喜欢根据自己对风险管理的舒适度确定止盈水平的定制方法。

2.5.4 追踪止损单

追踪止损单是一种动态订单，用于在交易中根据市场价格的变化自动更新止损水平。这种机制类似于常规止损，但不同之处在于它不是设定在固定价格。相反，它持续监控资产的当前价格，并在价格向有利于交易者的方向变化时自动更改止损水平；如果价格朝着不利的方向变化，它也像常规止损一样起作用。

让我们来看一个例子。如果交易者以 50 美元的价格建仓（买入订单），并将止盈（take-profit，TP）点设置为 55 美元，止损（stop-loss，SL）点设置为 45 美元，那么 TP 和 SL 将分别在达到 55 美元或 45 美元时自动激活。通过将限价单设置为 55 美元和 45 美元，交易者正式同意 10% 的最大潜在获利和可接受损失。

如果交易者以 50 美元的价格进行交易，目标价为 55 美元，当价格上涨到 60 美元时，他们无法从该上涨中获得全部利润（因为在 55 美元时已经卖出了）。

或者你也可以想象相反的情况，当价格达到 54 美元时，交易者决定等待上涨趋势继续，而不是选择获利了结，但糟糕的是，股价开始转头向下并跌破 45 美元。这很悲催，因为交易者不但没有收获 8 个百分点的唾手可得的利润，反而遭受了 10% 的损失。图 2-7 说明了这些情况。

为了避免这种情况，你可以将止盈设置得更高或根本不使用它。当然，在这种情况下，交易者必须不断监控市场并手动平仓。与此同时，止损点将保持在 45 美元。

追踪止损单可以防止这种情况的发生。因此，在前面的例子中，当市场上涨时，追踪止损单会自动提高止损水平。例如，如果我们设置了追踪止损，使止损单与当前价格

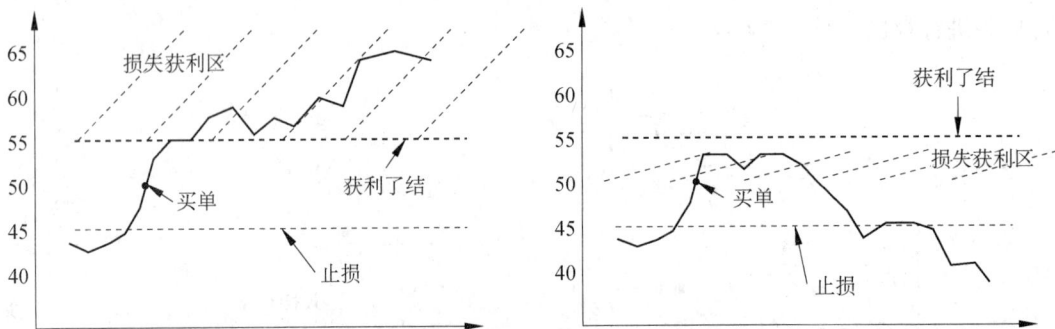

图 2-7　没有追踪止损单的利润损失示例

保持 5 美元的距离，当价格上涨时，它将根据价格的上涨而移动。

例如，如果价格从 50 美元上涨到 52.5 美元，则止损从 45 美元上涨到 47.5 美元；如果价格从 52.5 美元进一步上涨到 62.5 美元，则止损从 47.5 美元上涨到 57.5 美元。

追踪止损单可被视为一定的安全水平，或定期获利回吐。同时，如果价格下跌，则追踪止损也不会减少。可变止损值将附加在最后一个标记上，并保持在那里，直至价格达到其水平。图 2-8 显示了追踪止损单的工作原理示例。

这对交易者来说无疑是一个非常有用的工具。从表面上看，这似乎很难，但经过几次尝试后，你肯定会喜欢它。此外，我不止一次地验证并相信，如果你在某些策略上使用它，它们的有效性会显著提高。

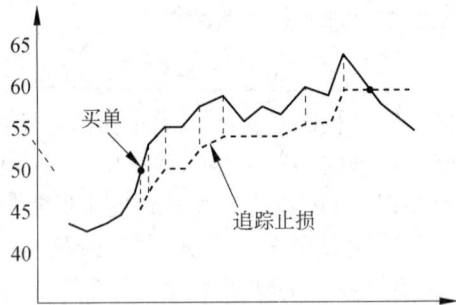

图 2-8　更改追踪止损的水平

2.5.5　投资组合多样化

投资组合的多样化是一种降低风险和确保稳定收入的方法。它在不同类型的交易工具（如股票、债券、贵金属、货币等）之间分配资金。这一策略有助于在其中一项资产的盈利能力下降时防止损失，同时通过其他资产的利润弥补不成功投资的损失。

值得一提的是，仅仅购买不同公司的股票并不一定被视为多样化。例如，拥有多家石油公司的股份不会创造多样化的投资组合，因为所有这些公司都属于同一行业，即使它们可能位于不同的国家。如果油价下跌，则所有这些资产的盈利能力都可能下降。

因此，不妨让我们来看看实际可行的多样化方法：

● 按资产类别划分。债券（bond）被认为是最可预测和最稳定的工具，包括公司债券和政府债券。投资股票（stock）虽然风险更大，但在价格上涨时可以带来良好的利润。精明的投资者还会考虑期货（future）和期权（option），尽管这些工具往往更不可预测。

- 行业和部门划分。经济系统中的每个行业和部门都有自己独特的发展道路，即使在危机时期，当其中一些行业或部门经历衰退时，其他行业或部门也可能会表现出持续的增长。因此，重要的是投资组合要多样化，这包括金融、石油和天然气工业、航空制造、制药、信息技术和军工生产等各个行业。
- 按国家和货币划分。将你的投资分散到不同的货币中，可以防止汇率剧烈波动。投资于不同国家的资产有助于避免其中一个国家不稳定的政治和经济形势带来的问题，因为其他国家的证券可以抵消损失。专业人士的建议是，将一项资产的投资份额限制在资本的 10% 以内，属于一个经济部门的资产的投资总额不超过 20%。
- 相关性。相关性（correlation）指的是一种金融工具的价值动态在多大程度上与另一种金融工具的价值动态相关。为了确保有效的投资组合多样化，重要的是要让你的投资组合中的金融工具相关性较低或呈反比。例如，当国际油价大幅下跌时，航空业反而可能受益。也就是说，金融工具的相关性越低，则投资组合的利润就越高。这意味着一种资产价格的变化将被其他资产价格的变动所抵消。通过这种方式，投资的风险分散在不同的资产上，这有助于降低投资组合的整体风险水平。

2.5.6 监测市场波动

头寸风险也可以通过分析金融工具的波动性来评估。你可以使用标准差估计这种波动性。如果一个金融工具的标准差很高，则表明风险很高，回报不确定。相反，低标准差则意味着回报的波动性较小，收益比较稳定。该指标在比较不同金融工具时特别有用。

标准差（standard deviation，SD）的计算公式如下：

$$\text{StandardDeviation} = \sqrt{\sum_{i=1}^{N} \frac{(\text{Price}_j - \text{MA}(N, j))^2}{N}}$$

其中，

- Price_j：第 j 根 K 线的价格值，即某个特定时间点上的价格。
- $\text{MA}(N, j)$：第 j 根 K 线上的移动平均值。
- N：样本量。

让我们来看一个例子。交易者计划每月投资两只基金中的一只。这两只基金的平均回报率均为 10%。第一只基金的标准差为 5，这意味着它的回报率可以从 5% 到 15% 不等；第二只基金的标准差为 12，这意味着它的回报率可能为 -2% 至 22%。如果交易者更喜欢避免过度波动并降低风险，则最好选择第一只基金，因为它提供了相似的回报，但波动性更小。

2.6　测　　试

使用历史数据测试所选的交易策略，可以让你在没有实际金融投资风险的情况下评估其有效性。这种做法基于这样一种假设，即过去成功的战略现在仍然很可能有效。在此类测试中获得积极结果会增强交易者对所选方法前景的信心。如果测试结果证明你的交易策略绩效不佳，则可能需要更改参数或重新审视该策略。

与回溯测试（backtesting）相关的挑战之一是，你所创建的交易策略在历史数据上看起来是成功的，但在实际交易中却屡战屡败。

例如，在调整测试或过度优化期间获得的盈利能力图时，通常可以创建一个系统，证明在某个历史时期的测试中取得了成功，但长时间的重新测试却表明它毫无作用。因此，重要的是要遵守某些规则，不要使用结果调整。

测试周期的选择非常重要。该测试周期取决于确定进入市场时刻的图表的时间尺度。在这方面存在一些一般性建议。例如，当计划在日线图上交易时，建议至少回溯过去 5 年。如果选择较短的时间尺度，例如小时图甚至分钟图，则建议至少测试一年以考虑季节性。这些建议是基于最低数据量的统计要求。重要的是，测试不仅要涵盖经济强劲增长的时期，还要涵盖最近的危机或衰退。测试时间越长，获得的结果就越可靠。这很重要，因为在经济复苏阶段，几乎任何趋势的交易策略都能带来良好的利润；而在经济衰退或危机期间，情况可能会有很大的不同。

此外，还需要区分不同的测试方法。当交易者在没有预先花费大量时间测试的情况下进行快速检查时，可以使用复杂的多步测试算法，从初步测试开始，并以正向测试和多币种、多周期测试结束，或者也可以把自己限制在经典的回溯测试上。

经典的回溯测试涉及根据历史数据测试策略，而正向测试则提供了一个更现实的想法，即该策略在实际交易中的表现如何，因为它使用了该策略以前从未见过的数据。

正如从名字中猜到的那样，多币种、多周期测试包括对不同金融工具和不同历史时期的测试，这使你能够评估系统的稳定性。

和其他模块一样，测试阶段的选择取决于交易者及其愿望。

2.7　绩　效　指　标

在经过测试之后，你应该充分评估所获得的绩效指标。为此，交易者必须确定哪些结果和评估可以被视为可接受或比较理想的。

一般认为，我们的主要目标是在考虑交易成本的情况下实现高回报。因此，在这种情况下，将回报与其他替代方案（例如将资金直接存入银行）进行比较是合理的。存入银行的风险很低，收益也较低；相应地，证券交易风险较高，收益也应该更高才对。

这就引出了有效性的第一个标准：将交易策略的盈利能力与银行存款的盈利能力进行比较。毕竟，考虑到证券交易所交易的所有风险，主动入市交易只有在盈利能力显著提高的情况下才有意义。

第二个标准是与长期买入–持有策略的比较。该策略指的是投资者购买金融资产并且长期不卖。投资期限从几年到几十年不等。通过这种对比，评估主动交易的回报和风险以及买入–持有策略的回报和成本也很重要。

也就是说，策略的有效性不仅取决于测试和实际交易中实现的盈利能力，还取决于回报风险比，特别是与其他长期策略相比。

制订一个提高这一比率（即提供比其他方法获得更多收益的结果）的交易策略正是设计者的任务。

上述两个标准是必须理解的，所以我将其与其他标准分开强调。它们是基本的要求；没有这两个标准作为比较基础，我们就不可能了解系统的真实情况。除此之外，任何交易策略的有效性都可以通过 50 多个其他参数来评估。

让我们来看看其中的一些关键参数。

2.7.1　盈利能力

盈利能力（profitability）是指投资或投资组合在一定时间内产生收入或资本增值的能力。例如，如果你在年初有 10 000 美元，到年底金额增长到 20 000 美元，那么今年的盈利能力就是 100%（在没有额外注资或提款的情况下）。

最好的计算方法是基于大量头寸计算长期盈利能力。因为如果交易者在一个月内亏损了 30%，那么他之前在一周或一个头寸上获得的 10%收益就显得没有说服力了；类似地，如果你在全年获得了很高的盈利，那么即使在这一年中的某个月损失较大也没关系，这并不影响你对自己的交易策略盈利能力的积极评价。

2.7.2　获利因子

获利因子（profit factor）是按绝对收益与绝对损失（不考虑负号）计算的比率。如果你的系统的获利因子大于 1，则表明它有能力产生利润。

当然，仅仅让获利因子大于 1 是不够的。了解系统的内部机制很重要。在你的交易中，也许只有一个头寸对整体收入作出了重大贡献，而大多数时候该系统处于亏损状态。因此，值大于 6 的获利因子才更具指示性。

2.7.3　回撤

回撤（drawdown）是指因亏损头寸平仓而导致的交易账户的可用资金暂时减少。简单地说，这就是交易者的损失，在图表上显示为收益率下降线，通常以百分比表示。

相应地，存在以下类型的回撤（见图 2-9）：

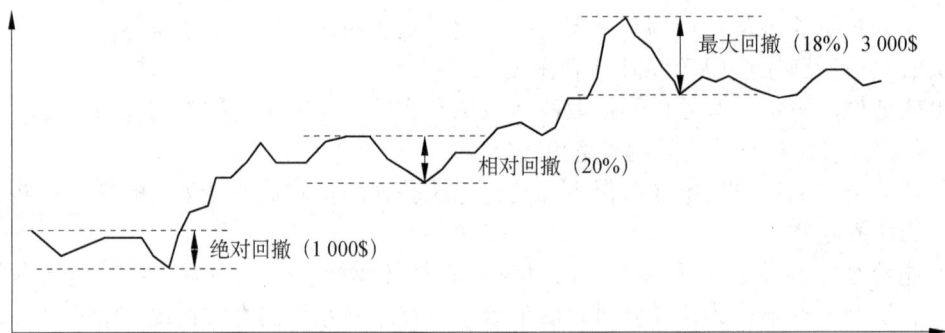

图 2-9　回撤类型

1．初始回撤

初始回撤（current drawdown）发生在开设任何交易头寸时。当开设头寸时，你必须向证券经纪人（券商）缴纳规定的佣金，这就是一开始的损失。

在证券交易中，投资人相互之间不直接买卖证券，而是通过证券经纪人进行交易。证券经纪人作为买卖双方的中介人，将询问证券买卖双方的出价和要价，按照客户的委托，如实地向证券交易所报入客户指令，在买价和卖价一致时，通过证券交易所，促成双方证券买卖的成交，并向双方收取交易手续费（佣金）。因此，每一笔交易无论交易者盈亏如何，对于经纪人来说总是赚的。

也因为如此，如果你的交易获利无法覆盖佣金规模，那么它实际上就是亏损的。

2．录得回撤

录得回撤（recorded drawdown）代表交易者的头寸在当前价格下决定平仓时无利可

图。录得回撤对保证金存款（margin deposit）的总量产生了负面影响，因为在加杠杆的情况下，如果交易者不想被强制平仓的话，就需要增加保证金总额以维持约定的保证金比例；而如果实际执行平仓的话，则录得回撤会产生真实的亏损。

3. 最大回撤

最大回撤（maximum drawdown）是指在一定时间段内，产品净值从高点向低点回调时，所发生的最大的回调幅度。它代表了你的资产净值的最大减少额。简单地说，此回撤显示了以货币计算时遭受的最大损失。

4. 绝对回撤

如果交易者刚开始建仓即处于盈利状态，则绝对回撤（absolute drawdown）可能等于零。该指标被定义为初始资本与其最低减少额之间的差额。

5. 相对回撤

相对回撤（relative drawdown）代表了以百分比表示的最大损失。其确定方法类似于最大回撤，只不过它考虑的是百分比，而不是以货币计的绝对值。

2.7.4　夏普比率

夏普比率（Sharpe ratio）是一个衡量投资回报相对于其风险的指标。夏普比率越高，则意味着回报/风险比率就越好。

其计算公式如下：

$$SharpeRatio = \frac{R_p - R_f}{\sigma_p}$$

其中，

- R_p 表示投资头寸的回报率。
- R_f 表示无风险利率（例如国债收益）。
- σ_p 表示投资头寸回报率的标准差。

该指标显示的是投资者每承担一单位风险可获得多少利润。该值越高，相对于风险的回报就越丰厚。夏普比率大于 1 通常被评估为"积极"，表明投资组合的回报超过了其波动性，因此表明相对于风险水平其回报更高。

2.7.5　盈利交易的平均盈利规模和亏损交易的平均亏损规模

对于盈利交易的平均盈利规模（average winning trade size）这个指标来说，就是将一定时期内所有盈利头寸的结果相加，然后除以盈利头寸的总数。结果值表示盈利头寸的平均规模。

相应地，亏损交易的平均亏损规模（average losing trade size）指标是将同一时期内所有亏损头寸的结果相加，然后除以亏损头寸的总数。这样，你将确定亏损头寸的平均规模。

尽管大多数交易者都会努力使盈利头寸的平均盈利规模大于亏损头寸的平均亏损规模，但这并不是成功策略的先决条件。当然，如果盈利头寸的平均盈利规模远大于亏损头寸的平均亏损规模，那么即使盈利头寸与亏损头寸的比率很低，交易也可以保持盈利。

但是，如果亏损交易的平均亏损规模超过了盈利交易的平均盈利规模，则需要更高的盈亏比例以确保交易系统是盈利的。

2.7.6　期望值

期望值（expected value）是将前面提到的两个参数结合起来的复合指标，提供了交易者每笔交易预计能赚多少钱的信息。计算数学期望值的公式如下：

$$EM=(Prob.Win * AvgWin) - (Prob.Loss * AvgLoss)$$

其中，

- Prob.Win 表示盈利头寸的百分比。
- AvgWin 表示盈利交易的平均盈利规模。
- Prob.Loss 表示亏损头寸的百分比。
- AvgLoss 表示亏损交易的平均亏损规模。

从本质上讲，期望值提供了在长期内可以预期的平均利润或亏损金额的信息。

2.8　优　　化

优化是指通过调整原始交易系统的参数或参数组来调整其过程。该过程包括考虑特定金融工具历史数据时间范围内、指定边界内参数值的所有变化。因此，优化的主要目标是确定给定时间段内系统的最佳参数，并考虑特定金融工具的特征。

由于交易算法主要决定交易头寸的建仓点和平仓点，因此买进和卖出头寸规则的变化会导致交易系统整体效率的变化。

此外，算法的有效性可能会随着市场条件的变化而变化。这凸显了优化交易系统在当前市场条件下或有限的未来取得更好结果的重要性。

交易者可以通过每组优化参数的系统绩效指标值评估优化结果。换句话说，每组参数都是在特定的历史数据周期内进行测试的，测试结果提供了在这些不同参数组下取得了哪些结果的信息。

优化可能包括各种程序，例如选择最佳时间框架、选择最佳停止顺序值、选择经纪交易条件、选择交易算法本身、添加确认过滤器，或为现有系统找到最佳参数值等。能进行此类优化当然是好事，而且其效果只受交易者能力的限制。

为了优化交易策略，建议采取以下步骤：

- 充分描述交易策略。首先，描述买入和卖出条件、金融工具清单、时间框架等；还要考虑所选资产的特征、点差大小、可能的手数、波动性和其他交易条件。
- 对系统绩效进行初步测试，以确定交易算法描述中可能存在的错误或缺陷。
- 选择历史数据源和时间段进行测试。这可以是每个周期的一个独特时期。
- 在选定的历史数据区间上测试策略。
- 准备对系统进行优化，包括确定要优化的参数。
- 确定优化参数值的边界，排除荒谬的选项。
- 确定优化阶段的绩效指标。优化是使用一些优化算法进行的，如网格搜索（grid search）、随机搜索（random search）、遗传算法（genetic algorithm）和模拟退火（simulated annealing）算法等。这些算法将系统性地跨参数范围工作，并评估每种组合的策略绩效。
- 选择最可接受的参数值，如有必要，还可以通过多次缩小值的边界重新测试系统。

完成优化过程后，建议检查系统在真实市场条件下的绩效。

值得一提的是，在优化过程中，不同的实施阶段可能会出现各种问题。让我们更仔细地看看这些可能的问题：

- 优化时间。这与参数的数量、其可能值的范围和历史数据量直接相关。为了减少优化时间，建议将其划分为若干个阶段。

  在第一个阶段中，所有参数都可以在合理的范围内进行选择（搜索步长可以很大）。经过粗略选择之后，在第二阶段中，可以将搜索边界缩小到所获得的值周围，并减少步长。这种方法允许你找到更准确的设置。
- 结果不够理想或不符合预期。这通常是因为对参数组合缺乏明确的限制而出现的。对可能的参数组合定义符合常识的、意义明确的约束有助于避免荒谬的结果。
- 历史数据错误。报价错误无法完全避免，在评估系统绩效时应考虑其存在。
- 人为因素。这包括与情绪和对系统的非理性评估相关的各种可能的问题。在考虑人为因素时，需要意识到情绪对决策的影响，并对交易系统绩效进行更客观的评估。

那么，交易者如何确定交易策略是否最佳？如前所述，优化过程可归结为在给定范围内系统性地改变交易算法的参数值，以提高系统的效率。对于每一组独特的参数，交易系统都会在特定的金融工具、时间框架和历史数据的时间间隔上进行测试。此类测试的结果以某些系统绩效指标的值表示，其中一些我们已经讨论过。基于这些结果值，可以选择一组最佳参数，这组参数被认为最适合进一步使用。

总而言之，系统在实际条件下的运行效率，以及优化后所能达到的效率，取决于交易者选择的效率指标或其组合。适当地对目标进行优化和分析可尽量减少这种差异。

2.9　小　　结

本章阐释了交易所交易的基本概念、订单执行的过程以及订单的类型等。我们还研究了制订交易策略的方法，主要是技术分析和基本面分析。此外，我们还讨论了如何根据制订的交易规则生成交易信号。

本章还介绍了资本管理和风险控制的基本方法，探讨了一些与测试和优化交易策略相关的过程。

第 3 章将深入介绍创建自动交易系统的方法。我们将从架构解决方案开始。

第 3 章　架构解决方案第 1 部分：识别需求

在第 2 章中，我们阐释了创建交易系统的一般理论，并讨论了此类系统中存在的模块及其功能。本章将把这些知识付诸实践，并构建我们自己的产品。我们将制订系统的高级计划，描述子系统及其服务，并确定这些部分将如何相互作用。

在大多数情况下，创建此类应用程序的架构包括以下步骤。

（1）确定要求。在这个阶段，我们必须了解系统应该能够做什么。你期望系统有什么行为？你对它有什么技术期望和限制？

这一步将为应用程序定调，绘制出第一幅原理示意图。你需要了解有多少用户将与系统进行交互，以及他们将如何进行交互。

这一阶段的结果应该是一系列技术任务。

（2）做出架构决策。在这个阶段，我们将决定如何解决分配的任务。例如，是使用队列还是创建某种服务？将使用哪些架构模式和模板来解决这个问题？

在这一阶段，可以粗略地讨论是否会使用数据库以及服务将如何交互。

此阶段的结果是每个已分配任务的架构解决方案列表。

（3）识别子系统。在这个阶段，我们将确定未来系统的子系统列表，简要定义其输入和输出。

这一阶段的结果应该是将要构建的系统的子系统列表，并包含对这些子系统所负责的功能的描述。

（4）识别所有子系统的服务。在这个阶段，我们必须清楚地了解服务的构成。它们将如何扩展？它们会有自己的数据库吗？每个服务的 API 会是什么样子的？缓存将如何进行？

你需要认真思考将在这些服务的基础上构建什么样的应用程序，你的服务将如何扩展并做出优化性能的决策。

这一阶段的结果将是每个子系统的服务图。

这些操作的顺序是有前置条件的，并且还可能包括其他步骤。同样需要牢记的是，构建架构解决方案的过程是迭代的。在实际开发中经常出现这样的情况：到了描述服务的阶段，即上面所介绍的第（3）个阶段，架构师就已经明白他们的高级解决方案不是最优的，必须返回重新构建整个解决方案。有时，这些缺点在原型阶段之后才会显现出来（所谓原型阶段，就是指快速创建未来系统或其单个组件的原型，以更准确地确定架构解决方案的弱点，并符合客户的期望）。

如果能够在开发阶段早期发现架构解决方案的缺点，那是最好的；问题发现得越晚，相应的错误成本将显著增加，情况会越发令人不快。因此，创建架构解决方案是任何系统开发的关键阶段之一。

在彻底完成构建架构解决方案的所有阶段后，我们将为未来的应用程序创建一个全面的示意图表。本章将展示如何创建系统的总体愿景，并描述将发生的过程。当然，在此过程中我们有必要确定一些需求。

3.1　确定需求

这是创建系统的第一个阶段，也许也是最重要的阶段。毕竟，识别需求出错会带来高昂的成本。因此，尽可能准确地确定它们非常重要。在这个阶段，我们不仅要确定应用程序功能的要求，还要确定具体的数字。例如，需要了解有多少用户将使用该应用程序，系统可以支持多少种策略？

接下来让我们首先定义一般概念，并列出将在系统中使用的实体（entity）。实体是系统为实现其目标而操作的主要对象或概念。它们有自己的一组属性，我们将对这些属性进行操作。

3.1.1　信号

以下我将展示一个客户和系统架构师之间的示例对话，以帮助你尽可能准确地理解这个过程。当然，为节约篇幅起见，这个对话被简化了。

架构师：你为什么需要一个系统？它有什么作用？

客户：为了赚钱。赚尽可能多的钱。

架构师：它将如何赚钱？

客户：它将生成盈利策略，并在实际交易中使用。策略越多并且效果越好，那么程序给我赚的钱就越多。

架构师："生成盈利策略"是什么意思？你如何看待生成的结果？

客户：嗯，我的意思是它必须根据指标创造新的条件，基于这些条件的交易系统将了解何时应该买入头寸，何时应该卖出头寸。

架构师：还有其他的要求吗？你是说我们需要基于头寸、指标和一些条件生成交易策略？指标的概念对我来说很熟悉，它是一些特定的公式，例如计算布林带宽度的公式或函数或任何其他内容（例如 ChatGPT 响应中特殊单词的百分比），一般来说，它给我们的是一个数字。我的这些理解是对的吗？

客户：是的，完全正确。

在目前这个阶段，我们有了将要构建的系统的第一个实体：指标（见图 3-1）。该实体的目的是基于其独特的逻辑，根据市场上的当前

图 3-1　指标实体

情况（例如新 K 线的出现、订单簿的变化或即时新闻报道），计算出一些特定的数值。

> 架构师：好的。那么你所说的条件是什么意思呢？它们的目的是什么？
>
> 客户：条件将获取一组指标，处理它们的值，并发出信号，表明是时候买入还是卖出头寸，或者两者都不是。
>
> 架构师：哦，也就是说，当传递 K 线图或订单簿等交易数据作为输入时，一组条件的目的就是向我们返回一个"是"或"否"的值？我理解得对吗？
>
> 客户：是的，没错。
>
> 架构师：在发出建仓或平仓信号时，这组条件会有所不同吗？
>
> 客户：是的，也许吧。
>
> 架构师：但事实上，它们是一回事对吗？只是参数或公式有所不同？
>
> 客户：是的，没错。
>
> 架构师：你介意我们把这些条件称为"信号"，并继续使用这个概念吗？
>
> 客户：可以，不介意。

这里，我们有另一个实体：信号（signal）。其目的是根据交易数据的变化给出是/否的答案。为此，信号将根据指标值进行操作，如图 3-2 所示。

图 3-2　信号实体

3.1.2　客户对系统的愿景

对话继续：

> 架构师：太好了。现在让我们把注意力转向交易策略。按照我的理解，交易策略其实是一个结合了建仓和平仓信号的实体。是不是这样？系统如何了解建仓需要的资金量呢？

客户：了解仓位规模也是策略的一部分。我们有不同的资金管理方法。最原始的方法之一是使用剩余资本的一定比例建仓；更高级的方法会查看策略的历史或测试指标，并在此基础上决定头寸的规模。

架构师：那么风险管理呢？需要建立保护措施以防范任何可能出现的意外市场行为吗？

客户：那是自然！我们必须保护自己免受价格突然下跌的影响，同时也要能够获利。这里也存在简单的方法和复杂的方法。

简单方法就是下达止损单和止盈单，或者使用智能一些的系统并下达追踪订单；复杂方法则是构建使用追踪订单和额外信号的混合系统，甚至还需要限制未平仓数量。

当然，无论采用哪一种方法，核心都是需要盈利。是的，我们需要一些方法监控当前的头寸状态，并在出现意外情况或落袋为安时关闭头寸。

在这个阶段，我们确定了系统的核心实体之一：策略。

根据上述对话，我们理解策略实体结合了以下内容：

- 建仓信号。
- 平仓信号。
- 资本管理方法。
- 风险控制方法。

由此可见，交易策略的目的是发出建仓或平仓信号（并且指定仓位规模），策略还将管理风险，即下达订单。

架构师：指标参数呢？例如，布林带宽度（bollinger bands width，BBW）有若干个参数，其中之一是标准差的数量。这些参数是否包含在策略中？还有别的吗？

客户：是的，这些参数的具体值是策略的一部分。此外，请记住，一些理论不仅使用最后一根 K 线的指标值，还使用前几根 K 线的指标值。例如，有一个简单的条件是：最后三根 K 线的收盘价必须高于开盘价。

架构师：我了解指标值的使用不仅仅是最后一根 K 线。但理论呢？它是什么，它与策略有何不同？如果你能告诉我们你手动搜索策略的过程，那就再好不过了。

客户：首先，我会在论坛或其他来源看到或接受了一个理论。交易理论是对未来策略的一个构想。它通常不包含指标的特定参数值。理论是对信号条件的描述，也就是说，它是信号处理指标值的逻辑。

举例来说，有一个交易理论认为，当收盘价从下到上穿过加权移动平均（weighted moving average，WMA）线时，即可建仓；当收盘价从上到下穿过 WMA 线时，即应平仓。只有当出现强劲趋势时，这一策略才会奏效，我们将使用平均趋向指数（average directional index，ADX）指标进行检查；也就是说，它必须大于某个值。

> 还有一个理论认为，当收盘价触及或突破上布林线（upper Bolinger band），并且交易量增加时，可能被视为超买信号或趋势延续信号，激进者可以考虑建仓，而保守者则可以选择止损或止盈，及时平仓退场。
>
> 在了解了这些理论之后，我会测试这些理论。一般来说，我会选取若干个指标参数值的变体，选择一种资本管理方法，并在历史数据上测试这些策略。如果我了解到这个理论确实有其可取之处，则会据此为我的金融工具寻找最稳定、最有可能盈利的策略，然后基于该策略进行交易。

这里我们有一个新的实体：交易理论（theory）。它由没有指标参数的开仓和平仓信号组成，并在此基础上生成交易策略。该交易策略包括理论数据和其组件运行所需的参数的具体值。如图 3-3 所示。

作为一个架构师，现在你应该对交易策略解决方案的开发流程形成自己的第一个观点：

（1）用户使用理论生成器或独立地在系统中创建交易理论。

（2）基于一些算法，对理论的性能进行检验。

（3）如果根据某些标准，系统认为该理论是可行的，则可以开始进行搜索最优交易策略的过程。

（4）如果发现一个策略符合用户的标准，即可使用它进行真实的交易。

图 3-4 显示了架构师所理解的流程的第一个观点。

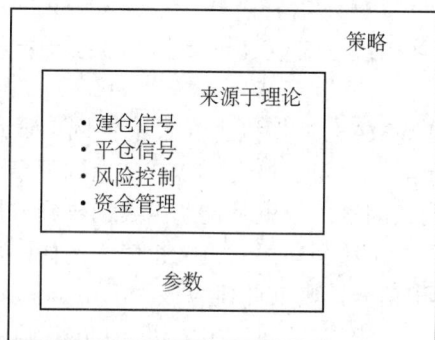

图 3-3　策略实体

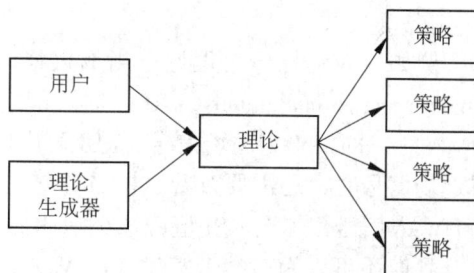

图 3-4　流程的第一个观点

3.2　理论生成器

我们已经确定了策略生命周期（从理论生成到在实际交易中使用策略）的主要阶段，现在让我们深入探讨并思考每个阶段将如何运作。我们讨论的结果应该是对系统功能的全面理解，以及需要解决的任务列表。

让我们从生成理论开始。

首先，用户可以通过两种模式创建理论：手动方式或使用生成器。

这意味着我们对系统有两个需求：

● 它应该为用户提供一个创建理论的工具。

● 它必须实现一种生成理论的机制。

如果第一个需求的一切都很清楚，则可以在前端使用一个特殊的表单来实现它，用户可以手动创建自己的几十个理论。

对于第二个需要（实现一种理论生成机制），则需要研究和理解这个过程是如何发生的，以及它需要什么数据。

显然，要生成一个理论，首先需要生成信号。为了理解如何做到这一点，我们需要更深入地研究信号这个概念。

我们知道信号包括一组指标，接收交易数据作为输入，并使用它们返回"是"或"否"作为响应。但是，这种使用指标的魔法是如何产生的呢？

基本上，信号如下所示：

```
If
     Indicator_1 > Indicator_2
AND
     在最近 3 根 K 线上 Indicator_3 < Indicator_4
应该买入
```

这个信号的意思是：如果指标 1 大于指标 2，且在最近 3 根 K 线上指标 3 小于指标 4，则应该买入。

例如，有这样一个理论：当加权移动平均线（WMA）从下到上穿过线性回归通道（linear regression channel，LRC）时，即发出了入场信号；相应地，当 LRC 从上到下穿过 WMA 时，即发出了退场信号。RSI 可用作交易的确认因素。也就是说，当我们收到入场或退场信号时，还需要查看这根 K 线或之前的几根 K 线是否有相应的 RSI 值。例如，如果有买入信号，那么 RSI 值应该小于 30；如果有卖出信号，则 RSI 值应该大于 70。

我们还可以为布林带宽度（BBW）的输入添加一个附加条件。如果超过 0.04，则检查 ADX 指标的值——它应该超过 30。

在上述示例中，这个理论如下：

```
建仓信号：
     AND 组合：
     当前 K 线上 LRC > WMA
     之前的 3 根 K 线上 RSI < Const
     当前 K 线上 BBW > Const
     之前 K 线上 BBW < Const
     ADX > Const
```

```
平仓信号：
    AND 组合：
    当前 K 线上 LRC < WMA
    之前的 3 根 K 线上 RSI > Const
```

这里我们看到条件和条件组合这两个概念。AND 组合表示所有条件均需符合。每个条件包含左右指标和比较条件。例如，"ADX > Const"条件的左侧指标是 ADX，右侧指标是 Const（代表一个常量值）。

除此之外，条件中还有一个时间间隔（time interval）的概念，即需要检查条件的 K 线间隔，它与指标参数一起成为策略中的附加参数。例如，"之前的 3 根 K 线上 RSI > Const"条件即规定需要检查当日之前的 3 根 K 线。检查是否满足条件之后将返回一个"是"或"否"的结果，我们通常还需要对这些条件进行分组。

例如，假设列出了以下条件：

```
Condition_1 AND (Condition_2 OR Condition_3)
```

它可以用以下分组表示：

```
Group_1 = Condition_2 OR Condition_3
Group_2 = Condition_1 AND Group_1
```

因此，该信号的根组是 Group_2（见图 3-5）。它将给出我们所需要的"是"或"否"答案。

让我们回到理论生成器。它必须以某种方式生成信号。从信号构造的逻辑来看，很明显，条件组合及其分组的数量可以是无限的，这意味着我们需要以某种方式限制这个数量。我建议通过使用信号模板来实现这一点，该模板最初将具有分组的条件布局，生成器只需要替换其中的指标，即可创建新的信号。

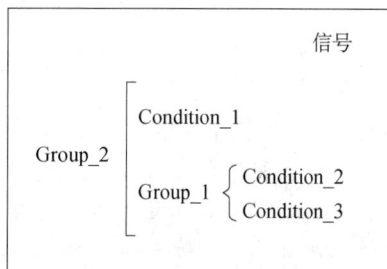

图 3-5　条件

值得一提的是，这并不是创建信号的唯一可能方法。你也可以使用蛮力方法，以编程方式创建条件，对可能的选项进行限制。例如，对分组嵌套的深度和每个组中的多个条件进行限制。或者，你也可以使用优化算法而不是蛮力方法，这将加快找到盈利策略的过程。

现在不妨想象一下建立理论生成器过程的开始阶段。用户首先创建信号模板，然后选择指标。生成器使用所选的信号模板并将不同的指标组合替换到其中，即可生成新的信号。

在这个阶段，我会提醒你理论的组成内容。这包括建仓和平仓的信号、资本管理方法和风险控制方法等。

我们已经解决了如何产生信号的问题，所以接下来需要考虑的是如何管理资本和进行风险控制。事实上，这也没有什么新内容，我们有一个此类方法的列表，它不是很大，所以用户在设置生成器时可以简单地指定这些方法的列表，生成器将创建相应的理论，在其中尝试每一种方法。

3.2.1　策略搜索

理论可以由用户手动生成或创建，但对于我们的系统来说，关键要求之一是寻找盈利策略，而不是生成理论。那么如何寻找它们呢？"搜索盈利策略"到底意味着什么呢？

实际上，该搜索过程包括两个重要概念：一是搜索方法，二是我们理解的搜索过程已完成的标准。换言之，假设我们已经有了一个理论，则需要了解如何在此基础上寻找盈利策略，以及如何进行这一搜索。

1. 一步法

让我们从区分交易理论和策略的参数开始。这包括指标参数和条件参数，例如需要进行检查的 K 线深度和时间间隔。这意味着，为了找到一个盈利策略，需要通过改变这些参数制订策略。

首先，你需要了解这些参数是受限制的。例如，K 线的深度明显大于 0，它也许不能大于 50，并且必须始终是整数。时间间隔通常受限于有限的值列表，这些值具体包括：1 分钟、2 分钟、3 分钟、5 分钟、10 分钟、15 分钟、30 分钟、1 小时、4 小时、1 天、1 周、1 个月和 1 年等。这些限制大大简化了搜索任务。当然，在理论和策略中可能涉及许多参数，因此有许多可能的策略变体需要搜索。

例如，可以收集前面讨论的策略的所有参数和限制。为方便起见，我对条件和组进行了索引，以便更容易找到它们的参数。

以下是建仓信号：

```
GROUP_1             AND 组合:
CONDITION_1         当前 K 线上 LRC > WMA
CONDITION_2         之前的 3 根 K 线上 RSI < Const
CONDITION_3         当前 K 线上 BBW > Const
CONDITION_4         之前 K 线上 BBW < Const
CONDITION_5         ADX > Const
```

以下是平仓信号：

```
GROUP_1             AND 组合:
CONDITION_1         当前 K 线上 LRC < WMA
CONDITION_2         之前的 3 根 K 线上 RSI > Const
```

现在的问题是，建仓信号（SIGNAL_1）中 GROUP_1 组合下条件 1（CONDITION_1）的 LRC 指标有哪些参数呢？

首先，我们需要考虑回溯期限（LookbackPeriod）指标本身的参数，即该指标将基于多少根 K 线进行计算。

其次，我们需要了解该指标将在什么时间间隔（TimeInterval）工作。

第三，信号将使用什么 K 线深度（CandlesDeep）来计算条件？

这样，我们就可以得到，来自 GROUP_1 组合下的 CONDITION_1 和 SIGNAL_1 的第一个指标 INDICATOR_1（LRC）具有以下参数：

```
GROUP_1
    CONDITION_1
        INDICATOR_1
            LookbackPeriod
            TimeInterval
            CandlesDeep
```

还记得我们刚才讨论过的参数限制吗？现在可以将它们添加到参数中：

```
GROUP_1
    CONDITION_1
        INDICATOR_1
            LookbackPeriod          从 2 到 300，步长为 1
            TimeInterval            限制为列表中的 13 个值之一
            CandlesDeep             从 0 到 0，步长为 1
```

我们可以计算出 GROUP_1 组合的条件 1（CONDITION_1）中的指标 1（INDICATOR_1）的策略变体：

```
LookbackPeriod      (300 - 2 + 1) * 1 - 299
TimeInterval        12
CandlesDeep         1
总计                 299 * 12 * 1 = 3588
```

对建仓信号 SIGNAL_1 的其余信号指标也可以进行相同的计算。

```
GROUP_1
    CONDITION_1
        INDICATOR_1 (LRC)
            LookbackPeriod          从 2 到 300，步长为 1
            TimeInterval            限制为列表中的 13 个值之一
            CandlesDeep             从 0 到 0，步长为 1
        INDICATOR_2 (WMA)
            LookbackPeriod          从 2 到 300，步长为 1
            TimeInterval            限制为列表中的 13 个值之一
            CandlesDeep             从 0 到 0，步长为 1
    CONDITION_2
        INDICATOR_1 (RSI)
            LookbackPeriod          从 2 到 300，步长为 1
            TimeInterval            限制为列表中的 13 个值之一
            CandlesDeep             从 0 到 10，步长为 1
        INDICATOR_2 (Const)
            Value                   从 0 到 100，步长为 0.1
    CONDITION_3
        INDICATOR_1 (BBW)
            LookbackPeriod          从 2 到 300，步长为 1
            StandardDeviations      从 1 到 20，步长为 1
```

```
        TimeInterval              限制为列表中的 13 个值之一
        CandlesDeep               从 0 到 0，步长为 1
    INDICATOR_2 (Const)
        Value                     从 0 到 0.6，步长为 0.001
CONDITION_4
    INDICATOR_1 (BBW)
        LookbackPeriod            从 2 到 300，步长为 1
        StandardDeviations        从 1 到 20，步长为 1
        TimeInterval              限制为列表中的 13 个值之一
        CandlesDeep               从 0 到 10，步长为 1
    INDICATOR_2 (Const)
        Value                     从 0 到 0.6，步长为 0.001
CONDITION_5
    INDICATOR_1 (ADX)
        LookbackPeriod            从 2 到 300，步长为 1
        TimeInterval              限制为列表中的 13 个值之一
        CandlesDeep               从 0 到 0，步长为 1
    INDICATOR_2 (Const)
        Value                     从 0 到 100，步长为 0.1
```

如果计算所有可能的策略变体，则可得到以下结果：

```
SIGNAL_1=
  CONDITION_1 (299 * 12 * 1 * 299 * 12 * 1)
 * CONDITION_2 (299 * 12 * 10 * 1000)
 * CONDITION_3 (299 * 20 * 12 * 1 * 600)
 * CONDITION_4 (299 * 20 * 12 * 10 * 600)
 * CONDITION_5 (299 * 12 * 1 * 1000)
= 12,873,744 * 35,880,000 * 43,056,000 * 430,560,000 * 3,588,000
= 3.072395344219699e+35.
```

这是仅基于建仓信号的变体数量。这是一个非常大的数字。

如果我们使用一个非常强大的服务器集群，且不考虑在任何编程语言中处理如此大量的数据都很困难的事实，那么仅在历史数据上运行如此大量的策略就需要无数年的时间。例如，即使我们的集群每秒可以计算 1 000 种策略，那么计算完所有选项仍然需要 9.742 501 725 709 345*10^{24} 年。这对我们来说是完全不能接受的。

这意味着我们需要比简单地搜索所有可能的参数选项更智能的算法。

简单地将策略均匀地分布在所有可能选项的空间中并不是一个坏主意，但这还不够，因为附近可能有一种效果更令人印象深刻的策略。如图 3-6 所示。

幸运的是，我们并不是唯一面临在巨大的可能变化空间中找到最优解的人。工程中有一个专门的部分来处理这个问题，我们可以利用科学家多年来在这一科学领域的工作成果。优化算法是这一领域的核心部分。本书第 6 章将更详细地讨论它们，目前你只需要了解它们工作的一般逻辑即可。

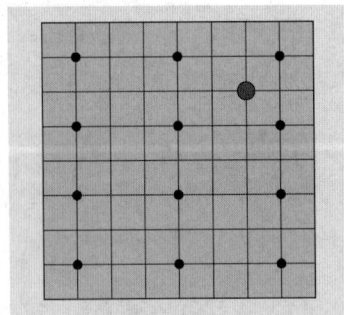

图 3-6　局部最优解

优化算法的任务是通过选择函数的参数最大化函数的值。

$$\max_{|X|} f(X) = f(X^*) = f^*$$

其中，

- X 是可变参数的向量，换句话说，就是策略参数的一组值。
- $|X|$ 是一组允许的参数值，正是对参数施加的限制。
- f 是目标函数或优化标准。就交易策略而言，该标准可能等于策略的平均月度盈利能力。通常使用公式(期末余额−期初余额)/期初余额计算。换句话说，这是该策略获得的初始资本的百分比。
- X^* 是一个变量值的向量，通过该向量，目标函数将达到其最优解（在我们的例子中即为最大值）。这些变量实际上就是每个指标的常数 LookbackPeriod 或 TimeInterval 的具体值。
- f^* 是目标函数的最优值。

同样值得一提的是，大多数现代优化算法尚未被证明具有绝对收敛性。这意味着它们尚未被证明能找到最优结果，但它们确实可以在可接受的时间范围内（而不是无数年）找到一个相当好的目标函数值。

寻找最优策略的算法如下所示：

（1）我们将一组参数及其约束传递给优化算法。作为对此的回应，它将为我们生成一组参数值，然后可以根据这些值创建交易策略。例如，对于特定的建仓信号指标，算法将为我们提供 LookbackPeriod 等参数的值。

（2）系统使用历史数据模拟这种策略的真实交易，并根据结果计算每组参数的优化标准。

（3）现在再次返回到步骤（1）；也就是说，我们将参数集及其计算标准再次传输给优化算法，并根据这些数据再次为我们生成一组值。

这个循环会一直持续到停止条件出现。具体的停止条件可能是达到了既定的迭代次数，也可能是已经遍历了所有可能的变化，或者搜索出现退化（即新的值集彼此之间已经没有太大差异）。

图 3-7 显示了一步法的原理。

2. 两步法

前面我们展示了如何实现一步法系统搜索交易策略，但它的工作结果并不总是令人满意。事实上，该优化算法是通过两个标准进行评估的：确定最优值的准确性（accuracy）和参数在其空间中所有可能变化的覆盖率（coverage）。在实践中，这意味着如果算法更加注重覆盖率，那么它很可能无法找到最优解，但是考虑的选项会尽可能多样化；而在偏

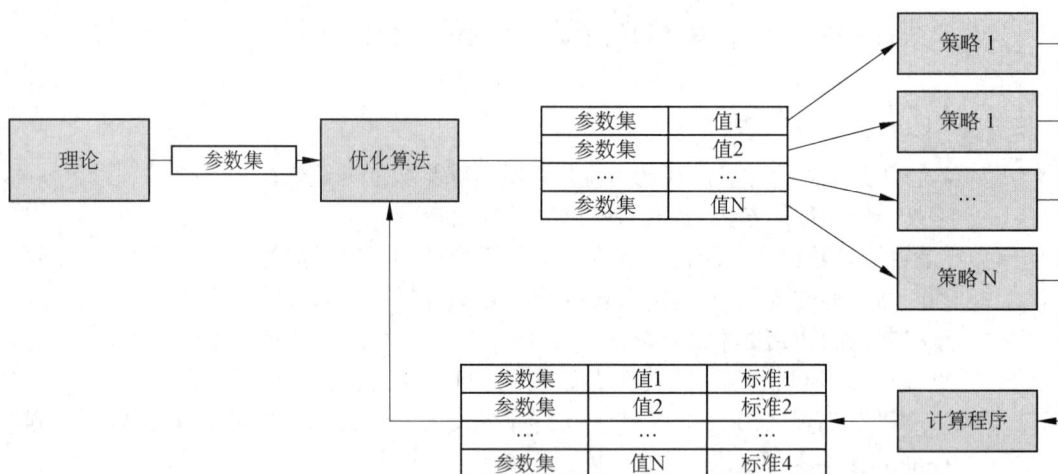

图 3-7　一步法

向优化的情况下，算法会找到极值，但很可能这只是局部最优解，而不是全局最优解。

所以，我尝试了不同的优化算法，它们的设置差异很大，但每次带给人的都是失望。广度调优算法（breadth-tuned algorithm）没有找到最佳策略，因为它不包括局部搜索算法，而且值空间可能很大。深度调优算法（depth-tuned algorithm）准确地找到了局部最大值，但它经常错过全局最大值。

此外，这些算法的计算需要花费很长时间，当理论被证明不可行时，其结果往往是负值。

因此，我决定将寻找盈利策略的系统复杂化。

首先要快速剔除那些不可行的理论。为此，我使用了一种在广度上配置的算法，并增加了参数值的步长。例如，在 GROUP_1 CONDITION_1 INDICATOR_1 的第一步中，我向算法传递了以下设置：

```
GROUP_1
    CONDITION_1
        INDICATOR_1 (LRC)
            LookbackPeriod          从 2 到 300，步长为 10
            TimeInterval            限制为列表中的 13 个值之一
            CandlesDeep             从 0 到 0，步长为 1
```

可以看到，LookbackPeriod 参数的步长增加了 10 倍，这会自动将变量的数量也按相同的倍数减少。

在自动确定可行理论方面出现了一个急需解决的问题。我不喜欢简单地根据优化标准的值选择最佳策略的排序，因为样本中可能包括 5 年内只有 10 笔交易的策略，或者包括有大量亏损头寸而只有少量盈利头寸（但是盈利很多）的策略。

我认为这些策略是不稳定的，不太适用。我们的任务是寻找稳定的策略，即使盈利不是最大的也没关系。放到生意经上来说，就是不求一口吃成个胖子，但求细水长流，稳定盈利。

因此，我提出并构建了我的系统的另一个实体，即质量条件（quality condition）。它的任务是分析计算出的策略并给出"是"/"否"答案，确定某个理论是否适合做进一步研究。

显然，将所有策略都分析一遍是没有意义的，因为它们已经根据最优性标准进行了排序。这意味着，在适用性条件下，有必要指定我们准备考虑的特定数量或百分比的策略。

我们需要指出，可以将策略归类为合适的选择条件。如果至少有一种策略是合适的，那么整个理论就被认为是合适的。我们将继续使用它。

图 3-8 显示了质量条件实体。

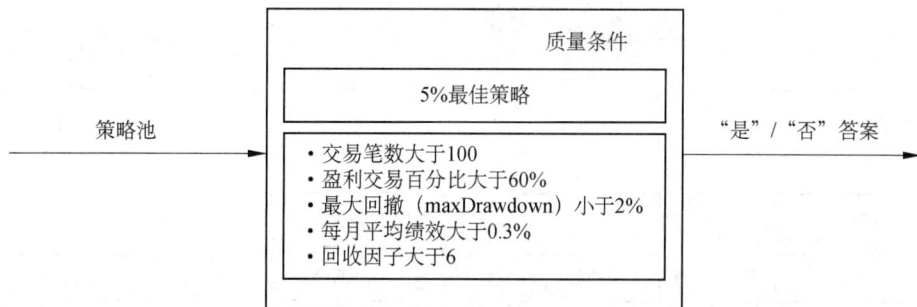

图 3-8 质量条件实体

值得注意的是，所有这些条件都可以包含在优化标准中。例如，如果 maxDrawdown 超过 2%，则将其设为负值，然后优化算法将停止考虑此策略以生成下一组变量值。当然，我拒绝这样做，因为这样的策略可能很有前景，它们只是需要优化而已，这意味着不能将它们从优化算法的视野中抛弃。

由于在寻找盈利策略的过程中，另一项操作似乎改变了参数的间隔和步长，因此还需要另一个包含这些变化数据的实体。我称之为子理论（subtheory）。

交易理论包含搜索策略的设置，而子理论则包含一个特定的优化算法，以及生成和计算策略的规则。很明显，子理论是基于理论产生的。

图 3-9 显示了子理论实体。

基于这些理论，将形成一套子理论。每个子理论都会产生策略。也就是说，策略不是建立在理论的基础上的。为了验证这一理论，我们创建了一个子理论。

图 3-10 显示了理论和子理论之间的关系。

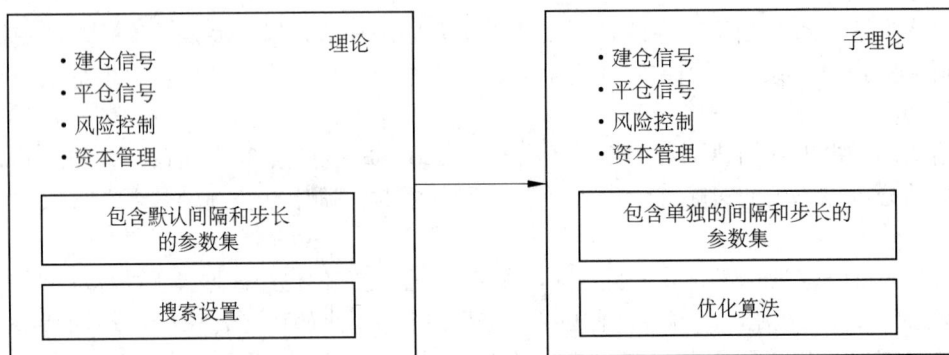

图 3-9　子理论实体

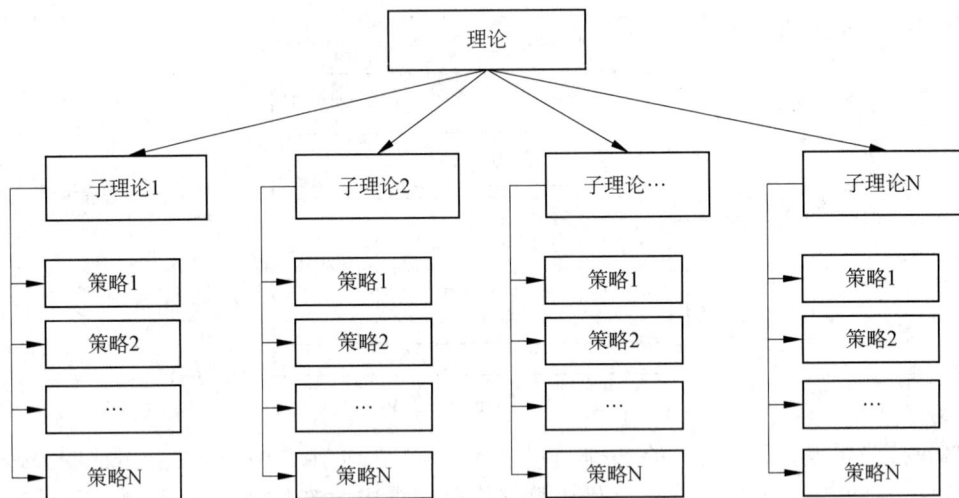

图 3-10　理论和子理论之间的关系

假设我们有一个理论是适合使用的，那么在很高的概率下，该理论可以得出一个甚至若干个很好的策略，剩下的就是找到它们。

在确定理论的适用性时，可以通过增加参数步长减少变体的数量，但在寻找盈利策略时，这种方法是不适合的，因为我们的任务是尽可能找到最优的策略，而不是接近最近的策略。这意味着搜索的准确性应该尽可能高，因此参数的步长应该最小。

需要说明的是，在实践中，我意识到这种方法行不通。因此，我决定以迭代方式采取行动。也就是说，逐渐减小步长，同时缩小参数值的范围。在实践中，这意味着在每个搜索步骤都会创建一个新的子理论。

现在，策略搜索方案如图 3-11 和图 3-12 所示。

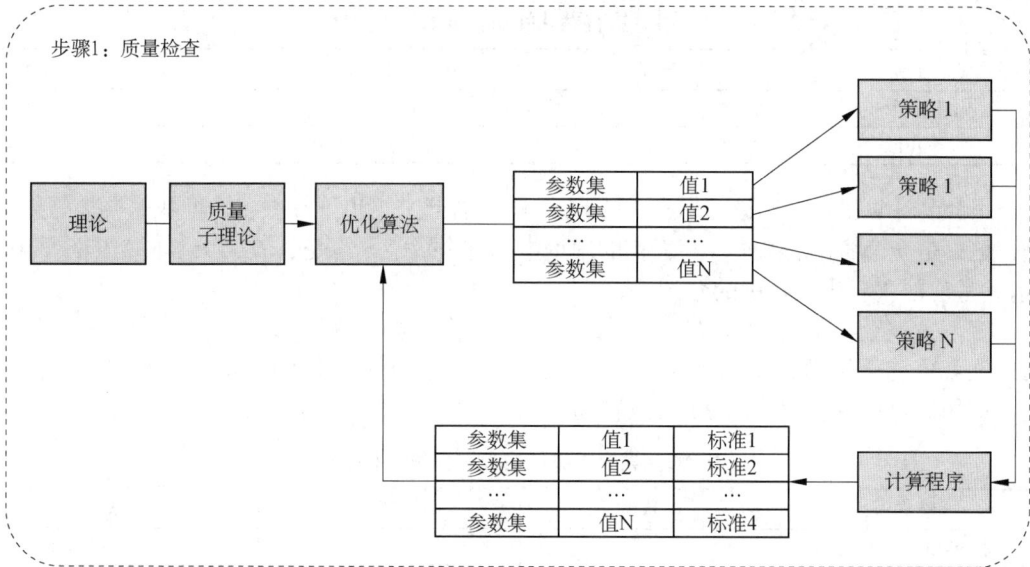

图 3-11　步骤 1

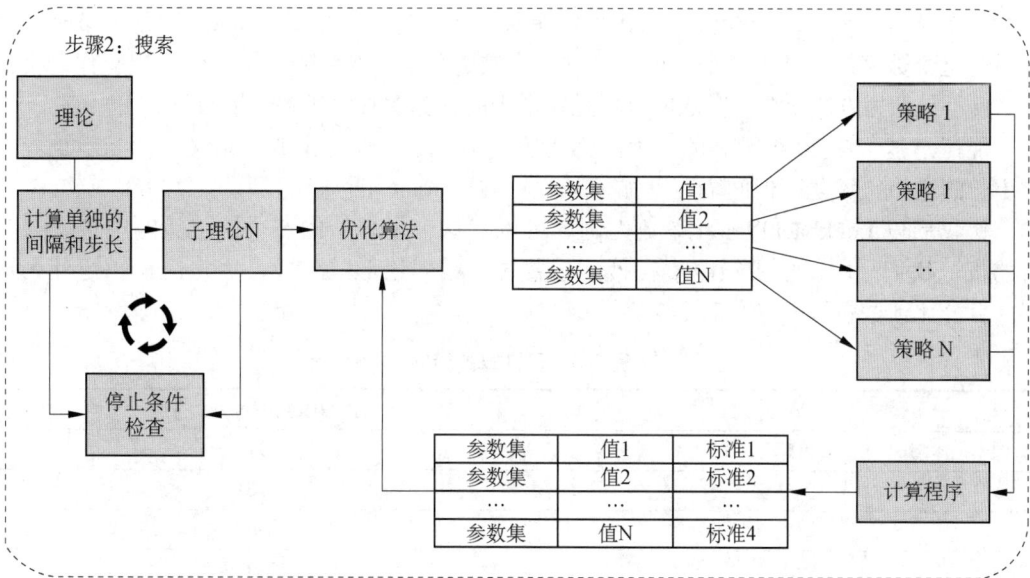

图 3-12　步骤 2

让我们仔细看看步骤 2。

为了简单起见，假设我们的理论只有两个参数（见表 3-1）。

表 3-1　具有默认间隔和步长的参数集

参数	从	到	步长
LookbackPeriod	1	300	1
Value	1	100	0.1

很容易计算出，该理论可以有 30 万个策略。看起来这也不算太多，但我需要提醒你的是，这只是一个简化的例子，在真实的理论中，这个数字大约是 $3.072\,395\,344\,219\,699*10^{35}$（请参考前面"一步法"中的介绍）。

接下来，让我们开始行动。在创建子理论之前，需要确定每个参数的步长和间隔。第一次我们将采用理论中的默认间隔并增加步长，以便参数值的数量受到用户设置的限制。例如，可以取步长值为 20，这样就可以得到如表 3-2 所示的集合。

表 3-2　具有单独的间隔和步骤的参数集

参数	从	到	步长
LookbackPeriod	1	300	300/20=15
Value	1	100	100/20=5

于是，第一个子理论诞生了。让我们想象一下，基于它生成并计算了 20 个策略。我知道，这个数字低于基于这个子理论可以生成的所有策略变体的数量，但我提醒你，优化算法并不是蛮力方法。这些算法的目标是在最少的计算次数内找到目标函数的最大值。

现在，基于这 20 种策略的结果，你需要为下一个子理论生成自定义区间和步长。定义步长的逻辑很清楚，但间隔呢？如何减少它们？

让我们以 LookbackPeriod 参数为例。可以从这个子理论的 5 个最佳策略中选取该参数的值。我们采取了多少策略？在搜索设置块中的理论形成阶段，用户应该指定什么规则（百分比或数量）？参见表 3-3。

表 3-3　已计算的策略

策略	LookbackPeriod 的值
策略 1	91
策略 2	16
策略 3	196
策略 4	166
策略 5	16

从这些值可以清楚地看出，最佳值在 16～196 区间。但由于这不是最终的解决方案，我们将在每个方向上增加一个步长。因此，我们将得到一个 1～211 的区间。

接下来需要减少步长。这一次同样取 20 个间隔，则步长将等于 211/20=10.55，但已知该参数的最小可能步长为 1，这意味着需要将 10.55 四舍五入到整数。因此，得到的步长为 11。对第二个参数也可以做同样的处理。

这种计算新间隔和步长的策略并不是唯一的。你也可以设计出更好的解决方案，例如探索多个子区间以更准确地探测这些局部极值。你还可以根据迭代次数或策略总数更改步长。这里，我只是展示了一个最简单的实现示例。

现在需要讨论退出这个循环的条件。我使用的是双重条件。第一个是迭代次数。但碰巧的是，由于间隔太窄，因此系统有机会在可接受的时间内完成所有可能的策略选择。为此我还设置了系统可以切换到蛮力方法的策略数量。在搜索遍历了所有可能的值后，它停止了运行。

3.2.2　选择和前向测试

在前面的步骤 2 完成之后，现在我们将选择前向测试（forward testing）的策略。我是按照以下逻辑行事的：设定所需的策略数量和适用性条件。我的系统遵循一系列按优化标准值降序排列的策略；如果其中任何一个满足适用性条件，则系统允许其进行下一步。这应该持续到已收集所需数量的策略或用尽适用性标准池中指定的设置。

我们现在需要对搜索过程中未包含的股票测试合适的策略。这对于确保所选策略真正可盈利，而不是针对特定股票量身定制是必要的。该测试还将提供有关策略操作的信息，这些信息可以应用于风险控制模块中的真实交易。

与我们的系统相关的前向测试是什么？简而言之，这只是基于历史数据和预选工具对策略的操作进行建模。接下来，将根据适用性条件检查所有结果，如果它们都符合条件，则该策略被认为是可盈利的，并可以在实际交易中使用。

图 3-13 显示了步骤 3。

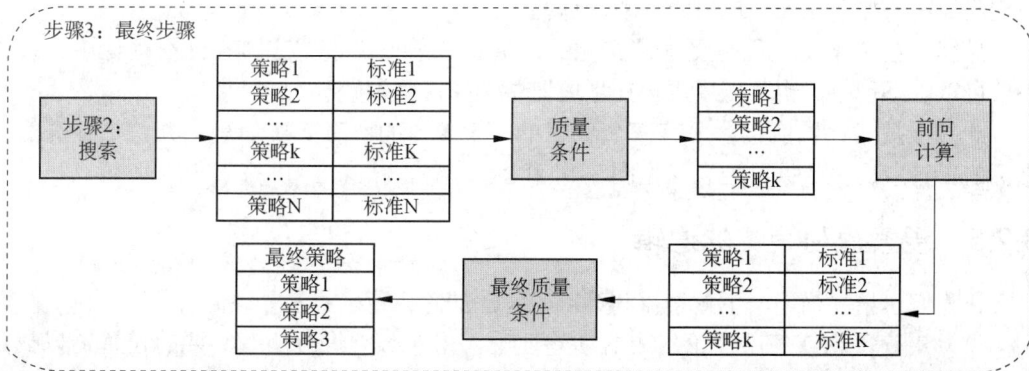

图 3-13　步骤 3

3.2.3　金融工具的选择

到目前这个阶段，我们已经有了盈利策略。但它们在哪些工具上可盈利？在真实交易中可以使用哪些工具？这些问题包含很多可能的解决方案。

首先，我们需要按类型划分使用的所有工具。从最简单的意义上讲，可以按价格范围和交易量划分。由于基于价格或交易量的指标理论被广泛使用，因此这种划分是必要的。

当然，这不是选择真实交易工具的唯一方法，你还可以有更多的选择。例如，可以按类型、高波动性、趋势、平面等划分图表。为了使用户的工作更轻松，你可以通过将价格图表自动分组自动创建历史数据。

我们都知道市场形势可能会发生变化，这意味着工具可以改变分组。所以，我们还需要处理两件事。首先，在连接新工具时，需要考虑工具的分布或其价格图的细分；其次，需要关注一个实时监控系统，当市场形势发生变化时，该系统将打开或关闭工具的策略。

因此，图表或工具被分为不同类型，这意味着系统必须对同一类型的工具进行检查、搜索、前向分析和实际交易。这很重要，因为盈利策略在全新的条件下很可能不再盈利。这种方法看起来像是在调整策略，但其实不然，因为金融工具的类型可以是广泛的，而不是局限于一两个实例。

当然，如果你需要为一个只有一两种金融工具的组设置条件，那么是的，这将是一个调整。在这种情况下，重要的是要在工具或图表类型的覆盖范围与理解每种理论如何运作的具体细节之间保持平衡。换言之，你需要更深刻地理解不同策略在不同金融工具上的适用性。

3.2.4　盈利策略搜索设置

在前面的步骤中，我们讨论了用户如何设置一些参数生成理论并找到盈利策略。现在让我们看看如何在一个地方收集所有这些信息。

显然，整个搜索过程是受理论支配的，这意味着搜索设置应该存储在理论中。理论不仅可以手动创建，也可以由用户在生成器中选择这些设置。

此外，搜索设置应包含所有三个步骤中搜索参数的所有必要信息，并包括计算策略指标的工具或历史数据段列表（见图 3-14 和图 3-15）。

3.2.5　搜索盈利策略的逻辑

让我们总结并描述一下搜索盈利策略的算法的总体逻辑：

（1）用户手动或使用理论生成器创建理论。用户必须进行所有必要的设置，以找到可盈利的设置，另外还需要信号模板和指标列表，以生成策略。

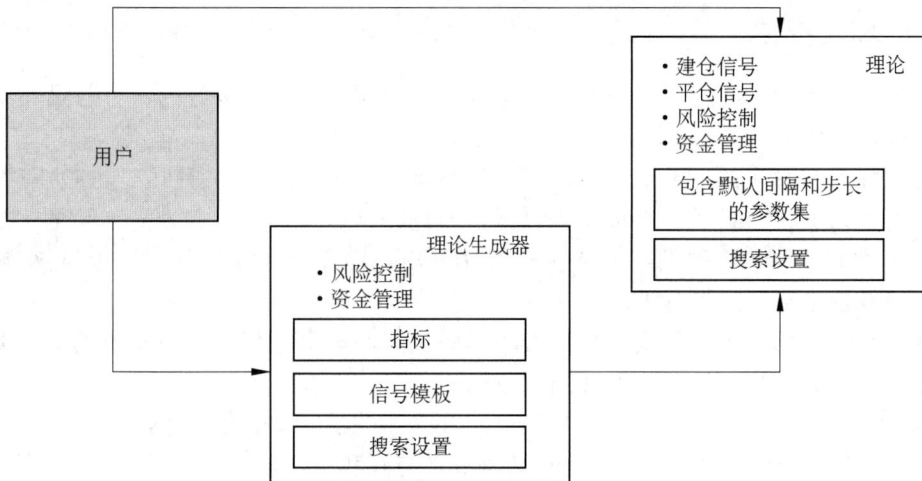

图 3-14　理论生成过程

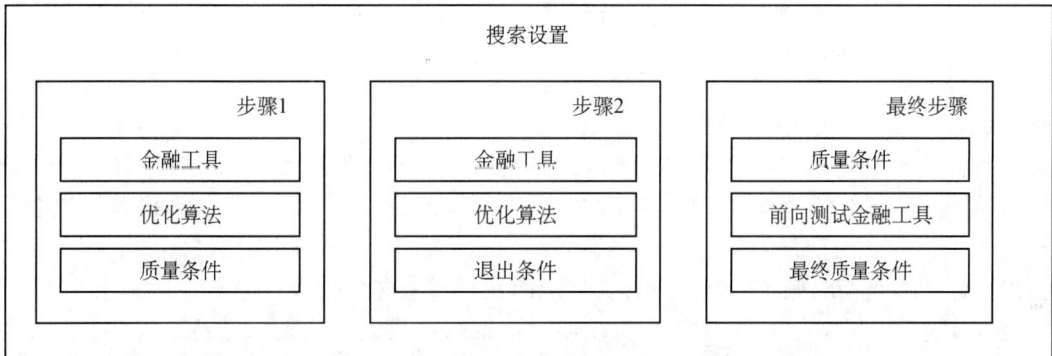

图 3-15　每一步的搜索设置

（2）使用优化算法（已配置为覆盖范围很广的可能参数值）对可能减少参数值的领域进行理论质量的初步检查。

（3）如果步骤（2）成功完成，并且该理论被认为是高质量的，则可以通过迭代缩小参数的可能选项搜索最优策略，并逐渐提高其准确性。

（4）使用搜索设置中指定的质量标准，从已被步骤（3）纳入考虑的策略池中选择所需数量的策略。

（5）对选定的策略进行前向测试。使用最终质量条件，从中选择适合真实交易的所需数量的最终策略。

3.2.6　真实交易

在上一步骤中，我们已经发现了若干种在前向测试中表现良好的、有前景的策略，并且还知道每种策略可以使用什么类型的工具或图表。

这意味着在真实的交易系统中，应该始终有一个机器人在运行，它监控所有可用的工具，并实时确定它们的类型或图表。如前所述，这有很多选择。为简单起见，本书将使用工具类型。例如，如果某个金融工具的价格从 15 美元上涨到 50 美元，则交易机器人必须记录下来并更改其类型。

我们还需要另一个机器人不断检查工具的策略和类型。如果其中一个工具的类型发生了变化，则需要关闭不再与之对应的策略。

这里，有必要特别注意将策略与工具断开连接的机制。想象一下，一个工具频繁更改其类型的情况。那么，该系统是否应该不断地打开和关闭该策略？

当然，这个问题可以从两个方面解决。首先，你需要正确配置工具类型的定义，使其具有一定的保留性质，并且这些类型的更改不会频繁发生。其次，不要立即关闭策略，而是等待一段时间。

此外，该机器人必须包括适当类型工具的策略。例如，如果工具的类型发生了变化，或者出现了新的策略，则需要投入使用。

我们的系统将使用资金，这意味着有必要对策略的运作进行外部额外审计。在实践中，这意味着不仅策略本身会在风险控制的帮助下监控其工作，而且外部机器人也会监控其性能，并在出现任何差异时关闭策略。例如，如果一个策略的余额急剧下降，或者反过来，如果该策略赚了一笔不符合其标准的钱，那么这个机器人应该将它关闭。

在实际工作中，系统稳定性非常重要。这意味着我们必须为不可预见情况下的行动做好准备，例如，因为计划外的电力或网络中断，交易所可能突然关闭一段时间，这时我们将被迫停止全部或部分策略，进行有计划的系统更新。

有必要了解的是，我们构建的系统将使用数十种金融工具在多个交易所进行交易。这将是一个大型的、全方位的程序，它将集成数十个交易所的数据，使用数百种工具和数千种策略。在设计阶段了解这一点至关重要。

3.3　重　要　问　题

前面我们定义了未来系统的主要本质，并描述了与盈利策略的搜索和操作相关的主要过程，但仍有一些问题需要更详细地探讨。

3.3.1　头寸的生命周期

每个盈利策略都包含建仓（open position，也称为开仓）和平仓（close position）的信号，那么头寸（position）究竟是什么呢？它的存在阶段是什么？

事实上，头寸是指投资者在市场中持有的某种资产的数量或状态，包括多头（买入）或空头（卖出）的仓位。例如，假设交易者决定买入 100 000 股招商银行股票，这就是一次开仓操作，而交易者的头寸就是这 100 000 股的持有状态，此时头寸为多头；卖出则是空头头寸的开仓。所以每次开仓都会影响交易者的头寸数量和类型，无论是增加还是减少。

这里，我们需要将头寸的概念与系统（内部）订单和直接向经纪人下达的订单的概念区分开。后者指的是执行交易的订单，经纪人会通知我们状态的变化。

许多经纪人不仅提供市价单和限价单的功能，还提供止损单或止盈单等有趣的类型。但重要的是要明白，并非所有经纪人都支持所有类型的订单；因此，我们必须在系统中实现它们，这就是系统订单概念的由来。

我们的系统将"监控"市场状态，如果满足特定条件，它就会与经纪人创建订单并监控其执行情况。

图 3-16 显示了系统订单流程。

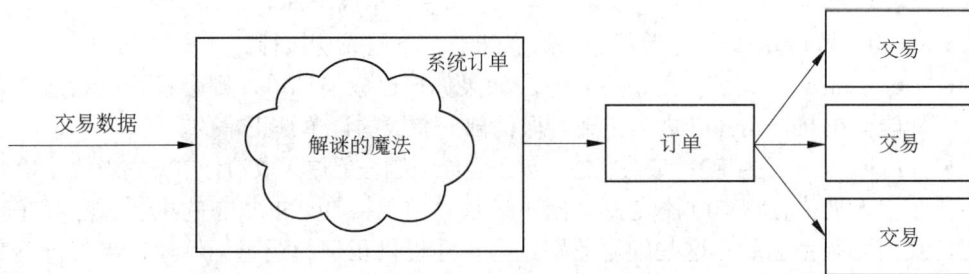

图 3-16　系统订单流程

头寸是我们将要构建的系统的核心实体之一。正是这个实体发起了系统订单的创建过程。每个头寸可以生成多个系统订单。

例如，控制风险的方法之一是下达止盈单或止损单。这意味着在建仓时，我们需要创建三个系统订单：买入、止盈单和止损单。但是，并非每个系统订单都会生成交易所订单。

图 3-17 显示了策略与订单的关系。

现在让我们来了解一下头寸的生命周期。这里我将介绍最简单的头寸管理流程之一，但并不排除更复杂选择的可能性。

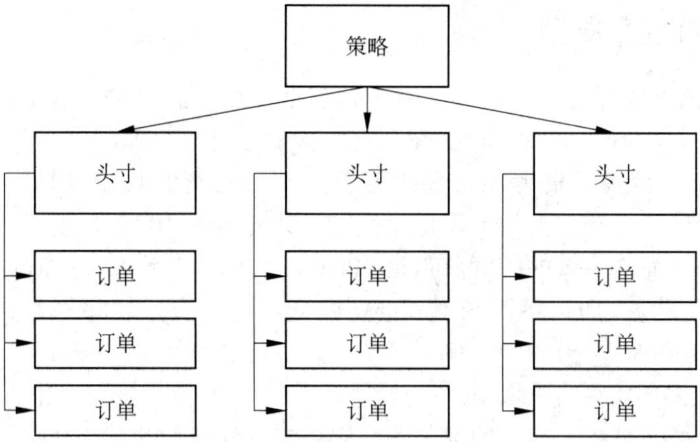

图 3-17　策略与订单的关系

　　首先是策略发出了开仓的信号，这意味着需要购买一定数量的金融工具。我们创建了一个简单的系统买入订单，它会生成市价单。

　　每个订单都可以有以下状态：

- New（新订单）：初始状态。这意味着经纪人已在系统中成功注册你的请求。
- PartiallyFill（部分填写）：订单已部分填写。这不是订单的最终状态；它只表明在订单内有一笔或多笔交易，这并不涵盖订单的全部需求。
- Fill（填写）：最终订单状态。这意味着订单已成功执行。
- Canceled（已取消）：最终状态。如果你自己取消订单，则会设置此状态。它可能会在 PartiallyFill 之后出现。取消部分完成的订单是正常的。
- Rejected（已拒绝）：最终状态。如果经纪人因任何原因取消订单，则设置此状态。

　　在经纪人处执行订单并不是一个同步过程。由于接收订单状态的机制，也存在时间延迟。我们必须考虑所有这些细微差别，为头寸提供正确的逻辑。例如，当市价单在创建后立即切换到 Rejected 状态时，或者当系统发送创建订单的请求而经纪人返回错误时，都需要设置正确的处理逻辑。

　　这意味着我们必须在平台中提供一个头寸处理机制，以便能够正确处理所有这些情况。

3.3.2　资本管理

　　在第 2 章中，我们介绍了若干种管理资本的方法，包括固定头寸规模、凯利标准、最优 f 值、鞅、反鞅和固定比例头寸规模等。每种方法都有自己的特性和优缺点，但所有这些方法都有一个共同点：在输入端，它们必须接收有关策略操作的数据；在输出端，它们都必须说明购买资产的最大金额，并制订购买更多资产的策略。

图 3-18 显示了资本管理实体。

这意味着，每当资产价格发生变化时，系统都会参考资本管理方法，以获取有关再次购买或部分出售所购资产的信息。也就是说，这个区块的目的是回答这

- 策略指标
- 余额历史记录

资本管理

- 最大购买量
- 再次购买策略

图 3-18　资本管理实体

样一个问题：是否有必要再次购买或出售部分资产，以及购买或出售的金额是多少？

本书的主要目标是实现一个大规模搜索盈利策略的系统，因此，对于资本管理方法，本书将仅实现一种方法作为示例。当然，我们也将专注于创建一种机制，使系统更容易添加其他复杂一些的资本管理方法。

我们要实现的方法是固定头寸规模法，这可能是最容易实现的方法之一，因为它只有一个变量和一些基本逻辑。第 2 章对此进行了详细讨论，它指定了在开立头寸时计算资产最大购买金额的余额百分比。值得注意的是，使用这种方法，一个头寸只创建一个买入订单。也就是说，头寸中没有额外购买资产的准备金。

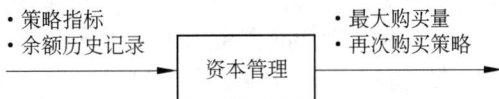

3.3.3　风险控制

管理风险的方法有很多，所有这些方法都归结为一个目标：防止系统亏损太多或及时止盈（避免贪婪和情绪化交易）。我选择了三个可以很容易地相互结合的选项，即创建止盈单、止损单或追踪系统订单。

1. 止盈和止损

此系统订单不会立即向经纪人创建订单。只有当 K 线的收盘价超过指定的价格时，才会实际向经纪人下订单。为了简化起见，我引入了一个参数，该参数等于执行系统订单时的价格与开仓期间交易平均价格的差异百分比。也就是说，如果价格超过这个百分比，那么系统就会向经纪人下订单。

例如，策略发出了开仓的信号。根据头寸处理的逻辑，首先打开了一个简单的市场系统订单来购买资产。在其执行过程中，进行了如表 3-4 所示的交易。

表 3-4　交易列表

数量	价格	合计
10	45.4	454
2	45.3	90.6

因此，我们得到的平均购买价格等于(454+90.6)/12=45.38。

如果策略设置指示有必要在价格超过 4% 阈值时创建一个系统止盈单并执行，那么当 K 线的收盘价大于或等于 45.38*104%=47.2 的阈值价格时，系统订单将发出向经纪人开立

订单的命令。

止损系统指令的作用则完全相反。如果 K 线的收盘价低于一定水平，则它们就会向经纪人发出订单。以前面给出的例子而言，如果将阈值设置为 3%，那么当资产价格跌至 45.38*97%=44.01 以下时，系统订单将命令经纪人卖出。

2. 追踪系统订单

追踪系统订单是一种动态变化的订单，旨在实现利润最大化。在此将介绍我对实现这种订单的思路的看法。

追踪系统订单的组成部分有三条线：决策边界（decision border）、止盈边界（profit border）和止损边界（stop border）。止损边界和止盈边界取决于追踪的价格，追踪价格的变化则由决策边界控制。

追踪系统订单与止盈和止损的情况一样，如果当前 K 线的收盘价高于止盈边界或低于止损边界，则系统会启动平仓程序，但是这里有一个显著的区别：在追踪订单中，这些边界是动态的，因为它们所依赖的追踪价格可能会发生变化。

创建此类系统订单时，追踪价格等于资产购买交易的平均价格。决策边界是比追踪价格高出一定百分比的价格。如果当前价格高于决策边界，则检查特殊的追踪信号。该信号分析了市场的当前状态，并表明我们是否应该预测资产价格将继续朝着我们需要的方向发展。如果信号返回为 true，则追踪价格等于当前价格。这反过来又意味着止损边界和止盈边界价格的转变。

我稍微修改了确定止损边界和止盈边界的算法。对我来说，它们不是用一个简单的公式计算出来的，这个公式会将决策边界的价格改变一定的预定百分比。该公式还包括缩小可接受价格通道（price tunnel）的因子。当止损边界和止盈边界发生变化时，追踪价格会变得更加相互接近。

图 3-19 显示了追踪订单的原理示例。

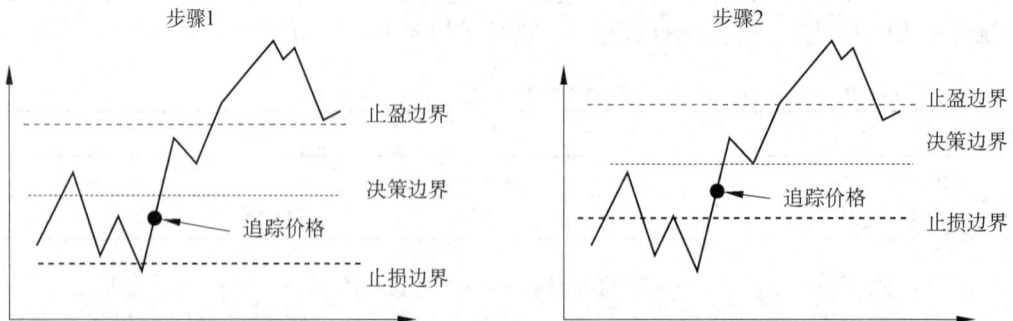

图 3-19　追踪订单原理示例

让我们更详细地看看该算法。

以下变量是追踪系统订单所必需的：

- TrailingPrice（追踪价格）：决定边界位置的价格。也就是说，止盈边界和止损边界都是相对于它而设定的。创建追踪系统订单时，TrailingPrice 价格等于购买资产时交易的平均价格。
- ProfitBorderCoeff（止盈边界系数）：超过 TrailingPrice 价格上限的百分比。
- StopBorderCoeff（止损边界系数）：低于 TrailingPrice 价格下限的百分比。
- BorderChangeCoeff（边界变化系数）：止盈边界和止损边界之间的距离随着追踪价格的每次变动而减少的百分比。
- DecisionCoeff（决策系数）：TrailingPrice 价格的多少百分比是决策线的位置。
- DecisionSignal（决策信号）：决定更改 TrailingPrice 价格的信号。
- DecisionCount（决策次数）：TrailingPrice 价格的变化次数。

处理资产价格变化的算法如下：

（1）检查止盈边界的穿透情况。如果当前价格突破了，则平仓止盈。

（2）检查止损边界是否被跌穿。如果当前价格跌穿了，则平仓止损。

（3）检查决策边界的触及情况。如果当前价格触及决策边界，则检查信号。如果信号返回"是"，则 TrailingPrice 等于资产的当前价格。

例如，假设资产的价格发生了如表 3-5 所示的变化。

表 3-5　金融工具价格的变动

日期	价格
2021/10/01 11:00	97
2021/10/01 11:05	95
2021/10/01 11:10	105
2021/10/01 11:15	107
2021/10/01 11:20	107.5

策略中的变量等于表 3-6 中的值。

表 3-6　策略参数值

profitBorderCoeff	0.1
StopBorderCoeff	0.05
BorderChangeCoeff	0.3
DecisionCoeff	0.02

续表

TrailingPrice	90
DecisionCount	0

我们的算法将按如下方式工作:

(1) 2021 年 10 月 1 日 11:00, 当前价格=97。

① 检查止盈边界的穿透情况。为此, 需要计算 ProtectedPrice, 即止盈边界的保护价格。

```
ProtectedPrice = TrailingPrice * (1 +
ProfitBorderCoeff * ((1 - BorderChangeCoeff )
pow DecisionCount)) = 90 * (1 + 0.1 * ((1 -
0.3) pow 0) = 90 * (1 + 0.1 * 1)= 99
```

当前价格为 97, 低于 99 的保护价, 这意味着没必要平仓止盈。

② 检查止损边界是否被跌穿。为此, 同样需要计算 ProtectedPrice, 不过这一次是止损边界的保护价格。

```
ProtectedPrice = TrailingPrice * (1 -
StopBorderCoeff * ((1 - BorderChangeCoeff )
pow DecisionCount)) = 90 * (1 - 0.05 * ((1 -
0.3) pow 0) = 90 * (1 - 0.05 * 1) = 85.5
```

当前价格为 97, 高于 85.5 的保护价, 因此没必要平仓止损。

③ 检查决策边界的触及情况。为此, 需要计算 DecisionPrice。

```
DecisionPrice = TrailingPrice * (1 +
DecisionCoeff) = 90 * (1 + 0.02) = 91.8.
```

当前价格为 97, 高于 DecisionPrice 的 91.8, 这意味着需要检查信号。假设信号给出的答案为 "是", 则 TrailingPrice 更新为 97, DecisionCount 更新为 1。

本步骤的结果:

无须平仓。TrailingPrice = 97, DecisionCount = 1。

(2) 2021 年 10 月 1 日 11:05, 当前价格=95。

① 检查止盈边界的穿透情况。

```
ProtectedPrice = TrailingPrice * (1 +
ProfitBorderCoeff * ((1 - BorderChangeCoeff )
pow DecisionCount)) = 97 * (1 + 0.1 * ((1 -
0.3) pow 1) = 97 * (1 + 0.1 * 0.7)= 103.79
```

当前价格为 95, 比 103.79 的保护价低。这意味着没必要平仓止盈。注意, 不仅价格上限从 103.79 变化为 99, 而且上下限之间的距离也缩短了。

② 检查止损边界是否被跌穿。

```
ProtectedPrice = TrailingPrice * (1 -
```

```
StopBorderCoeff * ((1 - BorderChangeCoeff )
pow DecisionCount)) = 97 * (1 - 0.05 * ((1 -
0.3) pow 1) = 97 * (1 - 0.05 * 0.7) =93.65
```

当前价格为 95，比 93.65 的保护价高，因此暂且不必平仓止损。

③ 检查决策边界的触及情况。按以下方式计算 DecisionPrice。

```
DecisionPrice = TrailingPrice * (1 +
DecisionCoeff) = 97 * (1 + 0.02) = 98.94
```

当前价格为 97，低于 DecisionPrice 的 98.94，这意味着需要检查信号。假设信号给出的答案为"否"，则 TrailingPrice 无须改变。

本步骤的结果：

无须平仓。TrailingPrice = 97，DecisionCount = 1。

（3）2021 年 10 月 1 日 11:10，当前价格=105。

① 检查止盈边界的穿透情况。

```
ProtectedPrice = TrailingPrice * (1 +
ProfitBorderCoeff * ((1 - BorderChangeCoeff )
pow DecisionCount)) = 97 * (1 + 0.1 * ((1 -
0.3) pow 1) = 97 * (1 + 0.1 * 0.7)= 103.79
```

显然，自上一步骤以来，止盈边界的保护价没有改变，因为 TrailingPrice 没有改变。

当前价格为 105，高于 103.79 的保护价。这意味发出了平仓止盈的信号。

本步骤的结果：

平仓止盈。

总而言之，追踪系统订单是一种非常强大的风险控制机制，因为它会根据市场情况改变其参数。

3.3.4　指标的可伸缩性

在首次尝试实现该系统后，我几乎立即遇到了一个大问题：在信号中比较的指标图具有不同的尺度。

想象一下，在某种信号条件下，你需要比较 K 线的 ADX 和收盘价（见图 3-20）。

我建议以许多交易平台的标准方式解决这个问题：缩放指标并将它们带入单个坐标系。为此，有必要为每个指标取历史数据最后一段的最大值（maxValue）和最小值（minValue），让它们分别等于 0 和 100%。这样，每个指标值都可以使用以下公式从 0 缩放到 100：

```
(currentValue - minValue) / ((maxValue - minValue) * 100)
```

其中：

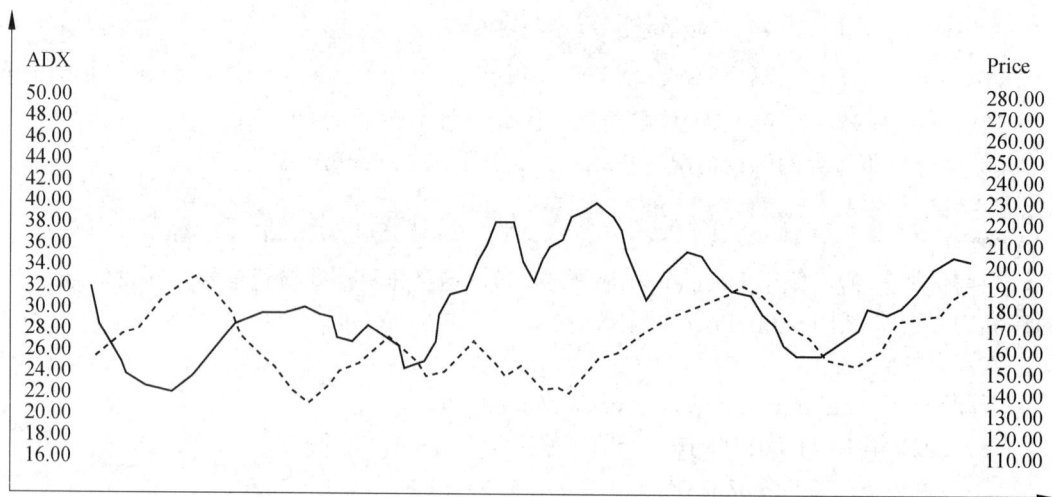

图 3-20　指标的可伸缩性

- currentValue 表示每个指标的当前值。
- minValue 表示最后一段历史数据的最小值。
- maxValue 表示最后一段历史数据的最大值。

值得一提的是，随着策略的实现，minValue 和 maxValue 的值应该随着新数据的到来而变化。也就是说，只有在处理了给定长度的历史数据后，才会开始计算。

让我们来看一个例子。通过分析历史数据，该指标的最大值为 20，最小值为 9。具体如表 3-7 所示。

表 3-7　随时间变化的缩放值

日期	指标值	最大值	最小值	缩放的值
2018/10/2 08:05	11	20	9	(11−9)/(20−9) * 100=18.18
2018/10/2 08:10	8	20	8	0
2018/10/2 08:15	25	25	8	100
2018/10/2 08:20	20	25	8	70.59
2018/10/2 08:25	27	27	8	100
2018/10/2 08:30	19	27	8	57.89

因此，你可以轻松地将任何指标值缩放到单个坐标系中，并相互比较。

3.4　小　　结

本章完成了创建架构解决方案的第一阶段，即识别需求。

我们确定了系统的主要实体及其关系。

我们决定使用优化算法，并认识到搜索盈利策略应分两个阶段进行。

此外，我们还讨论了将要构建的系统在生产环境中的样子。

在第 4 章中，我们将更加关注技术细节，讨论系统中应该包含哪些子系统和服务，以及它们应该如何交互。

第 4 章　架构解决方案第 2 部分：服务和子系统

在第 3 章中，我们描述了系统的逻辑，并编制了一份需求和实体列表。也就是说，我们明确了系统应该做什么。本章将讨论它该如何做。本章的目标是列出服务并描述它们的功能和依赖关系。

本章将提出以下计划：

- 决定架构。在编制服务列表之前，需要决定其大致样貌。换句话说，它应该是一个可以包揽一切的大型应用程序，还是作为许多包含条件独立的小型服务而存在。
- 确定一系列子系统。通过将大问题分解为小问题，任何复杂的问题都可以更容易、更好地解决。这种方法在创建系统架构时也很有效。第一步是确定子系统列表及其功能和依赖关系列表。
- 确定一个服务列表。子系统只是系统的放大表示。它不包含有关应用程序列表或其外部合同的信息。也就是说，每个子系统都必须被划分为一系列服务。
- 为每项服务创建一个简短的描述。你将在后续章节中获得有关服务的详细描述。本章将仅重点描述功能、定义依赖关系并描述工作的一般逻辑。

4.1　微服务架构

首先，让我们来看看构建系统的方法。图 4-1 显示了两种类型的应用程序架构。

可以看到，常见的应用程序架构有两种：

- 单体程序架构：基于该架构开发的系统将负责执行所有功能。
- 微服务应用架构：这是一种以微服务概念为中心的设计方法。所谓"微服务"，是指一些很小的、独立的以及松散耦合的软件组件。这些微服务是自包含的，专注于特定的业务功能，使其具有高度的模块化和可扩展性。虽然单个微服务可能无法单独解决用户的问题，但当它们结合在一起时，即可在更大的系统中发挥至关重要的作用，共同交付复杂功能。

早期的应用程序开发所采用的都是单体程序架构，这主要是由于开发的应用程序缺乏生命周期管理机制。随着时间的推移，这些机制得到了改进，开发流程相对变得简单，现在几乎所有的新系统都建立在微服务架构上。

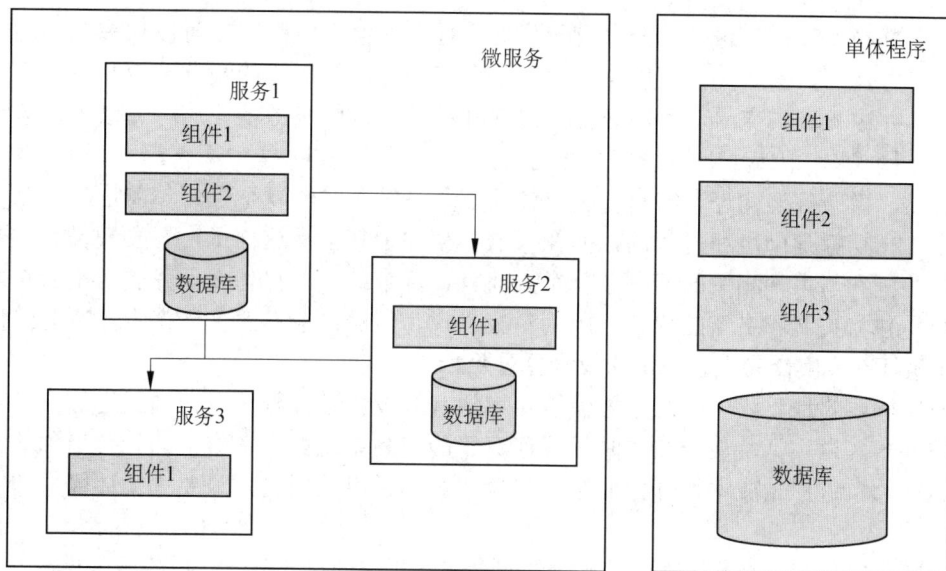

图 4-1　两种常见方法：微服务和单体程序

微服务具有以下优势：

- 独立性。这可能是微服务的主要优势之一。每个微服务都可以独立于其他服务
  进行更新。这意味着它带来了以下两项优势：
  - 允许更频繁地发布版本。
  - 可以更快地定位错误。

  这些优势对于系统来说非常关键。例如，我们可以轻松地更新与搜索盈利策略
  相关的某些组件的新版本，而不会影响或破坏真实交易模块的功能。

- 扩展性。想象一下，系统中的用户数量有所增加，但他们都只使用应用程序的
  一个功能。如果使用的是单体程序，那么不仅要扩展实现所需功能的服务，还
  要扩展所有其他服务，这将浪费大量资源。

  这也是我们的系统的一个重要优势。刚开始的时候，系统也许只有少数盈利策
  略参与实际交易，在经过持续应用之后，微服务允许我们独立地扩展某些必要
  的区块，以找到更多策略，优化实际交易。

- 上下文约束。每个微服务都有自己严格限制的已实现功能列表，微服务不应超
  出此范围。这有助于避免服务的紧密耦合。

  每个服务本质上都是一个单独的程序，有自己的源代码和接口。因此，在物理
  上，你无法在另一个服务的代码中使用某个服务的内部类。你所拥有的只是它
  们的接口，而不需要了解其内部功能。

- 分布式架构。这是一个很有价值的特性，它意味着微服务可以部署在不同的服务器上。例如，你可以使用由若干台家庭计算机组成的集群搜索和优化策略，并进行真实交易，而不必像以前那样租用昂贵的服务器。这种方法可以节约大量成本，因为家庭计算机更便宜，对不间断运行的要求也不高。

当然，微服务架构也有缺点。主要的缺点是系统开发的复杂性将日益增加。在单体程序中，一切都是同步和一致的，而在微服务架构中就不是这样了，开发人员有必要考虑异步编程和与事件相关的问题。就个人而言，这个缺点不算什么，我更在乎的是微服务很容易独立扩展和更新的优点，因为对我来说，能够快速更改负责搜索策略的组件，同时不破坏在真实交易中起作用的策略更重要。

同样重要的是，我可以在家里使用相对便宜的设备进行测试，在真正进行交易时才租用服务器。说实话，最开始的时候我连真正的交易系统都是在家里的一台单独的计算机上运行的。这样做成本很低，而且我也确信，如果出了问题，只要关闭计算机的电源即可。

在进一步讨论之前，你需要了解一些与微服务相关的重要概念，以免产生误解。

- 子系统（subsystem）是一组功能相关的服务。例如，在我们的系统中，有两个主要的大型子系统：策略搜索子系统和真实交易子系统。
- 服务（service）在微服务架构中称为微服务。这是一个独立的单元，只用于一个目的，并提供有限的功能。
- 应用程序（application）是服务的组成部分。通常不超过两个。其中一个提供API 功能，另一个负责执行可能冗长且资源密集的异步后台任务，例如周期性地从其他系统接收或更新数据，或者周期性地花很长时间计算一些内容。
- 库（library）是用于不同应用程序的软件函数或类的集合。例如，你可以使用相同的库进行日志记录，而不必为每个服务编写自己的库。

4.2　Kubernetes

本节将讨论一个重要的主题：Kubernetes。本书第 9 章将告诉你更多关于如何在服务器上安装、管理 Kubernetes 以及向它提交应用程序的信息。本章将仅介绍一些重要的概念，以便更好地理解我的一些架构决策。

在过去的几十年里，软件领域衍生和积累了大量的开发方法。有几十种编程语言在流行，每种语言都有自己的编译和执行机制。这意味着，除了编写程序的复杂性外，在服务器上运行程序也是一件很麻烦的事情，因为系统管理员必须了解程序在特定语言中的工作和运行机制，而应用程序之间的不同依赖关系又增加了这种复杂性。

因此，现在的情况是，如果没有其他预安装的应用程序环境，你的程序可能就无法运行。例如，当创建服务时，它在你的个人计算机上是可以正常运行的，因为在你的计算机上有运行它所需的环境；但是当它部署到另一台服务器进行测试时，就会出现问题，这可能是因为该服务器缺少运行你的程序所需的环境，也可能因为你的应用程序需要一个预安装的辅助程序版本，而服务器却安装了另一个版本。

解决这个问题的方法就是使用容器。

容器（container）是一个标准化的、可移植的包，其中包含运行应用程序所需的一切。这允许你将应用程序与基础架构（包括操作系统和预安装的应用程序）分开。

应用程序将在什么环境中运行、用什么语言编写以及有什么依赖关系都无关紧要。开发人员只需要创建一个程序并将其打包到容器中，管理员就可以使用已准备好运行的容器。当然，你可以手动启动它。如果开发人员发布了应用程序的新版本，你还必须手动更新整个系统。你不能忘记系统的不间断运行，这意味着你首先需要启动一个新版本，将负载转移到新版本的环境中，然后才停止旧环境中的应用程序。

图 4-2 显示了应用程序更新过程的示意图。

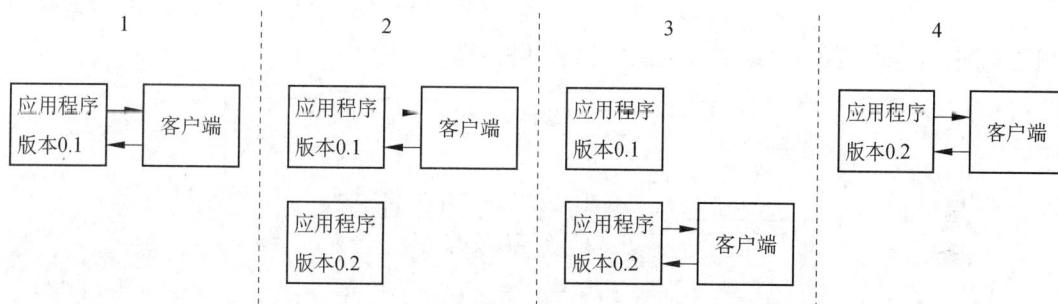

图 4-2 应用程序更新过程

整个过程中出错的可能性很高，这可以通过编排器来解决。

编排器（orchestrator）是一个帮助管理容器启动和操作的系统。其中最受欢迎的编排器便是 Kubernetes。该编排器不仅提供部署容器的功能，还允许你轻松扩展、更新和监控整个系统的性能。

那么，为什么 Kubernetes 能够帮助你实现轻松扩展呢？

Kubernetes 的核心概念之一是 Pod。

Pod 是 Kubernetes 中能够创建和管理的最小单元，它是一组（一个或多个）容器的集合，这些容器共享存储、网络和配置信息。换言之，它是 Kubernetes 的基本构建块，也是 Kubernetes 中唯一导致容器运行的对象。

　　简单而言，Pod 就像是一台运行应用程序的小型计算机。Kubernetes 允许你为一个应用程序创建多个 Pod。正是这一特性为你提供了水平扩展系统的能力。

　　由于一个应用程序可以有多个 Pod，因此在设计应用程序时，重要的是要记住，任何应用程序都可能不会在单个副本中启动。例如，如果应用程序需要处理交易理论，则可能会有两个不同的 Pod 在同一理论上并行工作，这可能会导致数据损坏。在设计时应考虑到这一点，因为它很重要。

　　现在你已经具备了设计基于微服务架构的系统所需的一些基础知识，让我们开始吧。

4.3　子　系　统

　　让我们首先确定子系统及其功能的列表。在我们的系统中只有两个子系统，一个是用于搜索盈利策略的子系统，另一个是用于真实交易的子系统。在第 3 章中对此讨论了很多，我认为没有理由在目前的设计阶段使系统复杂化。

　　搜索子系统的任务是找到一个有利可图的策略，并将其报告给真实的交易子系统。真实交易子系统必须根据已经找到的策略进行交易，并将策略指标传递给搜索子系统以优化策略。因此，我们系统的放大图将如图 4-3 所示。

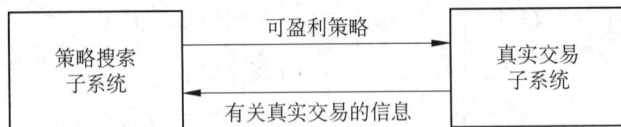

图 4-3　子系统交互图

4.4　策略搜索子系统

　　顾名思义，策略搜索子系统的目的就是寻找可盈利的交易策略。为此，用户可以自己创建理论或在生成器的帮助下生成理论。这意味着策略搜索子系统必须为用户提供一个允许完成此操作的界面。这需要创建一个单独的前端服务。

　　每当涉及用户时，角色问题非常重要。例如，在该系统中用户的角色是什么？这些用户如何获得授权？是否需要存储用户的操作？

　　我决定不在我的系统中添加此功能。主要原因是，该系统极有可能仅被少数拥有全部权利的人使用。我更喜欢专注于策略搜索功能。如有必要，也可以在后期添加授权系统和普通用户账户操作。

　　由于我们的系统不会将用户作为实体，因此不需要单个 API 服务为前端提供统一的功能。它将是多余的，并变成一个简单且无功能的层。因此，在现阶段，子系统将如图 4-4 中的右侧图所示。

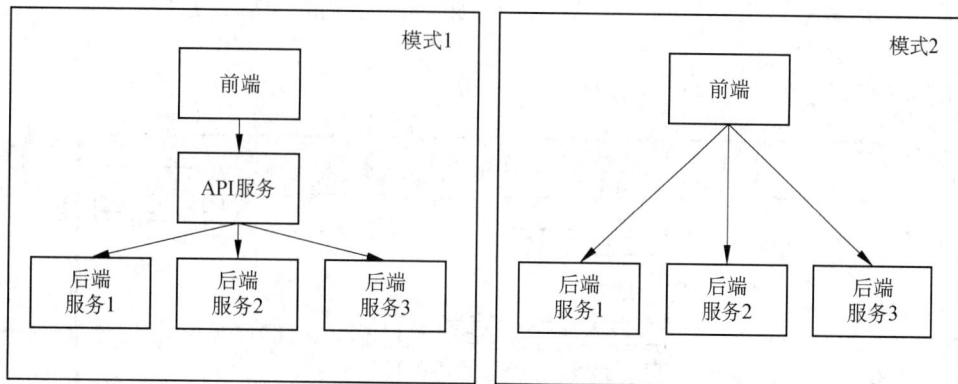

图 4-4　与前端交互的选项

4.4.1　生成器

让我们按顺序探索一下策略搜索子系统。

使用前端服务的用户应该能够控制生成器生成理论。因此，用户将前往生成器设置页面，填写必填字段，然后单击生成按钮。前端将向后端发送生成请求，生成理论。用户可以同步生成理论（即直接等待系统生成所有理论），也可以异步生成（即用户收到流程已启动的通知，后续可以在特殊选项卡或同一窗口中查看结果）。

我选择异步选项有以下原因。

- 生成交易理论可能需要一定的时间，因为系统可能会生成很多理论。让用户直接等待这么久不是一个好主意。
- 如果一些理论已经生成，但在生成过程中出现了错误，那该怎么办呢？是否需要删除已经生成的理论？此外，如何理解其中与此请求特别相关的内容？实际上，在出现错误的情况下，用户可能会希望将一切推倒重来。
- 如果会话突然中断，例如网络断开连接，用户如何知道结果？

由于理论的生成将是异步的，因此有必要在前端以某种方式显示有关生成器进度以及生成状态的信息。而由于生成器拥有某种状态信息，因此它变成了一个实体。也就是说，用户将能够看到以前创建的生成器及其状态和设置的列表。

以下观点也支持生成器作为一个实体存在。

- 当生成器作为一个实体时，允许用户仅填写部分必填字段，保存他们的工作成果，并在以后返回。

- 当生成器作为一个实体时，允许用户通过复制创建生成器。这意味着，如果用户只想更改指标列表，那么他们将不必再次输入其余字段。
- 用户将能够在一个地方看到已经生成的理论的摘要，因为它们将与特定的生成器关联在一起。

图 4-5 显示了生成器的设置页面。

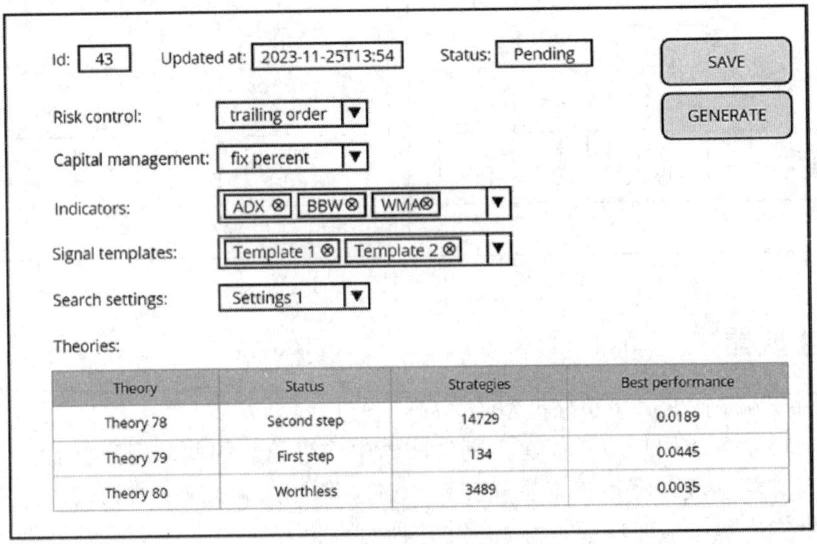

图 4-5　生成器设置显示选项

如图 4-5 所示，当用户单击 GENERATE（生成）按钮时，前端将向后端发送信号以开始生成理论。

我们认为，理论的产生是一个异步的过程。这意味着后端必须在某个地方注意到需要处理此生成器的事实，并向前端发送一个响应，说明用户的请求已被处理。

当然，程序必须将生成器的状态更改为 Waiting（等待中）。原则上，此状态可以用作生成器处理进程的标志，然后某个后台作业将拾取此生成器并开始处理它。我所说的后台作业是指按计划运行（例如每分钟一次）的特殊进程，并执行特定任务。

这种解决方案有一个很大的缺点：活动生成器的搜索速度下降。这是因为生成器的总数将不断增长，而这意味着搜索处于特定状态的生成器的请求将越来越慢。

处理状态的另一种方法是使用队列（queue）。你可以将生成器放入队列中，后台作业将看到它、处理它并将其从队列中删除。这样，队列中只会存储活动生成器，并且其数量也不会增长。

对于实现队列的方法，有若干种选项，例如基于数据库的方法。许多云平台都有很好的排队和处理解决方案。

对于管理队列的机制，也有若干种选项。其中最受欢迎的是 Kafka。但是，云解决方案不适合我，因为我希望我的系统独立于云平台，这样就可以在家庭计算机上部署它。另外，我认为使用 Kafka 解决这个问题太麻烦了，因为你需要理解它，并且能够驾驭它。

在决定实现这一过程的方法时，有必要考虑理论生成器将由用户创建这一因素，这意味着它们的数量不会很多，退化情况也不会很严重。因此，我建议采取最简单的路线。

调用后端方法时，会设置 Waiting（等待中）状态，这将作为生成器需要处理的标志。生成器将拾取这些作业（这些作业将定期运行，检查是否有需要处理的生成器，如果有，则进行处理）。在这个阶段，重要的是讨论这些作业是否将在与 API 相同的应用程序中运行，或者它是否应作为一个单独的应用程序运行。

我认为这应该是一个单独的应用程序，这涉及一个重要原因：生成理论的过程可能既漫长又昂贵。在此期间，用户应该能够继续工作，而不会中断或降低性能。如果应用程序仅忙于生成理论，那么它将无法以与之前相同的效率处理用户请求。此外，采用单独应用程序的方法将允许这两个应用程序彼此独立扩展。

我们知道，API 应用的负载很可能会低于后台作业应用程序。因此，在这个阶段，策略搜索服务如图 4-6 所示。

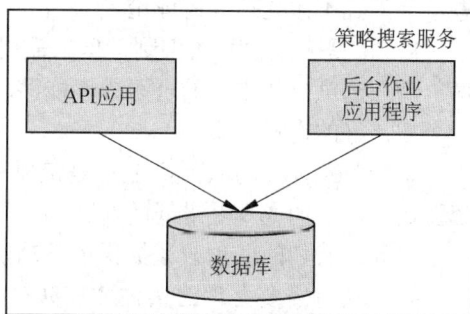

图 4-6　策略搜索服务应用结构

因此，自动生成理论的过程如下：

- 用户在前端服务中输入所需的数据，然后单击 GENERATE（生成）按钮。
- 策略搜索服务的 API 应用将接收来自前端的请求，并在数据库中将生成器设置为等待状态。
- 策略搜索服务的后台作业应用程序定期使用生成器查询数据库表，如果发现生成器处于 Waiting（等待中）状态，则开始生成理论。
- 生成理论后，后台作业应用程序将生成器状态设置为 Done（已完成），并开始查找下一个 Waiting（等待中）状态的生成器。

4.4.2　队列

前面我们已经确定了如何生成理论。但在理论生成之后，系统必须将这些理论付诸实践。这些理论中的每一个都必须经历第 3 章中描述的三个步骤，如果在第一步即不成功，则必须停止根据这一理论寻找策略的过程。

当然，要处理理论，你可以像生成器一样使用状态，但我不喜欢这个选项，因为与少量的生成器不同，理论会有许多，这意味着请求搜索具有所需状态的理论时效率会降低。另外，我们还将遇到两个 Pod 同时采用相同理论的问题。

因此，我们需要考虑使用队列，但前文已经说过，我不想使用基于云平台机制的队列，因为我不想将系统绑定到任何解决方案提供商，所以我们将在家中建立一个队列。

该排队有以下要求：

● 　即使 Pod 停止运行，也应保存队列。

● 　需要具有水平扩展队列处理程序的能力。

此任务有若干种流行的解决方案，例如 RabitMQ、Kafka 或基于 Postgres 的队列。

我不打算考虑 RabitMQ，因为它不能保证消息传递，对我来说这是一个重要的问题，因为我不想处理任何理论。

Kafka 是一个很好的机制，但它需要相当多的服务器资源，所以我将把它视为应用程序的潜在选项，如果它的资源效率能够超过基于 Postgres 的机制，那么使用 Kafka 无疑是一个非常好的选择。

基于 Postgres 的队列可能不是最常见的解决方案，但它有一个很大的优势：就所需资源而言，它的成本是最低的。此外，我们的应用程序已经使用 Postgres 存储数据。

因此，我们的队列应该提供以下功能：

● 　只有需要处理的实体才在队列中。这意味着在处理之后，有必要从队列中删除已处理的实体。

● 　确保实体快速添加到处理队列中。

● 　确保禁止两个 Pod 并行处理一个实体。

让我们立即设计数据库中组织队列所需的表。当然，我们将使用一个包含 entity_id 列的队列表，它将包含新理论的条目。为了防止两个 Pod 使用相同的理论，有必要以某种方式标记系统正在处理中的理论。

☑ 注意

数据库中的表锁定是一种机制，允许你锁定整个表或其单个记录，例如，为另一个数据库用户设定读取或写入权限。第 5 章将对此展开更多讨论，但现在你需要理解的主要事情是，当一个 Pod 开始处理交易理论时，它可以锁定其中的一个表或行，而来自另一个 Pod 的请求如果同样需要处理这些表或行，则只能等到锁定结束。

如果锁定了队列的表，那么就不可能向其中添加包含理论的新记录。因此，我们可以通过一个额外的表绕过这一点，该表称为 active_queue，它有一个 entity_id 列。当下一个 Pod 想要处理理论的队列时，它将执行以下操作：

- 锁定 active_queue 表。
- 选择一个未被占用的理论，即一个在 process_queue 表中而不在 active_queue 表中的理论。
- 在 active_queue 表中记录它处于活动状态。
- 从 active_queue 中释放锁。

如果 Pod 开始处理一个理论但却突然不复存在，那该怎么办呢？其他 Pod 如何才能发现没有 Pod 在处理这个理论？

为了解决这个问题，可以在 active_queue 表中添加一个 timestamp（时间戳）列。当下一个 Pod 开始工作时，如果时间戳已经过去了一定时间（例如若干分钟），那么即使该理论在活动队列中也会被接管。因此，提供队列的表将如图 4-7 所示。

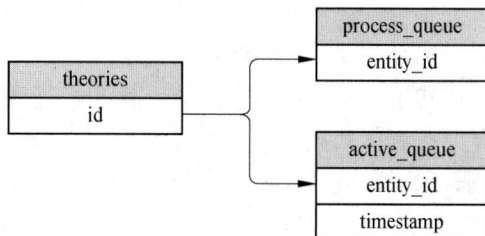

图 4-7　数据库表架构

接下来要解决的是扩展问题。将一些任务用于处理 BackgroundJobs 应用程序的启动队列，这些任务已经生成了理论，或者值得将它们移动到单独的应用程序或服务中。

我尚未看到有任何理由将理论的处理过程转移到单独的服务中，因为这将凭空为我们增加更多的工作，且需要将关于创建的理论的数据传输到新的服务中。这是一个庞大的数据量，并且我们还必须解决在两个服务之间传输已创建的指标和方法以及资金管理方面的信息，并确保其一致性。

因此，也许我们的服务正变得像是单体程序和微服务之间的某种混合体，但我正试图在快速扩展系统和系统开发的复杂性之间取得平衡。

如果有一个开发团队，甚至若干个团队正在从事该系统的开发，那么将理论处理工作转移到一个单独的服务中当然是有意义的。但由于我是在独自工作，因此在 BackgroundJobs 应用程序更新失败的情况下暂时停止处理活动理论队列对我来说无关紧要，所以我认为不需要新的服务。

我建议通过增加此服务的应用程序数量解决水平扩展的问题，因此，现在我们将有 3 个应用程序，另外还有一个公共数据库，理论处理应用程序将使用它处理队列，并分 3 个步骤指导理论生成。

图 4-8 显示了包含 3 个应用的策略搜索服务结构。

4.4.3　有限状态机

我们为理论处理提出了一个水平可扩展的解决方案。但这种处理会是什么样子的呢？从一个状态到另一个状态的简单移动并不适合我们，这是因为在第一步之后，我们可能认识到该理论不合适，或者认为可以继续进行第二步，这意味着处理该理论的过程将产生分支。

当在处理的作业流程中出现分支时，考虑实现状态机是有意义的。状态机是根据业务流程处理实体的方法之一。状态机

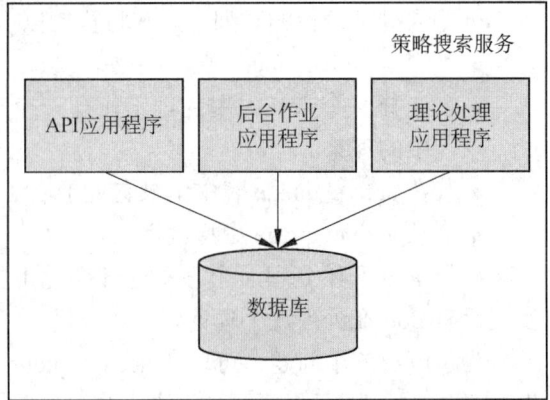

图 4-8　包含 3 个应用的策略搜索服务结构

或有限状态机（finite state machine，FSM）的概念是指实体在任何给定时间只能处于一个状态。这些状态的数量是有限的，状态机还包含状态之间转换的规则。

状态之间的转换是在外部信号的影响下发生的。例如，将状态"步骤 1 处理"转换为"检查质量条件"意味着计算使用优化算法生成的所有策略。

图 4-9 显示了理论通过状态移动的简化原理图。

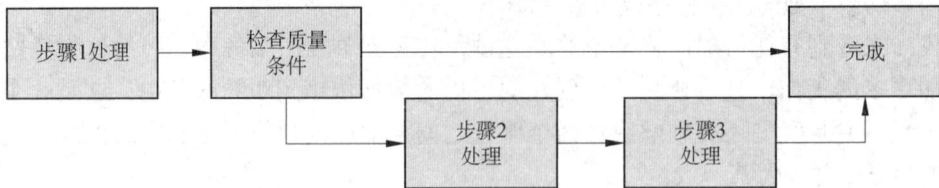

图 4-9　放大的理论处理过程

4.4.4　理论处理步骤的概念

本阶段决定了理论将如何通过上述处理过程。让我们先来看看这个过程将如何发生。在第 3 章中介绍过，理论的处理将分为三个步骤进行。

- 第一步是对理论进行快速测试。在该步骤中，通过增加每个参数值的步长，创建一个子理论，其中包含有限数量的参数变化。

  在此之后，以广度配置启动优化算法，使得策略得以生成和计算。注意，这个过程是迭代进行的，因为优化算法将基于前一次迭代中创建的策略的性能创建一组新的策略参数。

  优化算法完成后，根据质量条件检查策略，如果至少有一种策略满足这些条

件，那么该理论就被认为是有质量的。

● 作为第一步的结果，如果理论被认为是定性的，那么子理论的迭代创建就会随着参数步长的减小和值范围的缩小而发生。

　　接下来要做的就是检查所有创建的策略是否符合第二个质量条件。

● 在第三步中，再次计算第二步所创建的策略的适用性，但使用第一步和第二步中未曾使用的工具。

　　在此之后，检查它们的最终质量状态，并将其发送到真实的交易子系统中。

　　当我描述这三个步骤时，首先想到的是创建步骤实体，因为它们有很多共同点。它们以优化算法和金融工具的形式接收输入设置，而其输出则是一组策略。

　　图 4-10 显示了该步骤实体的示意图。

　　但是，当我思考在每一步中应该发生什么时，我放弃了这个创建步骤实体的想法，因为这三个步骤彼此之间有很大的不同。在第一步中，只创建一个子理论。缩小值的范围和迭代搜索策略是绝对没有逻辑

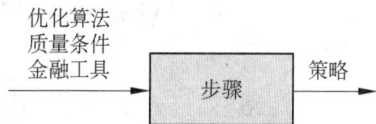

图 4-10　步骤实体

的。在第三步中，不使用优化算法；在这一步骤中，只会计算已经创建的策略及其选择。因此，我得出的结论是，不能将创建子理论的权限委托给其他实体，以实现在理论迭代过程中路径逻辑的自动化。

　　实际上，理论在第一步中就已经完成了整个过程，这在如图 4-11 所示的状态机状态图中可以清晰地看到。

　　在此过程中，应特别注意子理论计算的完成情况。计算一个子理论是一个迭代过程，可能需要很长时间，甚至可以考虑将这项工作外包给单独的应用程序或服务，这就是为什么我没有采用"计算子理论"这一步骤，而是选择了一个异步计算方案。如果采用"计算子理论"步骤，则意味着该理论将一直等待且什么都不做，直至收到子理论已被完全计算的信号。

　　还需要指出的是，在图 4-11 中，状态只是向用户显示理论处理进展所需的标记，仅此而已。也就是说，状态对这一过程没有任何影响。

　　图 4-12 显示了处理过程的第二步。

　　值得注意的是，在图 4-12 中，子理论是以迭代方式创建的。也就是说，新子理论的参数计算是基于前一个子理论的计算结果，而第一个子理论则是基于理论的设置创建的。

　　图 4-13 显示了处理过程的第三步。

　　这个方案有若干个值得注意的地方。

　　首先是策略的异步计算。稍后我们会讨论这个问题，在这里我只能说，它应该是并行和可以水平扩展的。

开始

设置状态为First step
（第一步）

创建快速检查
SubTheory_1

等待

触发　←　事件：SubTheory_1
　　　　　　已完成

设置状态为Worthless
（无价值）

检查第一个质量条件

第二步

第三步

完成

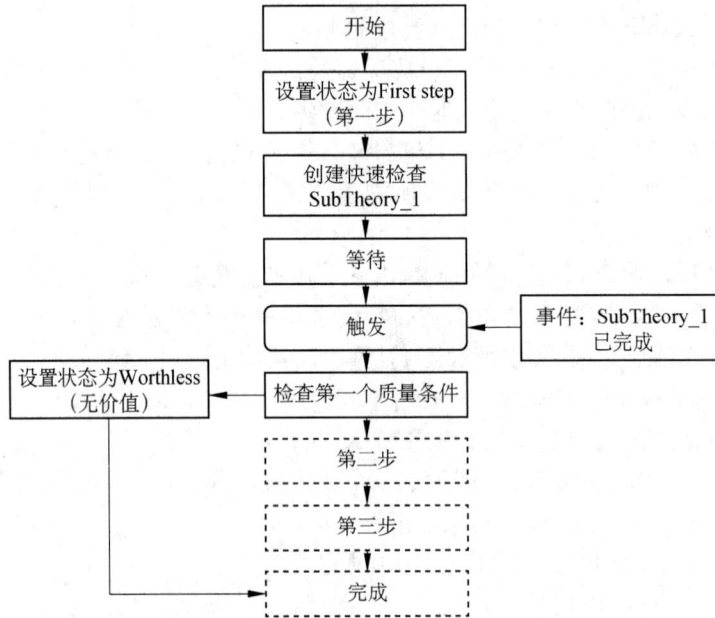

图 4-11　理论过程第一步的逻辑

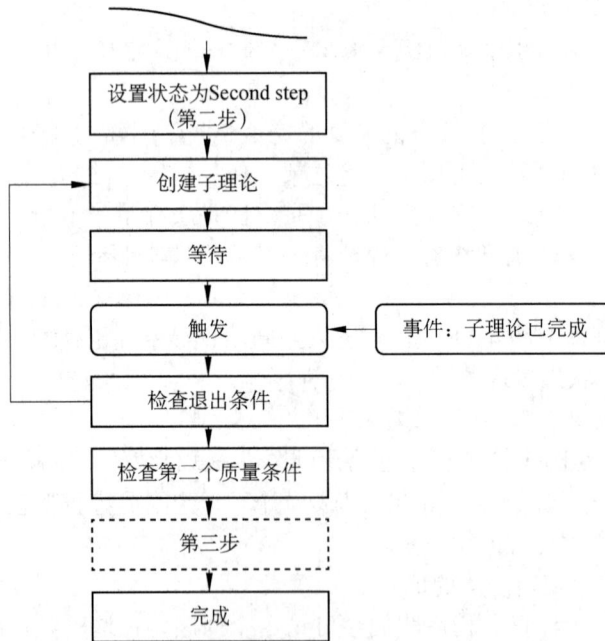

设置状态为Second step
（第二步）

创建子理论

等待

触发　←　事件：子理论已完成

检查退出条件

检查第二个质量条件

第三步

完成

图 4-12　理论处理过程第二步的逻辑

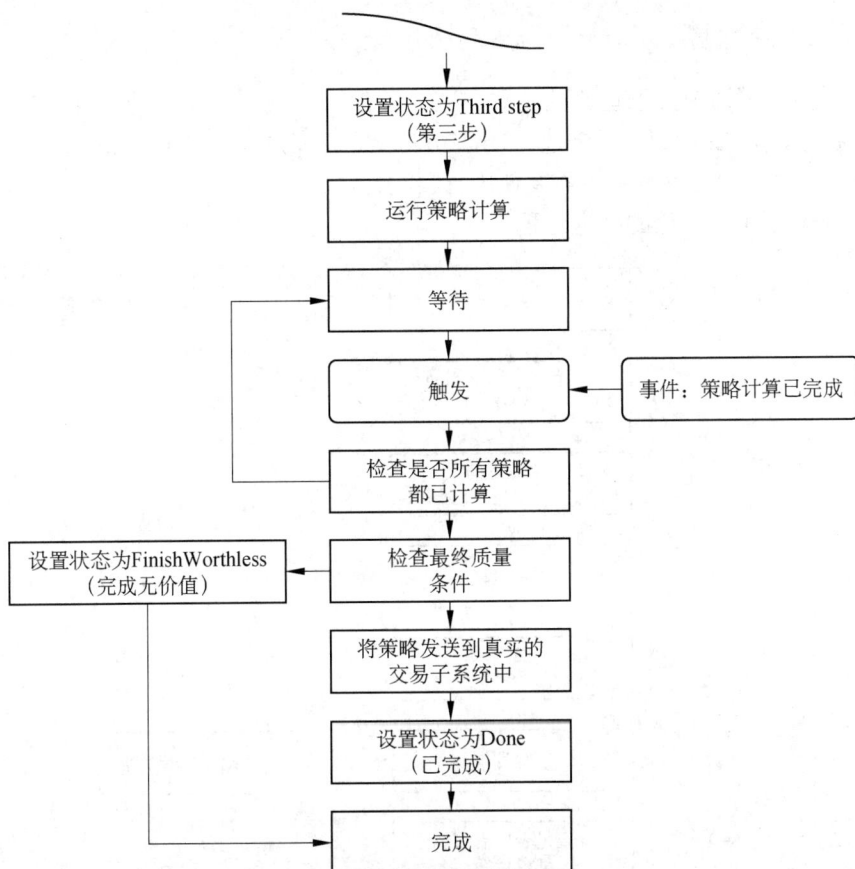

图 4-13　理论处理过程第三步的逻辑

理论只有在计算完所有策略后才能进入下一个状态，这意味着我们需要在每次完成策略的计算时都检查一下是否所有策略都已计算完成。

同样重要的是，我们的状态机应该能够并行处理到达的事件。想象一下，最后有两个策略同时被计算。在检查时，服务将看到还有另一个未计算的策略，并且不会改变理论的状态，这样该理论将永远停留在等待阶段。

另外需要注意的是，如果最终检查失败，则会将状态设置为 FinishWorthless（完成无价值），而不是 Worthless（无价值）。这样做是为了让用户看到在第一次快速测试之后无价值和最后一次测试后无价值的理论之间的区别。在生成下一批理论时，他们很可能会使用这一理论中的思想。

4.4.5　子理论计算

现在让我们详细探索子理论的工作方式。显然，这有一个特定的过程，它至少应该有若干个状态，如 Created（已创建）、In Progress（正在进行）和 Completed（已完成）。问题是这个过程是否足够复杂到需要使用有限状态机。

图 4-14 显示了子理论的处理过程。

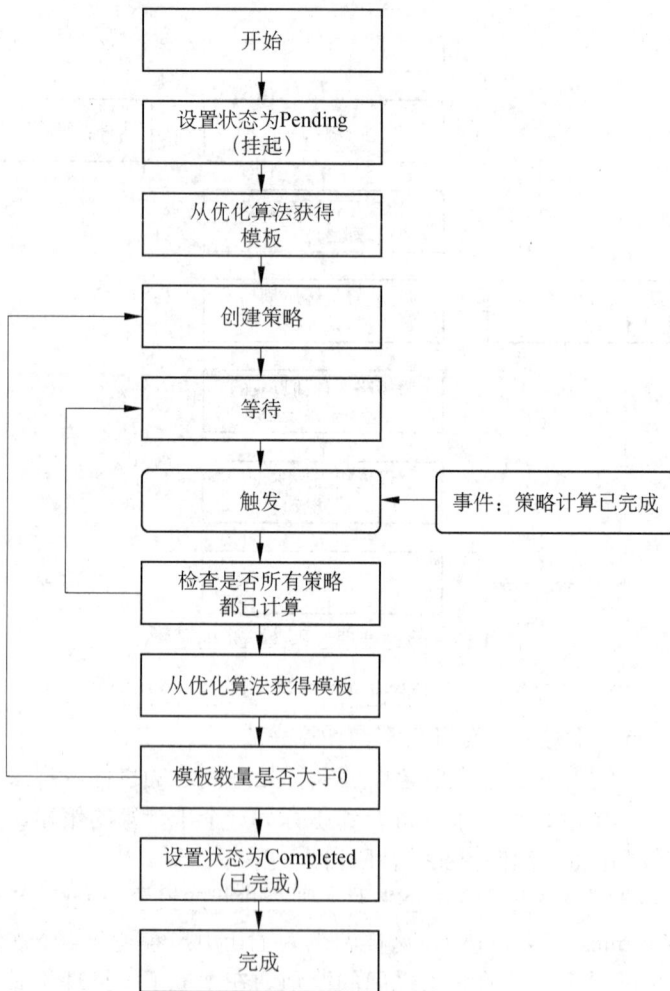

图 4-14　子理论处理

使用有限状态机时，很容易想象这个过程会是什么样子的。要牢记的事情是：子理论必须有一个单独的状态图。

4.4.6　生成器过程检查

在目前这个阶段，我们已经有两个使用状态机的实体。生成器已经开始偏离实体处理的统一模式。更糟糕的是，服务将专门为它们提供一个单独的后台工作应用程序。我建议重新考虑这一点。

☑ **注意**

我定期更改解决方案的做法可能会令人困惑，但让我提醒你，创建架构解决方案是一个迭代过程。修改架构决策是一种正常现象。在启动具体的开发工作之前，最好先仔细斟酌你的决定，而不是在开发后期才意识到有很多内容都需要修改。

在当前阶段，生成器的状态图看起来非常简单，它应该如图 4-15 所示。

生成理论的过程是迭代的。不过，这是一个缓慢的过程。如果用户理解在先前迭代中创建的所有理论都是无用的，那么迭代将为用户提供中断生成理论过程的机会。此检查最好应该能够自动执行，如图 4-16 所示。

理论生成场景还有另一种选择：使用优化算法来实现它。一旦我们以最佳策略有效性指标的形式获得了理论绩效的指标，即可根据这些数据使用优化算法。本书第 11 章将更详细地讨论这个问题。

使用状态机与生成器协同工作对于我们来说是一个主动选择。尽管对系统的要求并没有明确规定生成理论的过程一定要搞得特别复杂，但在实际创建系统时，可能一不留神就会使这一过程复杂化。

图 4-15　理论生成过程的状态图

因此，我们将停止使用后台作业来处理生成器，并开始使用理论处理应用程序的 Pod 来实现这些目的。当用户单击 GENERATE（生成）按钮时，API 应用程序将在 processing_queue 表中创建一个新条目。

此外，由于状态机不仅会开始处理理论，还会使用生成器处理子理论，因此将 Theory Processing App（理论处理应用程序）重命名为 Processing App（处理应用程序）是有意义的。在后续章节中，我将详细介绍状态机的操作。

图 4-17 显示了更新后的服务图，且不包含单独的后台作业应用程序。

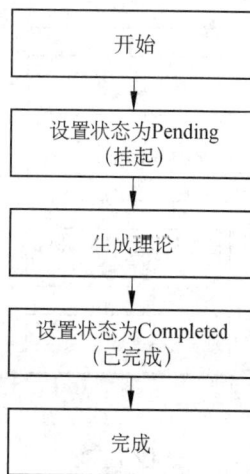

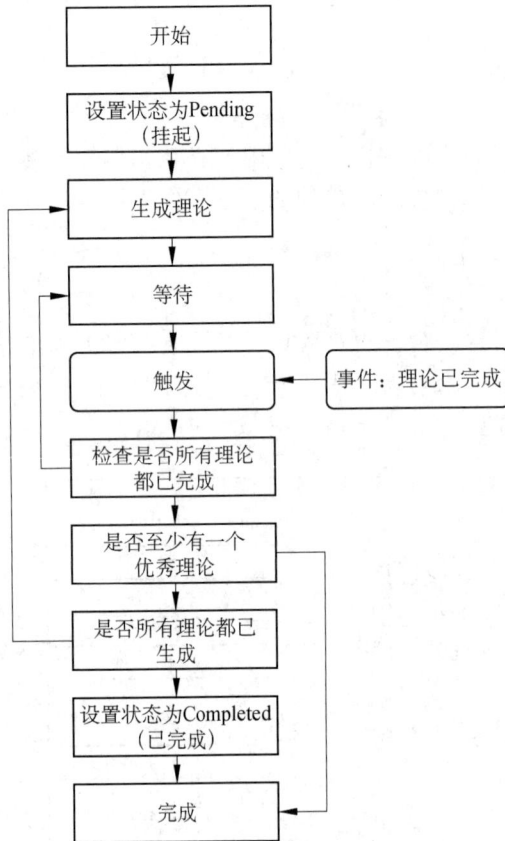

图 4-16　改进的状态图

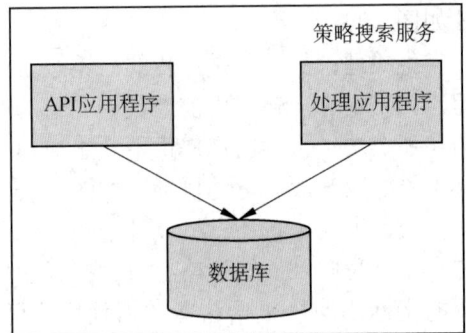

图 4-17　最终策略搜索服务应用程序的结构

4.4.7　优化算法

　　我希望将优化算法的工作抽象到一个单独的模块中，该模块有自己的单独版本，并且不知道它与策略或子理论一起工作的事实。这对于区分模块之间的责任是必要的。想象一下，当对子理论进行修改时，为优化算法生成变量的逻辑也将发生变化。例如，你不仅可以在信号中使用指标值，还可以使用它们的斜率角，甚至可以切换到公式而不是纯指标值。如果优化算法不是抽象出来的，而是直接使用策略，那么你就必须修改整个程序，而在抽象出单独的模块之后，你只需要修改负责将策略数据转换为算法变量集的类。

　　将优化算法移动到一个单独的模块中还提供了另一个重要优势：你可以在更快的数学函数（例如 Kearfott 或 Rastigin 函数）上测试它们的工作。本书第 7 章将详细讨论如何测试优化算法，你现在只需要理解，复杂的优化算法并不是不变的，而是方法和参数的一种构造函数。你可以创建该算法的无数变体或从中衍生出其他算法。因此，快速检查算法操作的功能至关重要。

图 4-18 清楚地展示了如何使用优化算法库。

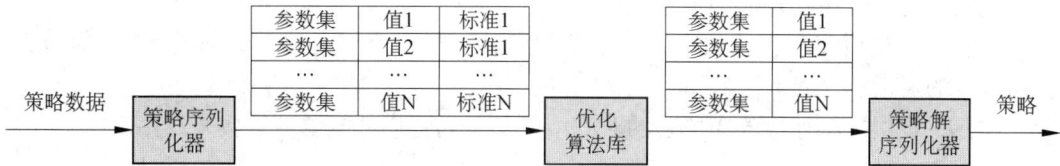

图 4-18　优化算法模块使用实例

用户必须基于某些模板独立创建优化算法，这一事实表明优化算法也可以成为一个实体。

4.4.8　任务

我们已经决定了创建策略的方式，但它们将如何计算呢？

要计算策略，需要两个组成部分：策略本身和金融工具特定时间段的历史数据。

我们可以将历史数据时段放入一个名为 TestCandleInterval 的简单实体中。该实体累积了获得一组 K 线所需的所有信息。

即：

- 交易所 Id。同一种金融工具可以在多个交易所交易，这已经不是什么秘密了，这意味着它的价格可能不同。
- 金融工具 Id。
- 开始日期（StartDate）。所有开盘日期大于此值的 K 线都将包含在 TestCandleInterval 的选择中。
- 停止日期（StopDate）。第二个边界是 K 线的开盘日期。

本书实现的是一个相对简单的系统，因此，用户将独立创建 TestCandleInterval。但这里还有增长的空间。例如，可以在加载历史数据时创建 TestCandleInterval。你应该还记得，在第 3 章中，我们讨论了应该使用哪些工具启动现成的策略。其中的选择之一是，不按工具类型而按图表类型将它们分开。新实体非常适合这两种实现，因为它包含一个开始日期（StartDate）和一个停止日期（StopDate），这允许你将一种金融工具的历史数据划分为若干个测试区间。

随着新 TestCandleInterval 实体的引入，可以发现，要计算策略，只需要两个组件：策略本身和 TestCandleInterval。我把这些参数组合到一个单独的实体中，并称之为任务（Task）。向任务添加状态即可了解它是否已被计算或仍在计算中，或者可能只是在队列中等待计算，这也是有意义的。

任务不会有复杂的过程。这是一个小的基本单元，只有 4 种状态：已创建（Created）、挂起（Pending）、已完成（Done）和错误（Error）。

这些状态具有相互转换的基本逻辑，并且任务数可能会很多（高达数十万）。

将它们与生成器和理论放在同一个队列中并不是一个好主意，这样的话我们将失去扩展系统的灵活性。

因此，我决定将任务放在单独的队列中，甚至为它们分配单独的应用程序。

其工作原理如下：

- 子理论将生成任务并将其放入队列中。
- 具有大量 Pod 的单独应用程序将从队列中获取任务，将其标记为"活动"，并在计算后将其从队列中删除。
- 如果用户在完成所有步骤之前就认为该理论不好，那么当该理论计算被取消时，它们的子理论也将被取消，它们的任务将从队列中删除。

图 4-19 显示了任务队列处理过程。它可以从多个来源接收任务。例如，用户可以通过前端创建任务，并将其设置为通过 API 应用程序或处理应用程序进行计算。在处理子理论时，将设置计算任务。

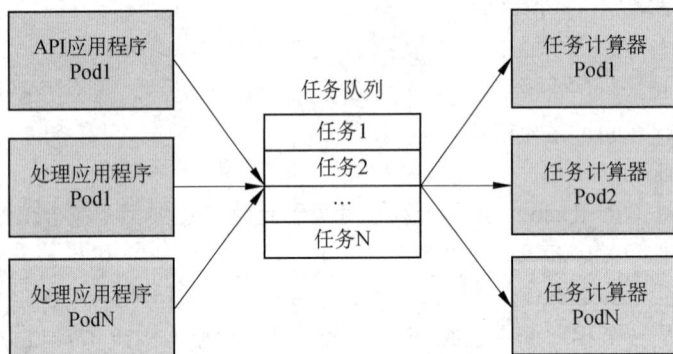

图 4-19　任务队列处理过程

快速计算任务是极其重要的。这个过程需要优化到毫秒。这里我遇到了一个问题：必须有一个机制验证我的系统是否能够正常工作。为此，我不仅需要策略有效性的最终指标，还需要中间结果，例如每个 K 线上指标的计算值，以及所有已创建的系统订单和交易头寸。

我想采取一个单独任务的方式，看看该策略是如何运作的，何时以及为什么要建立头寸。很明显，为了实现该功能，有必要将策略进展的数据保存到数据库中，这不是一个能够快速完成的过程。

我知道系统的自动化部分不需要这些数据，只要有最终结果就足够了。因此，我在任务中添加了以下 3 种计算模式：

- 仅保存有关计算的最终信息。在这种模式下，数据库将仅存储有关计算最终结果的信息，这是系统自动化部分运行所需的最小值。
- 保存头寸数据。在这种模式下，除了最终结果外，数据库还存储了有关未结头寸的信息，包括状态历史、所有订单和交易。
- 保存指标值。在这种模式下，不仅保存了前两种模式的所有数据，还保存了有关信号计算的信息，包括每个 K 线上的指标值和条件组。

4.4.9　核心

在将系统分为两个子系统的整体方案中，我感到棘手的是，交易策略的测试和验证将在一个子系统中进行，而策略将在另一个子系统工作。因此，有必要以这样的方式构建架构，即系统节点负责有关建仓或平仓的决定、系统订单的逻辑以及策略的所有组件，它们对于搜索和真实交易子系统都是通用的。

这是合理的，因为我们不仅要测试策略，还要测试实现它们的代码，这意味着该代码应该是相同的。为此，我创建了一个名为核心（Core）的独立库。策略及其所有组件的逻辑都将集中在核心内。

作为输入，Core 将接收有关市场变化的信息，以及有关交易所订单状态变化的信号；作为输出，它将发送需要向经纪人下订单或关闭订单的信号。

图 4-20 显示了核心模块的顶视图。

显然，Core 将存储策略、信号、工具等实体。这意味着它必须包含处理数据库所需的所有组件。我曾考虑将 Core 拆分为一个单独的微服务，但很快放弃了这个想法，

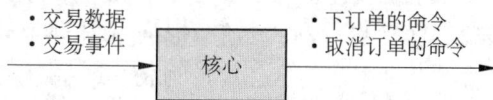

图 4-20　核心模块的顶视图

主要是因为在计算任务时，大量的时间会浪费在任务计算服务和 Core 之间的网络交互上，这是我们无法承受的。

我还想在核心部分纳入计算策略有效性指标的功能——如果真实的交易系统使用一个公式计算指标，而搜索子系统使用另一个公式，那将是很奇怪的一件事。

4.4.10　沙盒交易所

在这个阶段，我们需要知道什么将处理信号以及将如何处理它们。这意味着我们需

要创建一个小型的沙盒交易所（sandbox exchange）模块，该模块将存储订单，响应下单或取消订单的信号，并在 K 线到达时决定是否关闭订单。

因此，我理解的计算任务的总体过程如下：

- 通过设置 TestCandleInterval（全部或分批）获得 K 线。
- 在循环中遍历所有 K 线，执行以下操作：
  - 通知 Sandbox Exchange 新 K 线的出现。
  - 通知 Core 新 K 线的出现。

这样的系统并不能很好地应对实际交易中发生的情况，因为当前版本中的 Sandbox Exchange 对订单簿一无所知。这意味着它将无法正确模拟订单执行，因为它不知道当时是否有足够的报价，也不知道所报的价格。

但我们仍然别无选择。我们不可能等几年才收集到所需的信息，因为几乎不可能找到包含订单簿的历史数据。因此，我将尝试实现尽可能类似于真实交易所的沙盒交易所。

4.5　真实交易子系统

该子系统具有以下目标：

- 确保盈利策略的顺利运作。
- 确保策略处理金融工具的正确类型。
- 不断确定金融工具的类型。
- 为用户提供管理交易过程的能力，例如启用或禁用策略的能力。

由于真实交易子系统是一个界面，因此需要一个单独的前端服务。与搜索子系统的情况一样，我建议放弃角色系统，也不必考虑访问级别的问题，因为在开始时，系统将包含一个有限的受信任用户列表，这些用户对系统中的所有操作都有相同的权限。

4.5.1　集成交易所

在真实的交易系统中，我们必须面对一个大问题：来自交易所的大量信息。想象一下，仅仅是比特币-美元对等工具的 K 线更新信息就包含大量数据需要通过 WebSocket 从交易所接收（至少每 50 毫秒接收一次），而我们还将有许多这样的金融工具。

因此，我们有必要将交易所的处理与子系统的其他服务分开，形成一个提供单个接口的单独服务。

我不希望其他服务了解与每个交易所集成的内部实现。但这就足够了吗？想象一下，你发现了一个错误或决定添加与另一个交易所的集成，如果所有处理交易所信息的代码都位于一个服务中，那么在更新与一个交易所相关的代码时，你将不得不停止与其他交易所的合作。这意味着不会下订单，K 线变化数据也不会被接收，从而导致金钱损失。

　　因此，将每个适配器（即负责将特定信息从交易所转换为我们的单一标准的模块）作为单独的服务是有意义的。

　　让我们想象一个场景，子系统的某个服务想要向经纪人下订单。为此，服务必须获取所需适配器的 URL，该适配器负责与特定经纪人集成。也就是说，每个需要使用适配器的后端服务都必须包含用于确定此 URL 的逻辑。

　　如果经纪人切换到 API 的新版本，则我们必须更改适配器接口，这会发生什么呢？这是第一个问题。

　　第二个问题是，我们需要在某个地方存储金融工具名称和经纪人名称之间的映射。这意味着我们需要一个数据库。然后呢？我们必须为每个经纪人创建一个单独的数据库吗？为了解决这些问题，我们可以创建一个代理服务，一个交易所网关。它将知道去哪里找到所需的适配器，并且还将在其数据库中存储名称并监视适配器接口的一致性。

　　图 4-21 显示了这两种方法。

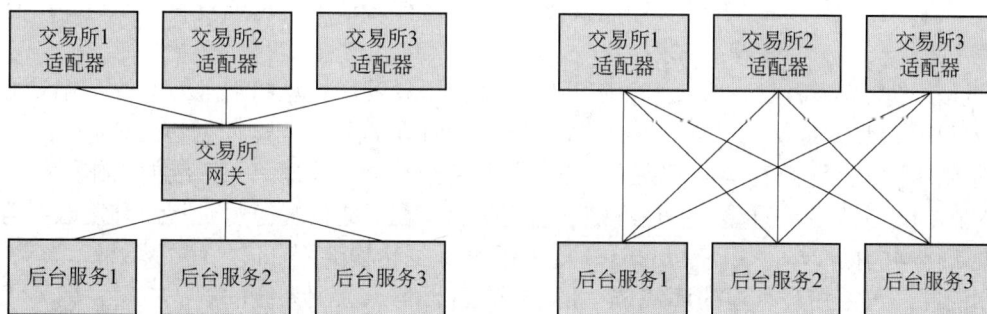

图 4-21　可能的交易所网关架构解决方案

　　现在让我们定义用于处理交易所的子系统的大致功能。由于与交易所合作需要创建多个服务（甚至这将是一个可以在其他系统中使用的相对独立的单元），我将把它分成一个单独的子系统。

　　那么，该子系统将包含哪些处理交易所信息的功能呢？

- 能够使用所有交易所的通用界面下订单。
- 能够取消订单。
- 提供有关更新订单状态和完成交易的信息。
- 提供交易数据。对于我们的系统来说，这就是更新 K 线的数据，但在未来，它也可以扩展为提供订单簿中的更改信息。

图 4-22 显示了该子系统第一步和第二步的样貌。

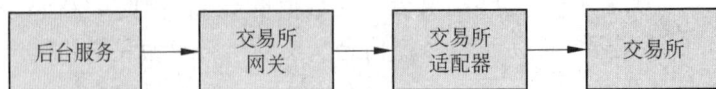

图 4-22　创建订单时的服务调用顺序

这个处理过程看起来很笨拙，因为会有很多时间浪费在网络上，但我决定在这个问题上采取妥协的态度。我最初的系统定义是，它并不是一个倒卖交易系统，因为我知道自己很可能无法与在交易所附近租用服务器的交易者竞争。我将有目的地寻找以分钟或小时而不是以秒来衡量未结头寸平均寿命的策略，我认为以牺牲速度为代价，在易于开发和维护方面做出妥协是值得的。

我们已经决定下订单和取消订单。提供有关更新订单状态和交易数据的信息将更加困难。想象一下，交易所发送了一条关于 K 线变化的消息，信息将如何传达给使用者呢？而且这样的使用者会有若干个，因为多种策略使用一种金融工具是正常的，这些策略都应该接收到相同的信息。因此，适配器必须知道需要此信息的所有策略。这听起来就较为棘手。此外，在来自交易所的新消息到达之前，适配器可能没有时间通知所有信息使用者。

我认为只有一种解决方案可以满足向多个使用者发送消息的需求（即使吞吐量很高也没问题），那就是使用消息代理。消息代理是为了解决这个问题而创建的。信息源（在我们的例子中就是适配器）只需要发送一条消息给消息代理即可，后续的工作则与其无关。它不知道使用者的数量，也不知道它们是否存在。它的任务只是将消息发送到消息代理，这样的操作非常快。然后，代理会确保将数据传输给所有信息使用者。

因此，该系统最合适的解决方案是基于 Kafka 消息队列系统的解决方案，因为我们需要高吞吐量，而 Kafka 每秒能够传递多达数百万条消息。当然，就像任何基于使用者阅读消息（而不是基于推送消息）而构建的队列一样，这并不能保证消息的实时传递，特别是如果使用者需要很长时间来处理消息的话。但是我们的架构是基于在 Pod 之间分配负载的，这将提供扩展系统的能力。

💡 注意

Kafka 是一个分布式消息代理，基于发布者-订阅者（publisher-subscriber）模式工作。Kafka 中的数据表示为键值对。Kafka 保证所有消息都将按照它们被接收的确切顺序进行排序。Kafka 可存储一段时间的阅读消息。

下一个问题是，适配器本身会向队列发送消息吗？或者它们也需要通过交易所网关吗？一方面，它们通过交易所网关是有意义的：通过这种方式，可以隐藏 Kafka 并让其留在同一个地方工作，还可以保证 Kafka 主题将包含相同类型的消息；也就是说，当一个适配器向旧版本发送消息，而另一个适配器向新版本发送消息时，这将不再是问题。

另一方面，这将使交易所网关成为一个瓶颈。如果我们需要更新它或在其中发现错误，那么它将影响来自所有适配器的信息流。

因此，我更倾向于第二种选择，即给适配器一些自由，让它们自己向 Kafka 主题写入消息，因为我担心将来交易所网关的性能会出现问题。是的，这里我可能打破了适配器的封装，它们开始知道得太多；但是，我将提供一个库，用于向所有适配器公共主题发送消息。

图 4-23 显示了从交易所获取数据的过程。

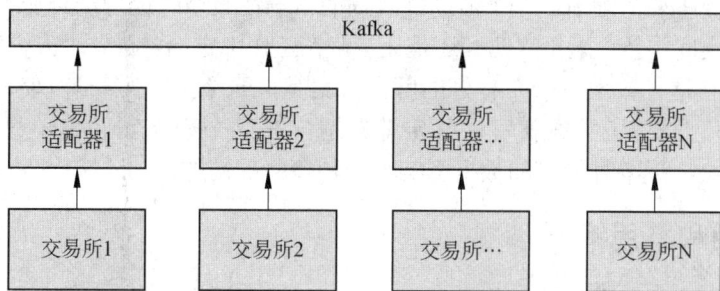

图 4-23　适配器服务架构

4.5.2　策略的启动和运行

现在让我们回顾一下策略的工作方式。一个新的策略已经进入我们的子系统，需要启动，或者它可能不是一个新策略，而只是在更新或失败之后重新启动的策略。无论如何，该启动过程看起来都是一样的。

具体的策略启动方式如下。

（1）将常用信息（如策略标识符、交易所和金融工具标识符、最小手数、价格小数位数等）存储在内存中。这些信息并不多，但策略会经常使用到。

（2）正确响应停机期间来自交易所的交易消息。如果该策略在很长一段时间内没有工作，那么关闭所有未平仓头寸可能是有意义的。

（3）订阅所需的交易信息主题。对于每个交易-工具对，Kafka 中都会创建一个单独的主题，这样策略就可以只接收它们需要的金融工具的信息。

（4）在此之后，它需要加载历史交易数据，因为许多指标需要以前 K 线的信息才能正常工作。如果我们必须将多个指标缩放到相同的比例，那么这一点尤为重要。

（5）在此之后，我们才能认为该策略已经开始工作。

策略操作块必须隔离，这样一个策略的操作数据就不会影响到另一个策略。问题是如何做到这一点呢？这种隔离应该保持在什么水平？

在软件中，当为每个策略有条件地创建一个类的某个实例时（这将确保策略的运行），Kubernetes 中的每个策略-金融工具对是否需要有一个单独的 Pod？或者当采用某种混合解决方案时，根据某种逻辑，是否需要设置一个 Pod 上的工作策略数量？

一方面，这些策略在波动性弱的市场和波动性高的市场都有效。如果交易信息很少发生变化，那么让一个 Pod 确保若干个这样的策略的运行可能是有意义的。

另一方面，像 Pod 这样的小单元可能没有时间处理来自高度波动市场的频繁接收的信号，以用于多种策略。因此，保持平衡很重要。

还有一个更重要的细节：一个波动性较弱的市场在某个时候可能会变得高度波动，然后呢？在 Pod 之间重新分配策略吗？还是让策略在工作中定期宕机？没人会喜欢这样。

我认为，在这件事上，一个良好的解决方案是，一个策略–工具对使用一个 Pod。我喜欢这种方法，因为这样你就可以肯定地知道，在这个程序实例中，只有一种策略有效，这样就不会出现一种策略的数据影响另一种策略的问题。

4.5.3　启用和禁用策略

我们已经决定，每种策略都将有一个单独的 Pod。但这将如何工作呢？

想象一下，信息来自策略搜索子系统，其中包含一系列策略及其可以使用的金融工具类型。首先可以将它们放在名为 profitable_strategies 的盈利策略表中，其中有两列：strategy_id 和 instrument_type。

要启动一项策略，我们需要一种金融工具而不是一种类型。因此，这里还需要另一个有类型的金融工具表。一开始，它将采用一种未被占用的策略，因此需要以某种方式标记它已经被占用，然后开始使用它。

如何理解策略并不繁忙？当然，每个人都可以从 profitable_strategies 表中选择一个策略列表，将其与金融工具联系起来，然后使用一对未被使用的策略和金融工具来工作。

但是，如果想要改变这种逻辑，该怎么办呢？

例如，你可能想要为金融工具添加一个 is_enabled 复选框，以便用户可以独立启用或禁用该金融工具。因为用于确定工作策略的程序代码会发生变化，因此你必须更新它，而这意味着必须重新启动使用这些策略的 Pod，这正是你想要避免的。有鉴于此，用于确定工作策略的逻辑应该放置在具有单独 Pod 的单独应用程序中。也就是说，我们将有一个应用程序（可称之为任务），它将确定哪些策略正在工作，另一个应用程序（可称其为 Worker）将启动这些策略并确保其运行。

因此，在数据库中可以看到如图 4-24 所示的表。

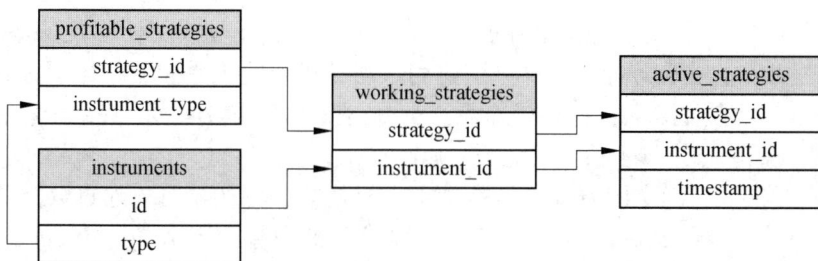

图 4-24　数据库表之间的关系

其工作原理如下：

（1）策略搜索子系统向真实交易子系统通知有新的盈利策略出现。它们将被写入 profitable_strategies 表。

（2）任务应用程序中的一个特殊后台作业将监控工作策略的状态，它将发现一种新的策略已经出现并且不在 working_strategies 表中。它会检查所有必需的 is_enabled 条件，并使用新策略及其可运行的工具在 working_strategies 表中输入一个条目。

（3）一个空闲的 Pod 看到一个条目出现在 working_strategies 表中，而这个条目不在 active_strategies 中，于是会采用它进行工作。

如果发生相反的情况，当用户出于某种原因关闭金融工具或工具类型发生变化，或者策略本身被关闭时，该作业将从 working_strategies 表中删除记录，使用该作业的 Worker 将在下次检查时检测到这一点。这将从 active_strategies 表中删除该条目，并尝试使用下一个空闲的策略。

还有一点需要考虑到。某个 Worker 有可能突然不复存在。在这种情况下我们得到的结果是，在 active_strategies 表中，有一个记录表明该策略–金融工具对很忙，但事实上它并没有工作。

我以一种简单方式解决了这个问题。每次 Worker Pod 检查工作中的策略并且没有任何变化时，它将更新时间戳列中的值。如果此列中的日期落后于当前日期一定的时间间隔，则表明该 Worker Pod 已停止使用该策略，并可以由另一个 Pod 使用。

当前阶段的策略服务如图 4-25 所示。

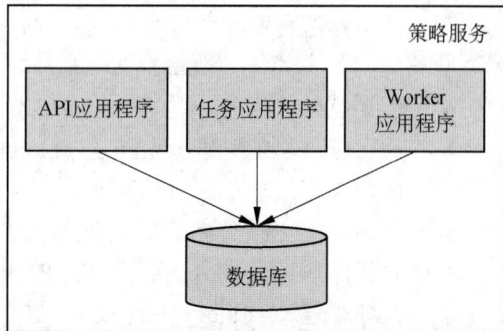

图 4-25　策略服务结构

4.5.4 检查金融工具的类型

在第 3 章中，我提到了确定金融工具类型的重要性。工具或图表的类型极大地影响了策略的盈利能力。通常而言，如果一个盈利策略在错误的工具上工作，那么它可能会适得其反，变得无利可图。也许确定金融工具类型的最简单方法是使用信号中固有的逻辑。我认为使用信号是一个很好的选择，原因如下：

- 一般来说，确定图表的类型是基于指标值的。例如，可以通过分析移动平均线（moving average，MA）、移动平均线收敛发散（moving average convergence divergence，MACD）、布林带（bollinger band，BB）和 SAR 抛物线（parabolic SAR）等指标的值确定趋势。所有条件都可以完美地应用于信号的逻辑，如果功能不足，则可以通过添加特定的指标轻松扩展。

- 信号实体的作用有助于解决确定金融工具类型的问题。毕竟，信号的目的是为我们提供一个是/否的答案。也就是说，它可以帮助我们弄清楚金融工具是否与类型相对应。

- 此机制已在 Core 库中实现，不需要发明或创建任何新的内容。

有鉴于此，在包含金融工具类型的表中，需要一个带有信号的列，在该列的帮助下，系统将能够实时确定真实交易子系统的金融工具类型，并在策略搜索子系统中加载历史数据。

与确保策略的持续运行一样，在确定金融工具类型时，系统需要分析大量交易数据。在使用策略的情况下，这是有意义的，它可以为每种金融工具分配自己的 Pod，从交易数据来源订阅所需的 Kafka 主题。

你可能会问，为什么不使用主题池处理消息队列呢？好吧，为了计算大多数指标，有必要考虑前 n 段中的 K 线。如果 Pod 没有将这些信息存储在内存中，然后必须从数据库或直接从交易所中获取，则这些请求将非常缓慢。

因此，策略服务有了第 4 个应用程序：金融工具应用程序。在这个阶段，我开始担心策略服务部门负责的任务数量。

- 前端 API。

- 后台任务，如管理 working_strategies 表。

- 确保策略工作的单独应用程序。

- 确定金融工具类型的单独应用程序。

看起来策略服务需要分为三个独立的服务，并分别使用单独的数据库和应用程序。

- 策略服务（strategy service）。这项服务将确保策略的运行。它将有两个应用程序，一个是 API 应用程序，用于接收启用或禁用策略-工具对的命令；另一个是

Worker 应用程序，它将确保策略正常工作。

它将有许多 Pod，每个策略-工具对一个 Pod。我喜欢把这个逻辑分成一个单独的服务。它使我们能够真正将策略的运行与应用程序的其他部分隔离开来。

- 金融工具服务（instrument service）。该服务将确定金融工具的类型。它同样有两个应用程序：一个是 API 应用程序，用于了解金融工具的更改信息；另一个是 Worker 应用程序，用于定义金融工具类型。每个金融工具都有一个 Pod。
- 策略管理器服务（strategy manager service）。从名称来看，这项服务可划分为若干个较小的服务，因为它将负责解决若干个问题。当然，由于它们很小，我不认为现在把该服务设计得太复杂有什么意义。因此，这项服务也将有两个应用程序。一个是 API 应用程序，将为前端提供必要的方法。此应用程序还将从搜索子系统接收有关新策略出现的信息；另一个是任务应用程序，它将管理 working_strategies 表。

因此，在现阶段，真实的交易子系统如图 4-26 所示。

让我们来看看真实交易子系统的几个场景。

以下是搜索子系统产生新策略的方式。

（1）策略搜索子系统的一些服务向策略管理器服务的 API 应用程序发出 HTTP 请求，向其发送有关盈利策略和金融工具类型的信息。

（2）策略管理器服务的 API 应用程序将这些信息记录在数据库中，但是不会进行任何计算。

（3）策略管理器服务的任务应用程序看到有新策略出现，立即向策略服务的 API 应用程序发送 HTTP 请求，其中包含需要采用新策略的信号。

（4）策略服务的 API 应用程序向数据库写入新的工作策略。

（5）策略服务的一个空闲 Worker 应用程序 Pod 发现了一个新的、未激活的策略，立即采用它并让其进行工作。

以下是策略服务的 Worker 应用程序的工作原理。

（1）策略服务的 Worker 应用程序的每个 Pod 都订阅了一个特定的 Kafka 主题，通过该主题可以广播所需金融工具 K 线变化的信息。

Worker 应用程序将响应这些更改，计算信号值，并监控系统订单执行的逻辑。在某些时候，可能会触发向经纪人下订单的信号。

（2）策略服务的 Worker 应用程序向交易所网关服务的 API 应用程序发送 HTTP 请求，并向经纪人下订单。

（3）交易所网关服务的 API 应用程序将请求重定向到交易所网关服务所需的适配器应用程序。适配器向与其集成的经纪人下订单。

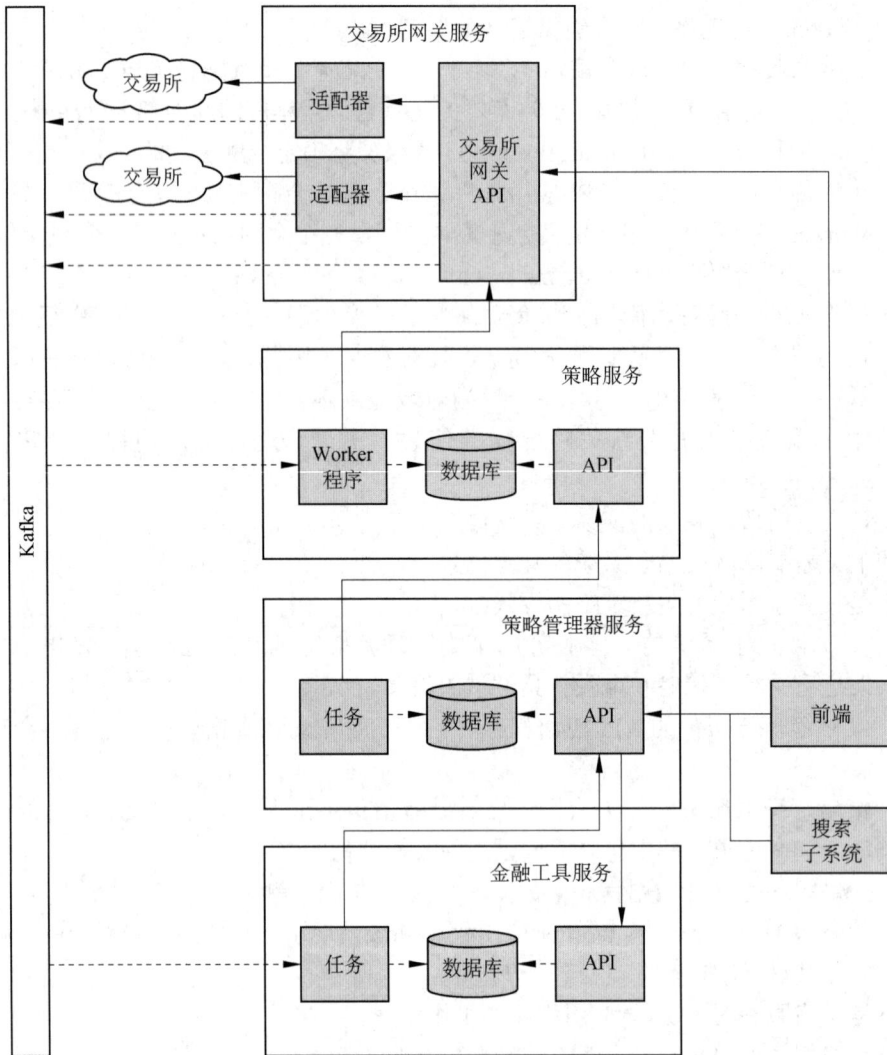

图 4-26　交易系统总体架构图

（4）一段时间后，交易所网关服务的适配器应用程序得知此订单的状态已更改。

获取订单状态的方法可以是不一样的，这完全取决于经纪人及其 API。也许适配器会定期向经纪人轮询订单信息的变化，或者经纪人提供一个 WebSocket 接口，它自己会通知适配器这些变化。这些差别都无关紧要。重要的是，适配器需要知道订单状态已更改。

（5）适配器应用程序向所需的 Kafka 主题发送订单状态更改的消息。

（6）策略服务的 Worker 应用程序订阅了上一步的主题。这意味着它将接收此消息，并根据其中嵌入的逻辑进行操作。

金融工具服务的工作原理如下。

（1）在创建新的金融工具时，前端向策略管理器服务的 API 应用程序发出 HTTP 请求，并将新工具的信息传递给它。

（2）策略管理器服务的 API 应用程序向金融工具服务的 API 应用程序发出 HTTP 请求，并带有关于新金融工具可用性的消息。

（3）金融工具服务的 API 应用程序将信息写入数据库。

（4）金融工具服务的任务应用程序的空闲 Pod 看到新工具出现了，立即采用它进行工作，并订阅了所需的 Kafka 主题，其中包含 K 线变化的信息。

（5）如果在金融工具服务的任务应用程序中触发了更改金融工具类型的逻辑，则应用程序会将该信息写入数据库，并向策略管理器服务的 API 应用程序发出 HTTP 请求，其中包含金融工具类型变化的信息。

（6）策略管理器服务任务应用程序发现金融工具的类型发生了变化，立即向策略服务发出必要的命令以启用或禁用策略。

4.5.5　主数据

这个方案仍然有一个很大的问题没有解决：哪个服务是引用信息的来源？

这需要创建一个新的信号，无论它是来自搜索子系统还是用户。那么，这个信号将在哪里创建？其他服务如何知道新的信号或策略已经出现？

根据图 4-26，存储此信息的中央系统将是策略管理器服务。事实上，这项服务本身就包含另一项存储引用信息的任务。因此，这加重了该服务的负担。

一般来说，为了实现这些目的，会使用单独的主数据服务（master data service），该服务将存储所使用的一般信息，例如信号、策略、金融工具、交易所等列表。

此外，考虑到我们所拥有的系统，添加一个 API 服务是有意义的，它可以向前端隐藏它为某些数据求助于哪个服务的信息。

在添加了主数据服务之后，真实交易子系统将如图 4-27 所示。

图 4-27 显示，所有请求现在都将通过 API 服务，由该服务决定联系哪个微服务。API 服务将只有一个应用程序，即 API 应用程序。

创建引用信息（如金融工具）的脚本现在如下所示。

（1）前端向 API 服务发出 HTTP 请求以创建新工具。

（2）API 服务向主数据服务发出 HTTP 请求。

（3）主数据服务将新的金融工具保存在数据库中，并向 Kafka 发送一条消息，指示新的工具已经出现。

（4）此活动的所有订阅者都将收到此消息，并将所需信息保存在其数据库中。

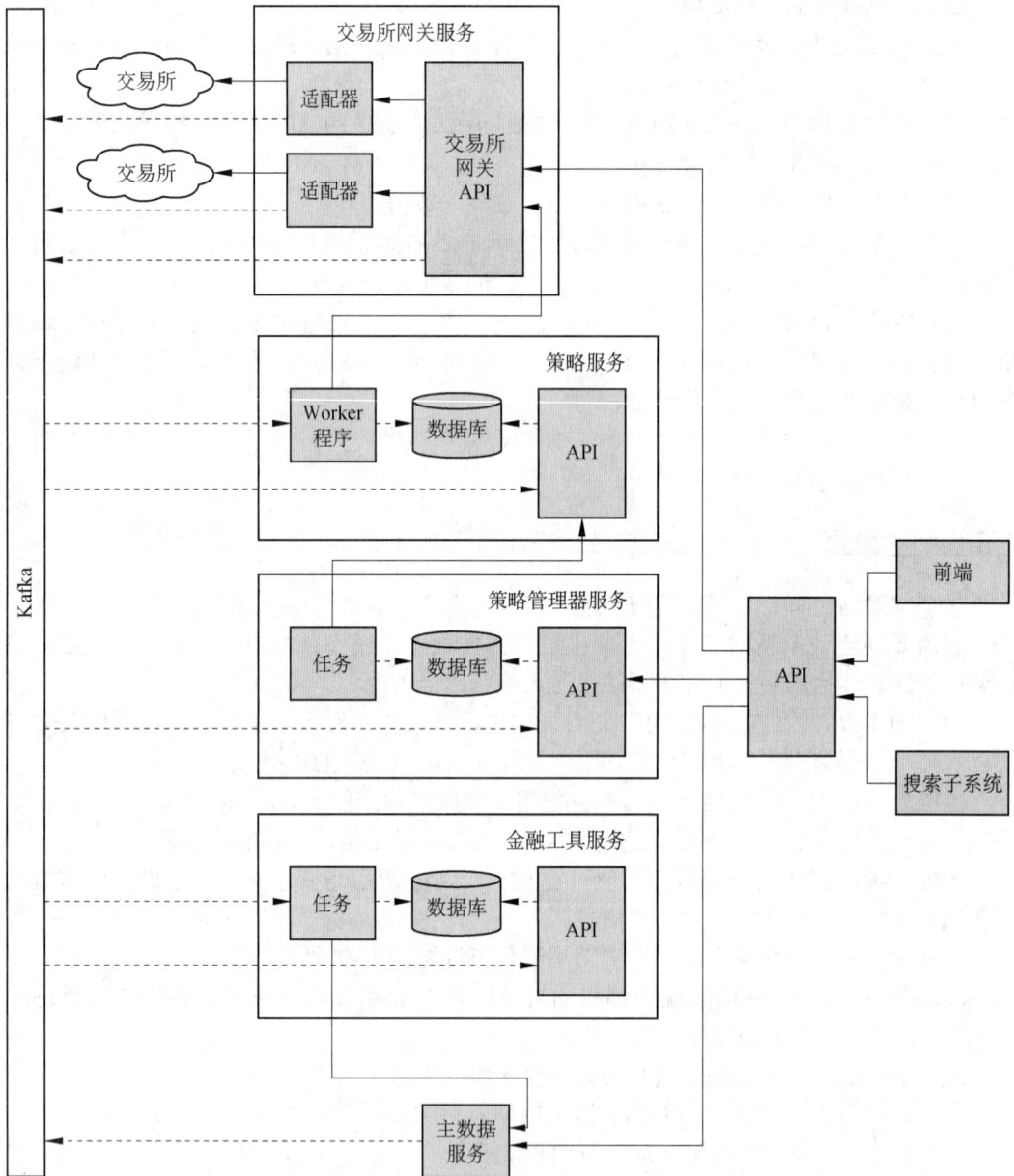

图 4-27 添加了主数据服务的交易系统总体架构图

4.6　小　　结

　　本章简要介绍了架构解决方案的部分设计，这里我们只谈到了数据库中的表，而根本没有涉及 API 方法的签名。此外，本章提供的原理示意图只是浅尝辄止的介绍，在后续专门讨论子系统的章节中还将更深入地探讨这些问题。

　　本章讨论的最重要的事情就是将拟开发的系统划分为独立的部分，描述每个部分的任务，并阐释它们将如何解决问题。

　　真实交易子系统的方案比策略搜索子系统的方案更复杂，而且很明显，这些子系统的架构使用了不同的方法。这是可以理解的，因为在策略搜索子系统中，有必要特别注意计算策略的速度，这意味着有必要最小化服务间交互，以及由此产生的服务数量。另一方面，在真实的交易子系统中，则有必要更加注重独立性。我认为在该子系统中应该允许独立更新和扩展，这是非常关键的。也因为如此，该子系统会有更多的独立服务。

　　在第 5 章中，我们将了解系统会由哪些部分组成。

第 5 章　技术栈和库

在前面的章节中，我们讨论了系统的架构解决方案，设想了它将由哪些服务组成，并阐释了它们是如何相互连接的。本章将讨论如何创建服务，我们将使用什么技术栈，通过什么架构构建服务，以及将使用哪些逻辑创建类并在未来使用它们。我们还将探讨如何使用现代库解决一些常见问题，例如处理数据库。本章还将展示如何实现将在两个子系统中使用的库，例如状态机和后台作业的操作。

注意，本书将更多地关注后端，对于前端基本上是一笔带过，这是因为系统的前端不会很复杂，所以你可以选择任何框架来实现它。我们不会有复杂的状态或 WebSocket 连接。事实上，在创建我的系统的第一个版本时，根本就没有为它创建前端。我只需要一个数据库工具（如 pgAdmin 或 DataGraph）查看和更改数据，另外还需要 Postman 运行查询。直到很久以后，当系统开始产生收入，有一些值得信赖的人员加入我的团队时，我才实现了前端。为了构建前端，我使用了自己熟悉的 React 和一个免费的组件库，这样就无须在不重要的应用程序上花费太多时间。

5.1　选　择　框　架

让我们从选择语言和框架开始。我认为在这件事上务实是有意义的。这意味着我不想仅仅因为一门新技术和语言比我已经知道的语言有一些优势，就从头开始学习它。我的目标不是学习新技术，而是建立一个交易系统。例如，目前开发交易机器人的主要语言是 C++，但我对此还不够了解，也不像我习惯的 C#那么方便。也许将来，当我的数据处理速度达到 C# 的上限时，我会考虑将一些服务转移到 C++中，但这绝不应该是在系统刚开始启动之前就要做的事情。也就是说，用什么语言编写第一个系统并不重要；最重要的是，你对自己的选择感到舒适，并且你的框架具有可靠的库，可用于构建 API、处理数据库以及使用像 Kafka 这样的分布式事件流平台。

在撰写本书的时候，我的技术栈包括两个流行的框架：.NET 和 NestJS。我在这两个平台上都编写过高负载的系统，而且都运行得很好。但在构建本系统时，我选择了.NET 框架，因为与 TypeScript 相比，前者使用数组要方便得多。另外，与 TypeScript 不同，.NET 在异步代码方面表现得更好，而且效率更高。还有就是，.NET 编写自动测试更加方便和容易。

重申一下，在选择框架时，建议你以务实为标准，选择一个你熟悉的框架。

5.2　应用程序架构

任何从头开始创建服务的开发人员都会问的第一个问题可能是与命名和应用程序项目安排相关的。例如，应该有多少个项目？它们应该位于哪些目录中？类应该如何构建？哪个类应该负责哪些功能？

如果你在互联网上寻找这些问题的答案，则会看到诸如服务层（service layer）、整洁架构（clean architecture）、洋葱架构（onion architecture）、领域驱动设计（domain-driven design，DDD）、命令查询职责分离（command query responsibility segregation，CQRS）和存储库之类的名称。现在让我们来了解一下都有哪些类型的架构，以及每种架构都能提供哪些内容。

5.2.1　意大利面条式代码

让我们从所有开发人员都熟悉的应用程序编写的第一种方法开始：意大利面条式代码（spaghetti code）。

这种方法具有以下显著特征：

- 缺乏架构。每个开发人员都按照自己认为合适的方式编写代码。
- 糟糕的连接。所有的组件都连接在一起。如果有人改变了系统的一部分，那么系统的另一部分可能会发生故障。
- 开发时间。新开发人员需要很长时间才能熟悉和沉浸在系统代码中，因为没有使用普遍接受的模式。

当开发人员刚刚开始创建第一个应用程序时，大多数模式尚未创建和确定。因此，程序员们只好尽其所能地应对。他们别无选择，因为开发人员社区尚未就如何构建应用程序达成一致，也没有形成更现代的方法。

坦率地说，尽管这种意大利面条式的代码不适合在现代世界编写应用程序，但仍有很多人在继续使用它，也许许多人都已经并仍在基于这种方法编写应用程序。意大利面条式代码非常适合快速编写可以在几小时甚至几分钟内生存的代码。

5.2.2　整洁架构

显然，开发人员很快意识到意大利面条式代码并不是应用程序的最佳架构。图 5-1 显示了在代码中进行简单层级划分时的外观。

此时的代码可能仍然像意大利面条一样搅成一坨，但这种混乱将严格限制在其各层的边界内。例如，用户界面层负责接口表示，提供 API 所需的数据传输对象（data transfer object，DTO）；业务逻辑层包含了域模型、现实世界的某种布局以及与之相关的所有逻辑；数据访问层提供使用数据库的逻辑。

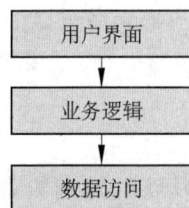

图 5-1　层

这样的代码确实有所改进，并出现了控制器和存储库，使得代码更容易理解。

但是在 SOLID 原则形成后，开发人员意识到业务逻辑层的抽象域代码依赖于数据访问层的实现，这大大违反了这些原则。因此，决定扩展数据访问层，使业务逻辑完全独立于数据访问层。结果就是所谓的整洁架构，如图 5-2 所示。

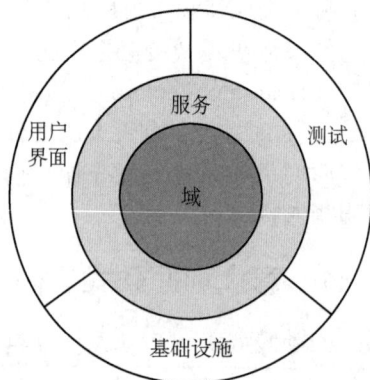

图 5-2　整洁架构

在这里需要解释一下 SOLID 原则：

- S 指的是单一职责原则（single responsibility principle，SRP）。即项目单位应该只有一项职责。我所说的单元不仅指一个类，也可以是一个库，是项目或服务的一部分。这样可以避免因职责耦合导致的修改风险。例如，用户管理模块仅处理用户增删改查，不涉及权限校验或日志记录。

- O 指的是开放/封闭原则（open/closed principle，OCP）。即软件对象必须对扩展开放，对修改关闭。通过抽象接口或继承机制实现新功能，而非直接修改原有代码。例如，通过策略模式扩展支付方式，而无须改动原有支付逻辑。

- L 指的是李斯科夫替代原则（Liskov substitution principle，LSP），即子类必须能够完全替代基类，且不影响程序的正确性。例如：正方形类继承自矩形类时，须确保所有涉及矩形的操作（如面积计算）对正方形同样有效。

- I 指的是接口隔离原则（interface segregation principle，ISP）。庞大的接口应该被拆分成更小的接口，这样小接口的客户端就知道它们需要什么方法来完成工作。例如，用户操作接口分为"信息查询"和"数据修改"两个独立接口，避免冗余依赖。

- D 指的是依赖倒置原则（dependency inversion principle，DIP）。顶层模块不应依赖于底层模块。例如：订单服务依赖抽象的支付接口，而非具体的支付实现，以便于替换支付方式。

在整洁架构中，域层（前业务逻辑层）被放置在中心，并通过服务进行访问。也许这是目前构建应用程序最流行的方法。在开始编写更复杂的应用程序之前，当你有许多服务时，这种方法是合理的。

因此，这是摆脱意大利面条式代码的好方法。据我所知，在采用整洁架构的项目中，你打开一个控制器或服务，就可以看到有几十个导入的类和依赖关系。我理解这种多任务服务需要重构和分离，但这并没有解决服务强连接的问题。

在这一背景下，专业人士提出了一种不同的架构方法。他们认为，不基于层而是基于用例构建应用程序可能是有意义的。为此，他们建议使用中介模式（mediator pattern），即使用处理程序创建命令，如图 5-3 所示。

图 5-3　命令处理程序

☀ **提示**

关于中介模式，这里有必要多说几句。这种模式属于一组行为模式。它通过将这些关系移动到单独的中介类中来帮助减少对象的互连。中介模式使类不是直接相互通信，而是通过中介进行通信。对于命令来说，这意味着你不会向特定的处理程序或服务发布命令，而是向中介发布命令，再由中介决定谁将处理此命令。

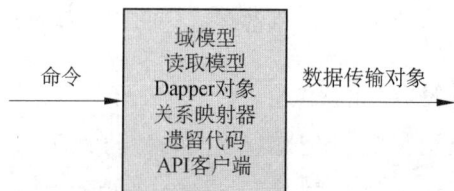

图 5-4　处理程序的可能功能

在这种方法中，处理程序内部的内容变得不重要。无论是使用域模型还是你隔离的一些遗留代码，都无关紧要。重要的是，现在你的代码无须考虑将相关功能放在哪个服务中，或者哪个层负责提供相关函数。一切都变得更容易了。你有一个特定的命令及其处理程序，如图 5-4 所示。

是使用服务层方法还是使用命令？这取决于开发人员的个人偏好，且没有一个统一的解决方案。我个人更喜欢使用中介和命令，这样更容易将应用程序划分为独立的部分，并了解它是如何工作的。

5.2.3　域驱动设计与贫血模型

创建系统时经常出现的另一个问题是使用哪种类型的模型。

域驱动设计（domain-driven design，DDD）告诉我们，当数据结构和行为相结合时，要构建一个具有瘦服务层（thin service layer）的富域层（rich domain layer）。事实上，这意味着实现域模型的类将很大，并且它们将包含负责行为的大部分逻辑。

在贫血模型（anemic model）中，一切都不一样。数据结构和行为分为实体和服务等类。

有些人认为贫血模型是一种反模式（anti-pattern）。如果开发人员使用这种方法，则意味着他们对主题领域的理解很差，因此无法胜任构建领域模型的工作。

但如果你看看 GitHub 上的许多项目，会发现它们中的大多数都是建立在一个贫血模型基础上的。为什么？这是因为基于 DDD 构建应用程序的代价非常高昂。

在设计一个具有富域层的系统时，开发人员不仅需要对该领域有深入的了解，还需要该领域本身是完善和一致的。遗憾的是，情况往往并非如此，尤其是当你正在编写一个全新的应用程序时。

以我们的系统为例，我不确定是否正确识别了实体，这意味着我根本不确定富域模型是否正确。因此，我建议走发展进化之路。换句话说，就是首先使用贫血模型构建应用程序，然后逐渐将成熟代码迁移到域模型。

5.3　对象关系映射器

现在让我们来看看将要使用的对象关系映射器（object relational mapper，ORM）。什么是 ORM？它实际上是一个帮助我们使用数据库的库。

在.NET 中有若干个流行的 ORM，最常用的当然是实体框架（entity framework，EF），但我建议考虑另一种流行的 ORM，或者更确切地说是迷你 ORM：Dapper。这种考虑有一个重要原因，那就是速度。

Dapper 官方页面上的速度报告指出，Dapper 是最高效的 ORM。其网址如下：

```
https://github.com/DapperLib/Dapper
```

这是可以理解的，因为相比 EF 它缺少了很多功能。除了映射，其他几乎什么都没有。

简而言之，如果使用 Dapper 的话，那么还必须单独实现 EF 中可用的一些功能。我愿意为了生产效率而付出一定的开发时间吗？当然愿意啊！我们的目的就是要构建一个更快、更高效的系统。

由于大多数开发人员使用的是 EF，因此我想在这里简要介绍一下 Dapper 的功能，以便在后续章节中可以专注于一些更有趣的事情。我将通过创建一个实体（ExchangeOrder）的示例来实现这一点。

5.3.1　使用 Dapper 的方法

首先，你需要创建实体类 ExchangeOrder 和 ExchangeDeal。

ExchangeDeal 不是一般意义上的实体，首先，我们需要使系统的成本更低，这意味着最好选择使用贫血模型。虽然可以将在业务逻辑层使用的模型放入单独的类中，并为

ORM 创建自己的类，但之后必须编写大量代码使这些类相互映射，这是一项枯燥无味而又艰苦漫长的任务。也许当系统变得更加复杂时，有可能切换到丰富模型，但现在我们没必要这样做。因此，ExchangeDeal 是一个实体，也是一个映射数据库表的类。

代码清单 5-1 显示了该类的大致样貌。

代码清单 5-1　实体类的实现

```
[Table("\"ExchangeOrders\"")]
public class ExchangeOrder
{
    public int id { get; set; }
    public int ExchangeId { get; set; }
    public int InstrumentId { get; set; }
    public decimal Amount { get; set; }
    public IEnumerable<ExchangeDeal> Deals;
}

[Table("\"ExchangeDeals\"")]
public class ExchangeDeal
{
    public int ExchangeOrderId { get; set; }
    public decimal Amount { get; set; }
    public decimal Price { get; set; }
}
```

我在项目中使用了 PostgreSql，因为它不但是免费的，而且广受欢迎，并具有良好的支持，在许多项目中都有使用。我也会用它来建立一个交易系统。

在上述示例中，注意 Table 属性。它们使用双引号表示表的名称。事实上，在 PostgreSql 中，如果列或表的名称不是蛇形命名法（snake_case）形式的，那么在查询中它们必须用双引号括起来。我可以遵循 PostgreSql 约定以 snake_case 形式命名并转换列和表，但我不想这样做，因为根据 C#约定，公共字段和类应该以帕斯卡拼写法（PascalCase）命名。

因为没有订单，交易就不可能存在，所以 ExchangeDeal 没有 id 列或属性。

在编写完实体之后，我们需要实现一个存储库。但首先，我想实现一个特殊的类，负责处理与数据库的连接。在 EF 中，使用连接对我们来说是隐藏的。许多开发人员甚至没有考虑过连接的数量以及它们是如何创建和销毁的。由于 Dapper 不是一个高级库，因此我们必须自己创建连接。

代码清单 5-2 给出了负责处理它们的类的基本实现。

代码清单 5-2　DbConnector 实现

```
public class DbConnector
{
    private NpgsqlConnection dbConnection =>
        new (Environment
            .GetEnvironmentVariable("POSTGRES_CONNECTION_STRING"));
```

```
public async Task<T> PerformDbActionAsync<T>(
    Func<DbConnection,
    Task<T>> dbAction)
{
    try
    {
        await using var connection = dbConnection;
        await connection.OpenAsync();

        await using var dbTransaction =
            await connection.BeginTransactionAsync();
        try
        {
            T actionResult = await dbAction.Invoke(connection);
            await dbTransaction.CommitAsync();
            return actionResult;
        }
        catch (Exception)
        {
            await dbTransaction.RollbackAsync();
            throw;
        }
    }
    finally
    {
        dbConnection.Dispose();
    }
}
```

代码清单 5-2 有几点值得注意。首先，对于数据库的每个操作，都将创建自己的连接。当然，这种逻辑可以通过更复杂的方式实现，但在现阶段，我认为这已经足够了。其次，这些操作将发生在一个独立的事务中，在保存数据库中使用多个表的实体时，需要这样做。

现在是实现存储库的时候了。代码清单 5-3 显示了这个存储库的接口，它具有系统所需的最基本功能。

代码清单 5-3   IExchangeOrderRepository 接口

```
public interface IExchangeOrderRepository
{
    Task<int> InsertOrderAsync(ExchangeOrder exchangeOrder);
    Task InsertExchangeDealAsync(ExchangeDeal exchangeDeal);
    Task<ExchangeOrder> GetOrderAsync(int id);
}
```

当然，所有方法都是异步的。还要注意的是，虽然交易是订单的一部分，但保存它的方法是单独的。这样做是因为订单的交易将单独到达，这意味着它们可以与订单分开保存。

由于使用了 Dapper.Contrib 包，因此订单创建方法的实现非常简单。在纯 Dapper 包中，我们必须自己编写 Insert SQL 代码，而这里只需要使用 InsertAsync()函数就足够了。

代码清单 5-4 显示了 InsertOrderAsync()函数的实现。

代码清单 5-4　InsertOrderAsync()函数

```
public Task<int> InsertOrderAsync(ExchangeOrder exchangeOrder)
{
    return _dbConnector.PerformDbActionAsync(connection =>
    connection.InsertAsync(exchangeOrder));
}
```

接收订单的代码很有趣。其中需要对数据库执行两个查询。这些查询将接收订单并处理数据。参见代码清单 5-5。

代码清单 5-5　GetOrderAsync()函数

```
public Task<ExchangeOrder> GetOrderAsync(int id)
{
    string sqlOrders = "select * from \"ExchangeOrders\"
    where id = @id";
    string sqlDeals = "select * from \"ExchangeDeals\"
    where \"ExchangeOrderId\" = @id";

    return _dbConnector.PerformDbActionAsync(async
    connection =>
    {
        var multipleResult = await connection.QueryMultiple
        Async($"{sqlOrders};{sqlDeals}", new {id});
        ExchangeOrder exchangeOrder = await multipleResult.
        ReadFirstOrDefaultAsync<ExchangeOrder>();
        if (exchangeOrder == null)
            return null;

        IEnumerable<ExchangeDeal> deals = await
        multipleResult.ReadAsync<ExchangeDeal>();
        exchangeOrder.Deals = deals;
        return exchangeOrder;
    });
}
```

5.3.2　迁移

在使用 Dapper 时，另一个值得探讨的问题是迁移。可用于迁移的最常见库之一是 FluentMigrator。它很容易使用，而且提供了完整的说明文档。也许它最大的不便是需要自己编写迁移代码，但当我使用迷你 ORM 时，可以轻松理解自己需要做什么。

代码清单 5-6 显示了两个表的迁移示例。

代码清单 5-6　　迁移

```
[Migration(202312171002)]
public class Migration_202312171002: Migration
{
    public override void Up()
    {
        Create.Table("ExchangeOrders")
            .WithColumn("id").AsInt32().PrimaryKey().Identity()
            .WithColumn("ExchangeId").AsInt32().NotNullable()
            .WithColumn("InstrumentId").AsInt32().NotNullable()
            .WithColumn("Amount").AsDecimal(20, 10).NotNullable();

        Create.Table("ExchangeDeals")
            .WithColumn("ExchangeOrderId").AsInt32().NotNullable()
            .WithColumn("Amount").AsDecimal(20, 10).NotNullable()
            .WithColumn("Price").AsDecimal(20, 10).NotNullable();
    }

    public override void Down()
    {
        Delete.Table("ExchangeOrders");
        Delete.Table("ExchangeDeals");
    }
}
```

代码清单 5-6 演示了迁移类的实现，该类用于在数据库中创建表。在上述示例中，我创建了两个表，即 Table("ExchangeOrders") 和 Table("ExchangeDeals")，然后在其中创建了所需类型的列。

如果你掌握了上述内容，那么你已经满足了开始使用 Dapper 所需的最低要求。要想更深入地了解它，可以通过互联网找到更多有用的信息。

5.4　有限状态机

在第 4 章中，我们讨论了什么是有限状态机，并简要介绍了它的工作原理。本章将更深入地探讨它的实现。

有限状态机的实现有多种选择。在 GitHub 上，你可以找到许多基于各种技术构建的现成解决方案。本节将讨论其中比较简单的一个方案。

在开始之前，让我首先提醒你与有限状态机相关的一些要点。有限状态机是实体在过程中移动的一种方式。

以下是基本原则：

- 一个实体在任何给定时间只能处于一个状态。
- 这些状态的数量是有限的。

- 状态之间的转换有精确的规则。

5.4.1 工作原理

我们将实现的状态机的中心是 ProcessMap。整个应用程序只能有 ProcessMap，它包含流程图节点之间的实体转换规则。所有实体都沿着它从上到下移动。该系统还提供从当前节点"撕裂"实体的事件，实体会立即"掉落"到对事件做出反应的节点上。

相应地，有 5 种类型的节点。

- 操作（Act）节点。此节点将执行某些操作。例如，向用户发送一封邮件，或者计算一些内容并将结果写入数据库。
- 等待（Waiting）节点。此节点需要等待某个事件，该事件将从该节点"撕裂"实体。创建此类型的节点时，请务必指定超时。如果实体已在此节点上等待了指定时间，则它将移动到下一个节点。
- 终止（Terminal）节点。这意味着必须从进程队列中删除该实体并停止处理。
- 触发器（Trigger）节点。当节点设置中指定类型的事件到达时，实体将"掉落"到此类型节点上。
- 说明（Description）节点。在这种类型的节点中不会发生任何事情。但它们是从其他节点移动的参考点。

现在让我们用处理交易理论的示例说明其工作原理。我们将仅截取这个过程的一部分，因为我们的目标是解释其工作原理。

图 5-5 显示了交易理论处理过程的第二步。

此过程可以转移到状态机的流程图中，如表 5-1 所示。

对于这些节点的具体解释如下：

- 节点 1——设置状态为 Second step（第二步）。这是一个操作类型的节点，它将在数据库中的某个位置设置理论的状态。

  在此节点的参数中需要指定要设置的状态 ID。这将帮助我们编写代码，并设置一次状态。例如，在设置 Worthless（无价值）状态时即可使用此类型的操作节点。因此，在表 5-1 的"参数"列中可以看到状态 ID。
- 节点 2——创建子理论。在这一步骤中，将生成并启动某种类型的子理论。它是唯一的，不能以任何方式重用，因此参数为空。
- 节点 3——等待。我们的理论将做进一步的处理，参数中指定的期限为 1 天。如果在此期间"子理论已完成"事件没有发生，则实体将继续移动到节点 4。

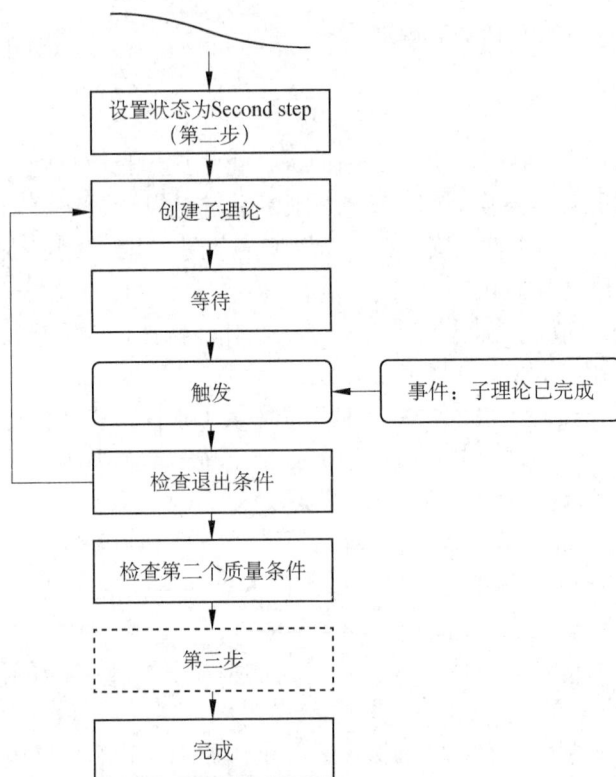

图 5-5　理论处理过程的第二步

表 5-1　节点列表

序号	节点名称	节点类型	参数
1	设置状态为 Second step	操作	状态 ID
2	创建子理论	操作	
3	等待	等待	1 天
4	停止并报告		
5	子理论已完成事件	触发器	事件 ID
6	检查退出条件	操作	节点 ID = 2
7	…		
8	完成	终止	

● 节点 4——停止并报告。显然,如果一个子理论没有在合理的时间内被处理完成,那么就需要对它做点什么。例如,留在这个节点上,定期在日志中写下出

现了问题，希望用户能注意到并以某种方式解决问题。

- 节点 5——子理论已完成事件。这是触发器类型的节点；如果"子理论已完成"事件到达，则理论将"掉落"到此节点上。当然，在此节点的参数中，必须指定此触发器将对其作出反应的事件 ID。
- 节点 6——检查退出条件。这是一个操作类型的节点，但并不简单。它指定了如果"检查退出条件"中的条件检查不成功，则理论将要移动到的节点的 ID。

    在本示例中，这就是我们实现循环的方式。如果"检查退出条件"失败，则理论返回到节点 2（创建子理论）；否则，它将移动到位于它下面的节点，即节点 7。

5.4.2 托管服务

在了解了有限状态机的工作原理之后，现在让我们使用.NET 实现这样一台机器。

首先，我们的应用程序必须是 ASP.NET 类型的，因为我们不能忘记服务将作为微服务运行，这意味着编排器必须定期检查应用程序是否持续正常工作。为此，Kubernetes 使用了活性探测技术，也就是说，Kubernetes 会定期向特殊端点执行 HTTP 请求，并等待成功的响应。

在有了一个 ASP.NET 应用程序之后，为了基于它运行后台任务，Microsoft 提供了一种托管服务机制。添加新服务非常简单，只需以下一行代码即可完成：

```
services.AddHostedService<ProcessBotHostedService>();
```

但这样做合理吗？我们是否应该将机器人处理过程（沿 ProcessMap 移动实体的任务）绑定到一个特定的应用程序？是的，这很合理。当你可以将其作为一个库并在许多应用程序中使用时即可添加这样的托管服务。毕竟，在机器人的过程中，什么类型的实体在过程中移动根本不重要。最重要的是它有一个唯一的标识符。

但是，如何解决 Act 节点将包含唯一的、与特定应用程序相关的逻辑的问题呢？接口将帮助我们做到这一点。过程机器人库将提供 IProcessingAct 接口，每个此类操作的实现都将位于使用该库的应用程序中。

当然，在初始化过程机器人时，我们还需要一个工厂，该工厂将根据其标识符创建需要的 Act 节点。

为了将过程机器人注册到应用程序中，可以为 IServiceCollection 创建一个扩展，如代码清单 5-7 所示。

代码清单 5-7 IServiceCollection

```
public static IServiceCollection AddProcessBot(
    this IServiceCollection services,
    Action<ProcessBotOptions> setupAction,
```

```
        Type actFactoryType,
        params Assembly[] actAssemblies)
        {
            services.AddOptions();
            services.Configure(setupAction);

            services.AddSingleton<ProcessBot>();
            services.AddSingleton(typeof(IProcessActFactory),
            actFactoryType);
            AddTasksImplementations(services, actAssemblies);
            services.AddHostedService<ProcessBotHostedService>();

            return services;
        }
```

代码清单 5-7 显示了我对 .NET 情有独钟的原因。首先，我们实现了扩展，并且简单而美观。注意函数的第一个参数 this IServiceCollection services，它将包含正在调用其函数的类的实例。有了该扩展之后，现在注册过程机器人非常容易。示例如下：

```
services.AddProcessBot();
```

有趣的是，在下一个参数 Action<ProcessBotOptions> setupAction 中，库的用户必须传递一个过程，该过程将构建选项类的实例，该实例将可用于 IServiceCollection 实例中使用的任何类构造函数中的连接。目前，只有数据库连接字符串将存储在选项中。

下一个参数 Type actFactoryType 将传递实现 IProcessActFactory 接口的类的类型。这样做的思路是，过程机器人不应该依赖于 Act 创建工厂的特定实现，只要有接口就足够了。

最后一个参数是 params Assembly[] actAssemblies，用户必须在其中传递包含 IProcessAct 接口所有实现的程序集。再说一次，在机器人处理过程中，并不需要这些操作的实际实现，只要知道它们包含我们需要的所有方法就足够了。

我们将把所有这些实现添加到服务集合中，以便于访问。目前你可能还不太明白，但看到后面你就会豁然开朗。

此外，还应该注意以下一行：

```
services.AddHostedService<ProcessBotHostedService>();
```

事实上，它将是过程机器人的确切启动器。根据 AddHostedService 函数的要求，ProcessBotHostedService 类必须是 IHostedService 接口的实现，该接口有两个方法：StartAsync 和 StopAsync。在 StartAsync 中将创建一个无限循环，定期启动实体处理程序。代码清单 5-8 显示了其实现方式。

代码清单 5-8　StartAsync()函数

```
public async Task StartAsync(CancellationToken cancellationToken)
{
    _logger.LogInformation("ProcessBot start");
```

```
    _stop = false;

    Stopwatch stopwatch = Stopwatch.StartNew();
    while (!_stop && !cancellationToken.IsCancellationRequested)
    {
        try
        {
            stopwatch.Restart();

            await _processBot.RunAsync(cancellationToken);

            stopwatch.Stop();

            var sleepTime = 1000 - (int)stopwatch.ElapsedMilliseconds;
            if (sleepTime > 0 && !_stop)
                await Task.Delay(sleepTime, cancellationToken);
        }
        catch (Exception e)
        {
            _logger.LogError(e, "unknown error");
            await Task.Delay(5000, cancellationToken);
        }
    }
    _logger.LogInformation("ProcessBot stop");
}
```

这段代码有一些值得注意的地方。

首先是停止 while 循环的条件（!_stop && ! cancellationToken.IsCancellationRequested）。当然，这里我使用了传递给函数的 cancellationToken，以及私有变量 _stop，在调用 StopAsync 方法时，将其设置为 false。

其次是使用了 stopwatch，这样机器人就不会太频繁地启动。想象一下，当队列中没有要处理的实体时，机器人可以在几十毫秒内工作，如果不设置延迟，那么它将在处理完成后立即启动。

最后，在 catch 部分也设置了延迟；这是必要的，这样机器人就不会在异常发生后立即开始工作。

当然，所有这些魔术数字（即写在代码中的具体数值）都可以包含在选项中，或者最好完全放弃无限循环，使用一些更有趣的外部机制。但我提醒你，这是最简单的实现之一，可以承受相对较重的负载。上述代码只是一个示例；当然，你也可以创建自己的实现或使用现有的实现之一。

至此，我们已经可以开始定期运行机器人。但是它能做什么呢？当然是可以处理队列。在第 4 章中，我们讨论了这种机制，甚至为它设计了数据库表。让我更新一下这些信息。我们讲过，为了支持处理队列，需要在数据库中创建两个表：ProcessingQueue 和 ActiveQueue，如图 5-6 所示。

Entity		ProcessingQueue		ActiveQueue
Id	→	EntityId	→	EntityId
		NodeId		Timestamp
		ProcessingTime		
		Timestamp		

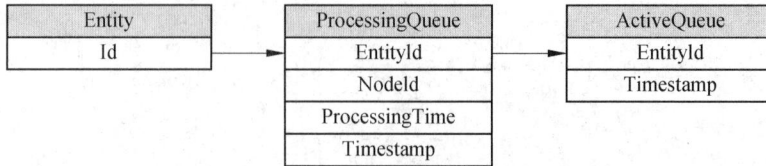

图 5-6　数据库表架构

ProcessingQueue 表将包含需要在过程中移动的所有实体。如果实体不在此表中，则不会对其进行处理。

值得一提的是，除了 EntityId 列之外，ProcessingQueue 表中还具有 NodeId 列。当机器人沿着流程图行走时，它会在这一列中记录它所处的状态，或者用状态机术语来说，就是实体当前所在的节点。

ProcessingTime 列对于 Waiting 类型的节点是必需的。当机器人搜索空闲实体时，它只会获取 ProcessingTime 小于当前日期的实体，而 Waiting 节点则会将此列中的日期值设置为当前日期加上节点参数中指定的秒数。

Timestamp 列主要负责提供信息。它显示上次修改实体字符串的时间。

ActiveQueue 表是必要的，这样两个应用程序 Pod 就不能同时在同一个实体上工作。在接收一个实体之前，机器人将锁定 ActiveQueue 表，然后选择一个未被占用的实体，将其标记为正在向 ActiveQueue 表写入，然后释放锁。

RunAsync()函数如代码清单 5-9 所示。

代码清单 5-9　RunAsync()函数

```
public async Task RunAsync(CancellationToken cancellationToken)
{
    List<ProcessingQueueElement> queueElements = await _
    processingQueueRepository.GetAndLockEntitiesAsync
    (_maxEntitiesCount);
    if (!queueElements.Any())
        return;

    IEnumerable<Node> nodes = await _nodeRepository.GetAllAsync();
    ProcessMap processMap = new ProcessMap(nodes);
    await HandleEntitiesAsync(processMap, queueElements);
    await _processingQueueRepository.UnlockEntitiesAsync
    (queueElements.ConvertAll(e => e.EntityId));
}
```

这段代码的有趣之处在于，机器人不是每次传递处理一个实体，而是同时处理若干个实体。这是因为在获取流程图时，获取和阻塞实体并不是一个无成本的过程。我希望流程图的每一步都是快速完成的轻量级操作，所以我认为在一个实体上花费这么多资源只为执行一个很小的步骤是没有意义的。

还要注意的是 GetAndLockEntitiesAsync()函数。是的，它违反了前文介绍的 SOLID 原则，因为关于哪些实体可以被纳入工作逻辑中已经从业务逻辑层转移到存储库层。怎样才能摆脱这种局面呢？你可以获取一个单独的数据库事务，调用 ActiveQueue 表锁定方法，从存储库中获取必要的数据，使用存储库方法写入必要的数据并提交事务。我理解这一点，但现在我不会这样做，因为这样的话我必须生成用于创建事务的类，并将 IProcessingQueueRepository 拆分为两个存储库：IProcessingQueueRepository 和 IActiveQueueRepository，所有这些都只不过是为了将代码放到同一个位置。我这样理解对吗？我不知道。但我们生活在现实世界中，如果你的代码最终是更清晰简洁的，那么就完全没必要生搬硬套并固守某种模式。毕竟，模式创建的终极目的正是为了更简单地理解代码。

接下来要注意的是 ProcessMap 类，它将负责是否沿着流程图进一步移动之类的功能。如果我们要开发的是一个富模型，那么 ProcessMap 肯定是一个实体，但现在它只是一个接近服务的类。我们甚至可以将其重命名为 ProcessMapService。

代码清单 5-10 显示了 HandleEntitiesAsync()函数的实现。

代码清单 5-10　HandleEntitiesAsync()函数

```
private async Task HandleEntitiesAsync(ProcessMap processMap,
List<ProcessingQueueElement> queueElements)
{
    await HandleEventsAsync(processMap, queueElements);
    await HandleProcessingQueueAsync(processMap, queueElements);
}
```

可以看到，机器人首先使用事件从节点"撕裂"实体，然后才处理节点。

代码清单 5-11 显示了 HandleEventsAsync()函数的实现。

代码清单 5-11　HandleEventsAsync()函数

```
private async Task HandleEventsAsync(ProcessMap processMap,
List<ProcessingQueueElement> queueElements)
{
    List<string> entitiesIds = queueElements.ConvertAll
    (e => e.EntityId);
    List<Event> unprocessedEvents =
        (await _eventRepository.GetUnprocessedAsync
        (entitiesIds))
        .ToList();
    foreach (ProcessingQueueElement queueElement in queueElements)
    {
        var entityEvents =
            unprocessedEvents
                .Where(e => e.EntityId == queueElement.EntityId)
                    .OrderBy(e => e.CreatedAt);
        foreach (Event entityEvent in entityEvents)
```

```
    {
        int? nextNodeId = processMap
            .GetNextNodeId(queueElement.NodeId, entityEvent.Type);
        if (!nextNodeId.HasValue)
            continue;

        await _eventRepository
            .MarkAsProcessedAsync(entityEvent.Id);
        await _processingQueueRepository
            .UpsertAsync(queueElement.EntityId, nextNodeId.Value);
    }
    }
}
```

注意，实体标识符是一个字符串值。为什么不是长整型数字？这很简单——我们的系统中有若干种实体类型，如生成器、子理论和理论。如果它们都有一个长整型 ID，那么如何才能知道 ID 1457 属于哪个实体呢？因此，ID 将是一个通用唯一标识符。

☀ 提示

通用唯一标识符（universally unique identifier，UUID）是一个标准标识符，其格式通常为 0453BF87-68D4-4568-8F0B-C642154F579C。这使得我们有理由相信，新生成的 UUID 不太可能与之前创建的任何 UUID 相同。

此代码还考虑了可能存在多个事件的情况。机器人将按照事件进入系统的顺序处理它们。

另一个重要之处是，机器人只处理那些触发器位于流程图上实体当前位置以下的事件。这是有意为之的，因为从逻辑上讲，当实体达到某种状态时，某些事件可能不再相关。

代码清单 5-12 显示了 HandleProcessingQueueAsync()函数的实现。

代码清单 5-12　HandleProcessingQueueAsync()函数

```
private async Task HandleProcessingQueueAsync(
    ProcessMap processMap,
    List<ProcessingQueueElement> queueElements)
{
    IEnumerable<ProcessEntityData> entitiesData =
        await _processEntityDataQueries
            .GetDataAsync(queueElements.ConvertAll
            (e => e.EntityId));
    List<ProcessEntityData> entitiesDataList = entitiesData.ToList();
    foreach (ProcessingQueueElement queueElement in queueElements)
    {
        try
        {
            int? nextNodeId = processMap.
            GetNextNodeId(queueElement.NodeId);
            if (nextNodeId == null)
                throw new Exception("next node is empty");
            var entityData = entitiesDataList.First(d => d.Id
```

```
                    == queueElement.EntityId);
                await MoveAsync(
                    processMap,
                    nextNodeId,
                    entityData,
                    queueElement);
            }
            catch (Exception e)
            {
                _logger.LogError(e, $"processing entity error.
                Entity id '${queueElement.EntityId}'");
            }
        }
}
```

这个函数有一些有趣的地方。首先，它引用的是实现 IProcessEntityDataQueries 接口的类。此类应由连接库的应用程序提供。其思路是，应用程序将创建一个从 ProcessEntityData 派生的类，该类包含有关实体的最少必要信息。

为什么需要这些？

因为在处理每个步骤时，最好不必重复接收数据，一个机器人过程（pass）中可能会有多个数据。想象一下，在每个节点上，你使用的都是相同的信息，这些信息并不会改变，例如，关于实体的一些常量数据。为了避免每次都从数据库中获取它，我添加了 ProcessEntityData。该类将包含有关实体的不可变且易于获取的信息。例如，对于子理论来说，这可能是理论标识符或其他一些内容。

在继续实现 MoveAsync()函数之前，我想介绍一下 Node 类的字段，因为它取决于节点参数和实体处理方式。

代码清单 5-13 显示了 Node 类。

代码清单 5-13 Node 类

```
public class Node
{
    public int Id;
    public int Code;
    public string Name;
    public bool IsParent;
    public int ParentId;
    public NodeType? Type;
    public bool Fast;
    public string Params;
    public int WaitingSeconds;
    public int ActId;
    public int EventTypeId;
    public bool Deleted;
}
```

这里有必要解释一下为什么需要这些字段。

- Id。每个节点都有自己的标识符，这是包含条件的节点所必需的，例如："如果质量条件已完成，则转到 Id 为 1783 的节点"。

- Code 字段。这是对流程图上的节点进行排序所必需的。机器人需要以某种方式理解以什么顺序处理流程图的步骤。

- Name。这只是一个用户界面字段。

- IsParent 和 ParentId。这些都是重要字段。应用程序可以处理不同类型的实体，每个实体都可以有自己的流程图，但如何将它们彼此分开呢？最简单的方法就是分组。输入这两个字段就是为了分组。

- Type。这是一个存储节点类型的字段。程序将通过它了解如何处理此节点。

- Fast。这可能是最有趣的节点字段之一。我添加此字段是为了指示机器人应在一次处理中执行多个步骤。如果某个节点此字段的值等于 true，则机器人将处理它，然后处理下一步，以此类推，直到下一个节点该字段的值为 false。

  当需要调节负载并快速处理低成本节点时，或者希望执行一系列步骤而不必冒着实体在处理过程中被触发器撕裂的风险时，都可以将节点设置为 Fast。

- Params。这是一个带有节点执行参数的字符串，将传递给实现特定操作的类。

- WaitingSeconds。这是 Waiting 类型节点的一个选项。它显示了实体必须在此节点上等待的秒数。

- ActId。这是将传递给 IProcessActFactory 以获取 IProcessAct 接口实现的值。

- EventTypeId。此参数将存储事件类型标识符。事件将存储在单独的表中，当然，每个事件都有自己的类型，因为事件是不同的。有了这个参数之后，机器人将准确地理解哪个触发器会破坏实体。

- Deleted。该字段是节点软删除（soft delete）功能所必需的。事实上，如果一个节点该字段的值为 true，则意味着流程图将看不到它。

接下来让我们继续讨论机器人的核心，即 MoveAsync()函数。

代码清单 5-14 显示了 MoveAsync()函数。

代码清单 5-14　MoveAsync()函数

```
private async Task MoveAsync(
    ProcessMap processMap,
    int? nodeId,
    ProcessEntityData entityData,
    ProcessingQueueElement queueElement)
{
    if (!nodeId.HasValue)
        return;

    Node node = processMap.GetNode(nodeId.Value);
```

```
    (bool move, int? nextNodeId) = node.Type switch
    {
        NodeType.Act=> await MakeActAsync(processMap, node,
        entityData),
        NodeType.Waiting => await MakeWaiting(processMap, node,
        entityData, queueElement),
        NodeType.Terminal => await
        MakeTerminalAsync(processMap, node, entityData),
        NodeType.Trigger => MakeNextStep(processMap, node),
        NodeType.Description => MakeNextStep(processMap, node),
        null when node.ItsParent =>
        MakeNextStep(processMap, node),
        _ => throw new Exception($"unknown node type {node.Type}")
    };
    if (nextNodeId.HasValue)
        await _processingQueueRepository.
        UpsertAsync(entityData.Id, nextNodeId.Value);

    move = move && node.Fast;
    if (move)
        await MoveAsync(processMap, nextNodeId, entityData,
        queueElement);
}
```

需要注意的第一件事是，MoveAsync()函数是递归性质的。也就是说，它会调用它自己。一般来说，当不清楚需要执行多少次迭代时，则会使用递归方式。我们事先不知道这一点，是因为不知道在处理实体时会遇到什么类型的节点，也不知道它们是否都属于 Fast 节点（字段值 fast–true）。

这段代码中另一个值得注意的是 move 变量。为什么不能仅根据 node.Fast 条件停止呢？为什么要搞得这么复杂呢？很简单，因为我们将有像"停止并报告"这样的节点，它必须执行一些操作，这意味着它将是一个 Act 类型的节点，但在操作执行后，机器人就不应该再移动了。

代码清单 5-15 显示了实现每种步骤的其他处理函数的代码。

代码清单 5-15　MakeActAsync()函数

```
private async Task<(bool move, int? nextNodeId)> MakeActAsync(
    ProcessMap processMap,
    Node node,
    ProcessEntityData entityData)
{
    try
    {
        IProcessAct? act = _processActFactory.
        GetAct(node.ActId);
        if (act == null)
            throw new Exception($"unknown act with id {node.
            ActId}");

        (bool move, int? nextNodeId) =
```

```
                await act.MakeAsync(node.Params, entityData);
            if (move && !nextNodeId.HasValue)
                return MakeNextStep(processMap, node);

            return (move, nextNodeId);
        }

        catch (Exception e)
        {
            _logger.LogError(
                e,
                $"unknown error processing error entityId
                {entityData.Id} nodeId {node.Id}");
            return (false, null);
            }
        }
private async Task<(bool move, int? nextNodeId)> MakeWaiting(
    ProcessMap processMap,
    Node node,
    ProcessEntityData entityData,
    ProcessingQueueElement queueElement)
{
    if (queueElement.NodeId == node.Id)
        return MakeNextStep(processMap, node);

    DateTime processingTime = DateTime.UtcNow
    .AddSeconds(node.WaitingSeconds);
        await _processingQueueRepository
        .UpsertAsync(entityData.Id, node.Id, processingTime);
    return (false, null);
}

private async Task<(bool move, int? nextNodeId)>
MakeTerminalAsync(
    ProcessMap processMap,
    Node node,
    ProcessEntityData entityData)
{
    await _processingQueueRepository.RemoveAsync(entityData.Id,
    node.Id);
    return (false, null);
}

private (bool move, int? nextNodeId) MakeNextStep(
    ProcessMap processMap,
    Node node)
{
    int? nextNodeId = processMap.GetNextNodeId(node.Id);
    return (true, nextNodeId);
}
```

这段代码唯一值得注意的是，IProcessAct 接口的 MakeAsync() 函数返回 (bool move,int? nextNodeId)。之前解释了为什么需要 move 变量，以及为什么需要 nextNodeId 值。它对于有条件的操作是必要的，当满足特定条件时，有必要将实体移动到流程图上完全不同的位置，而不是在操作后立即移动到节点。

代码清单 5-16 显示了 ProcessMap 类中实现的方法。

代码清单 5-16　GetNextNodeId()函数

```
public int? GetNextNodeId(int nodeId, int eventType)
{
    Node currentNode = GetNode(nodeId);
    Node? nextNode =
        _nodes
            .Where(n =>
                n.Deleted == false
                && n.ParentId == currentNode.ParentId
                && n.Type == NodeType.Trigger
                && n.EventTypeId == eventType
                && n.Code <= currentNode.Code)
            .MinBy(n => n.Code);

    return nextNode?.Id;
}

public int? GetNextNodeId(int nodeId)
{
    Node currentNode = GetNode(nodeId);
    Node? nextNode =
        _nodes
            .Where(n =>
                n.Deleted == false
                && n.ParentId == currentNode.ParentId
                && n.Code <= currentNode.Code)
            .MinBy(n => n.Code);

    return nextNode?.Id;
}
```

代码清单 5-16 显示节点将按代码排序。它还考虑到一个事件可以有多个触发器，在这种情况下，实体将"掉落"在离其当前位置最近的触发器节点上。

以上就是非常简洁易用的有限状态机系统。基于该示例，你也可以实现自己的系统或使用现有系统，但我希望你能清楚其运行的基本原理。

5.4.3　后台运行机制

本小节将讨论一种后台运行（backworker）机制，即一种按计划运行后台任务的机制。例如，在策略管理器服务的真实交易子系统中，就需要这样一种机制，其任务应用程序将定期检查金融工具的类型和工作策略列表，以指示策略服务启用或禁用工具-策略对。

此外，系统还很可能需要这种机制从交易所接收数据，因为并非所有交易所都为其所有功能实现了 Web 套接字接口。你可以使用其中一个已实现的库，也可以编写自己的库。这里，我将演示此机制的最简单实现之一。

　　它的工作原理与状态机的实现方式相似。每个应用程序 Pod 将运行一个无限循环，该循环将定期执行一个任务。与状态机一样，你也会遇到为应用程序设置多个 Pod 的问题，并且能够以相同的方式解决它。

　　数据库中的表如图 5-7 所示。

　　与状态机的示例一样，我们需要一个 ActiveTasks 表存储活动任务，这样其他 Pod 就不会采用它们进行工作。

　　我们还需要一个 TaskLogs 表存储任务处理的最近开始和停止日期的信息。该信息将用来确定是否到了运行任务的时间。

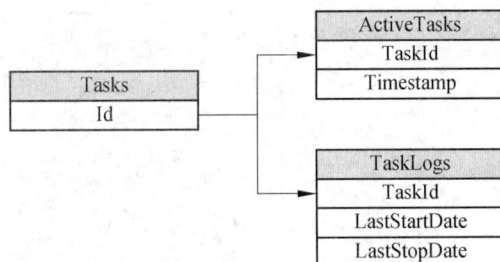

图 5-7　数据库表架构

　　首先，我们需要为 IServiceCollection 实现一个扩展，在其中可以添加所有必要的依赖项，包括托管服务。

　　代码清单 5-17 显示了 AddBackworker() 函数的实现。

代码清单 5-17　AddBackworker() 函数

```
public static IServiceCollection AddBackworker(
    this IServiceCollection services,
    Action<BackworkerOptions> setupAction,
    Type actFactoryType,
    params Assembly[] assemblies)
{
    services.AddOptions();
    services.Configure(setupAction);

    services.AddSingleton<BackworkerManager>();
    services.AddSingleton(typeof(IBackworkerTaskFactory),
    actFactoryType);
    AddTasksImplementations(services, assemblies);
    services.AddHostedService<BackworkerHostedService>();

    return services;
}
```

　　代码清单 5-17 显示了 Backworker 机制的 AddDependency 功能的实现。你可能已经注意到，这段代码与代码清单 5-7 中实现的代码非常相似，我们在该代码清单中连接了 ProcessBot 的依赖关系。太棒了！一致的代码风格非常重要。我喜欢.NET 的原因之一就是在其上开发的程序具有这种高质量的一致性和单一代码风格。

　　BackworkerHostedService 类的实现类似于 ProcessBotHostedService 类，所以你无须为此烦恼。让我们直接进入 BackworkerManager。代码清单 5-18 显示了 RunAsync() 函数的实现，该函数由 ProcessBotHostedService 定期运行。

代码清单 5-18 RunAsync()函数

```
public async Task RunAsync(CancellationToken cancellationToken)
{
    BackworkerTask? backworkerTask =
        await _backworkerTaskRepository.
        GetAndLockStartBackworkerTaskAsync();

    if (backworkerTask == null)
        return;

    try
    {
        await _backworkerTaskLogRepository
            .UpsertStartAsync(backworkerTask.Id);
        IBackworkerTaskAct? task =
            _backworkerTaskFactory.
            GetTask(backworkerTask.Type);
        await task.RunAsync(backworkerTask.MagicString,
        cancellationToken);

        await _backworkerTaskLogRepository
            .UpsertStopAsync(backworkerTask.Id);
    }

    catch (Exception e)
    {
        _logger.LogError(e,
            $"Unknown error run backworker task
            {backworkerTask}");
    }

    await _backworkerTaskRepository
        .UnlockBackworkerTask(backworkerTask.Id);
}
```

与 ProcessBot 的情况一样，此函数需调用存储库函数 GetAndLockStartBackworker TaskAsync()，其中包含选择应运行的任务的逻辑。注意，TaskLog 表需要写入两次，分别在任务开始之前和之后。

代码清单 5-19 显示了 BackworkerTask 类的实现。

代码清单 5-19 Backworker 任务类

```
public class BackworkerTask
{
    public int Id;
    public string Name;
    public int Type;
    public bool Active;
    public string MagicString;

    public int RepeatPeriodMs;
    public int RestartDelayMs;
```

```
        public int CrashRestartDelayMs;

        public bool NeedsToStart(
            DateTime now,
            DateTime? lastStart,
            DateTime? lastStop,
            DateTime? lockTime)
        {
            return Active
                && TimeToStart(
                    now,
                    lastStart ?? DateTime.MinValue,
                    lastStop ?? DateTime.MinValue,
                    lockTime);
        }

        private bool TimeToStart(
            DateTime now,
            DateTime lastStart,
            DateTime lastStop,
            DateTime? lockTime)
        {
            bool scheduleStartTime =
                (now - lastStart).TotalMilliseconds >=
                RepeatPeriodMs
                && (now - lastStop).TotalMilliseconds >=
                RestartDelayMs;

            bool restartCrash =
                lockTime.HasValue
                && (now - lockTime.Value).TotalMilliseconds >=
                CrashRestartDelayMs;

            return scheduleStartTime || restartCrash;
        }
}
```

　　上述大多数字段的含义从它们的名称中即可清楚地看出，但在这里仍然有必要解释一下，以免产生误解。

- Id。这是任务标识符，是表中仅有的唯一字段。
- Name。该字段没有逻辑负载，但对用户来说是必需的。
- Type。有了该字段之后，实现 **IBackworkerTaskFactory** 接口的类即可创建实现 **IBackworkerTaskAct** 逻辑的类。Tasks 表可以包含多个具有相同类型和不同启动参数的任务。这对于相同类型的处理程序是必要的。
- Active。此标志负责启用/禁用任务。本质上，这是一种软删除。
- MagicString。这是一个用于启动处理程序的参数，可以包含任何内容，包括带有复杂参数对象的 JSON。
- RepeatPeriodMs。该参数以毫秒为单位显示任务运行的频率。

- RestartDelayMs。想象一下，在 RepeatPeriodMs = 10 的情况下，你的任务在 20 秒内完成，那么此时它会立即重新开始，还是应该等待一段时间呢？此参数的引入正是为了使某些任务在执行后不会立即启动，而是在经过一段时间后启动。

- CrashRestartDelayMs。当 Pod 启动一个任务时，它会在 ActiveTasks 表中创建一个条目，并在其中记录它开始处理此任务的时间。在此之后，Pod 可能不再存在，但 ActiveTasks 中的条目将保留。这意味着需要有另一个 Pod 接管这项任务，但其他 Pod 如何知道这是需要继续完成的任务呢？毕竟，ActiveTasks 有一个记录，表明此任务已经在运行。正是为了解决这个问题，CrashRestartDelayMs 被引入。如果自 ActiveTasks 中标记的阻塞时间以来已过去超过 CrashRestartDelayMs 毫秒，则另一个 Pod 可以接管此任务。

5.5　小　　结

本章重点讨论了在开发交易系统应用程序时使用的主要方法（使用命令而不是服务），还强调了这种方法的主要优势。

本章还演示了有限状态机和后台工作机制的简单实现，以及在服务中如何使用它们。

在学习完本章之后，相信你已经积累了足够的信息开始实现应用程序服务。

第6章 优化算法

我们将要构建的系统的关键模块之一是优化算法模块，它的功能是在策略搜索子系统中搜索和优化策略。

对于寻找盈利策略这一任务来说，它具有若干个特点，如非线性、多极值、完全没有解析表达式、搜索空间的高维以及优化函数的高计算复杂度。所有这些特点都解释了为什么没有通用的算法解决此优化问题并找到百战百胜的盈利策略。这意味着优化模块必须实现许多不同的优化算法。

为了解决全局优化问题，目前已经开发了多种分类的优化算法，其中之一是种群算法（population algorithm）。

在种群算法中，为了解决优化问题，会对多个选项同时进行工作，这与经典算法不同，在经典算法中，只有一个候选者会进化。

种群算法具有许多优点，使其非常适合解决我们的问题。

- 它们已经证明在解决高维、多模态和低形式化问题方面非常出色。
- 它们不是具有严格定义的步骤顺序的算法。相反，它们有一套标准操作和规则，可以使用它们创建自己的优化算法变体。
- 它们在寻找次优（即接近最优）解决方案方面最为有效。要找到一个盈利策略，一个次优的解决方案往往就足够了。

本章将介绍最基本的理论，使你能够深入探索种群算法的世界并实现优化模块。

6.1 问题的形式

在优化理论中，有两种类型的优化问题：确定性问题和随机性问题。

对于确定性问题来说，目标函数是确定性的。也就是说，它不包含随机参数，而随机函数则包含随机参数。

我们的目标函数需要基于一段历史数据计算策略的性能，因此它是确定性的。

确定性优化问题的一般公式如下：

$$\max_{|X|} f(X) = f(X^*) = f^*$$

其中，

- $|X|$：可变参数向量的维数。
- $X=(x_1, x_2, \cdots, x_{|x|})$：需要优化的变量集合。
- $f(X)$：目标函数或最优标准。
- X^*：需要的最优解。
- f^*：期望的最优值。

确定性（Determinism）由 D 表示，$D=G(X)$：这是可容许向量值 X 的集合，其中 $G(X)$是限制向量的函数，由分量 $g_1(X), g_2(X), \cdots, g_{|G|}(X)$ 组成。

确定性的任务意味着目标函数 $f(X)$和限制函数 $G(X)$ 不包含随机参数。

如果$|X|>1$，则该问题称为多参数（multiparameter）问题。

目标函数可能有达到其最大值或最小值的点，这些点被称为极值（extrema）。如果目标函数有多个这样的点，那么这个函数就被称为多极值（multi-extremal）函数。

检验（test）是指一次计算目标和限制函数的操作。对于我们要构建的系统来说，计算目标函数是一项成本很高的操作，需要大量的计算资源，因此优化算法的主要需求是在最少的检验中找到目标函数的最优值。

6.2　种群算法

现在你应该已经对找到最优解的问题有所了解，接下来让我们看看如何使用种群算法来解决它。

种群算法的主要思想是同时处理多个解。在种群算法中，一个解的选项称为代理（agent）。在迭代步骤中生成的代理集称为种群（population）。

使用种群算法解决优化问题的一般方案包括以下步骤：

（1）种群初始化。使用某种算法，生成优化问题解的第一个近似值。也就是说，将生成第一组代理。

（2）迁移。根据特定的场景或操作集，代理以最终接近所需极值的方式进行迁移。也就是说，将创建下一代的代理。

（3）检查搜索终止条件。检查迭代结束的条件。如果不满足这些条件，则返回步骤（2）。

初始化种群时，可以使用确定性和随机性算法。如果初始种群在全局极值附近（即整个定义域中函数的最大值或最小值附近）形成，那么这将大大加快对最优解的搜索。但在一般情况下，我们并没有关于全局极值位置的先验信息，因此第一个种群的代理通常均匀分布在整个搜索区域。

有两种常见的搜索终止条件。第一个是迭代次数，即在创建给定数量的世代之后搜索即停止。第二种是根据停滞状态，也就是说，当目标函数达到的最佳值在给定的世代内不变时，即停止搜索。

很明显，种群算法具有高度模块化的结构。这意味着，通过改变操作和迁移算法，可以获得大量独特的优化算法。

在大多数情况下，种群代理具有以下属性：

- 自主性。代理可在搜索空间中有条件地彼此独立移动。
- 随机性。迁移或生成新代理的过程包含一个随机参数。
- 代表性有限。所有代理只掌握它们正在调查的部分搜索区域的信息。在某些算法中，代理可相互"共享"信息，但在大多数算法中并非如此。
- 去中心化（decentralization）。代理之间没有分层结构。
- 通信能力。代理可以在不同程度上相互交换信息。

设计种群算法的问题之一是保持搜索强度（search intensity）和搜索广度（search breadth）之间的平衡。搜索强度是指收敛速度，或算法找到解的速度；而搜索广度的问题则被理解为多样化，即确保有足够多的代理增加找到全局极值的可能性。

如果要加强搜索强度，使算法能够快速收敛，则需要减少代理的多样性。

相反，如果要强调搜索广度，更广泛地探索所研究的空间，则需要使用大量的代理。

在搜索的强度和广度之间保持平衡的一种流行方法是所谓的适应（adaptation）和自适应（self-adaptation）机制。当应用这些机制时，算法的自由参数将逐渐变化，从而逐渐从多样化转向搜索强度。

由于种群算法是随机的，它们的效率在很大程度上取决于随机变量的值，这意味着即使在保持相同自由参数值的情况下，它们也可以获得不同的结果。因此，可通过多次运行评估算法的有效性。当使用相同的算法解决相同的问题时，这种方法称为多起点方法（multistart method）。

6.3　遗传算法

遗传算法（genetic algorithm）是一种流行的算法，属于种群算法分类。在寻找最佳策略时可以使用该算法。

遗传算法在 *Adaptation in Natural and Artificial Systems*（作者：J.Holland，1975 版本）一书出版后为世界所知。这一算法的主要思想基础是达尔文的"优胜劣汰、物竞天择"理论。

达尔文认为，地球动植物的进化发展基于以下原则：

- 遗传。亲代的一些特征会遗传给后代。
- 可变性。很难找到两个完全相同的人。

- 　自然选择。只有最适者才能生存。

众所周知，决定遗传过程的物质是脱氧核糖核酸（DNA）。遗传的分子生物学过程构成了遗传算法的基础。

含有 DNA 的结构称为染色体（chromosome）。基因（gene）是染色体上编码先天人格特质（眼睛颜色、肤色和身高等）的特定部分。基因座（locus）是指基因在染色体上的位置。等位基因（allele）是每个基因的功能意义。基因型（genotype）是特定个体的所有基因。这组人格特征被称为表型（phenotype）。

如果和我们将要构建的交易系统进行类比，那么染色体就是一组策略参数值。基因是其中一个参数的值——例如平均方向指数（average directional index，ADX）指标的 LookbackPeriod 参数的值。

在生物的有性生殖过程中，两个性细胞发生融合，父母的 DNA 相互作用，结果是后代的 DNA。这个过程称为交叉（crossing）。

由于许多因素，父母生殖细胞 DNA 中的基因可能会发生变化，这个过程被称为突变（mutation）。突变的基因会传递给后代，并赋予其父母双方都没有的特性。如果独特的属性被证明是有用的，那么它们很可能会保留在种群中。

典型遗传算法的原理如下：

（1）根据一些算法，创建一组个体（代理）。

（2）使用目标函数对个体进行评估。这意味着对每个个体都计算目标函数。

（3）筛选阶段。也就是说，基于个体的适应度（即目标函数的值）选择个体进行交叉。

（4）对选定的个体应用突变算子和交叉算子，这样就得到了新一代的个体。

（5）检查算法停止条件。如果不满足条件，则返回步骤（2）。

遗传算法的本质是，平均而言，每一个新世代都比上一代的适应性更强。

6.3.1　突变算子

突变算子（mutation operator）的本质是用 x_i' 基因取代 x_i 基因。也就是说，在一般情况下，任何变异算子都由两个阶段组成。

（1）选择要替换的基因。

（2）替换这些基因。

让我们仔细研究几个算子。

1. 随机算子

方法是给基因 x_i 分配一个随机数字，该随机数的区间是 $[x_i^-; x_i^+]$。

随机变异算子的算法如下：

（1）生成值在 1 到 $|X|$ 区间内的 η 随机整数非匹配数。这些数字等于将发生突变的基因数量。η 是负责要突变的基因数量的算子的自由参数。

（2）在 $[x_i^-; x_i^+]$ 区间内生成一个随机数，并将该值等同于后代编号为 i 的基因。

（3）使用相同的方案，对选择突变的剩余基因进行突变。

（4）后代从原始个体中提取剩余的基因，不做任何改变。

这个算子最简单的实现可视为边界突变算子的实现，其中基因 x_i 以相等的概率被赋予 x_i^- 值或 x_i^+ 值，见图 6-1。

图 6-1　可接受的突变基因值区间：示例 1

2. 算术实数蠕变算子

该算子的算法与随机算子算法完全相同。但步骤（2）中的公式采用以下形式：

$$x_i' = x_i + \xi(2\psi - 1)$$

其中，

- ξ：这是另一个自由参数。
- ψ：这是一个从 0 到 1 的随机数。

因此，值 x_i' 将取区间 $[x_i - \xi; x_i + \xi]$ 中的值。见图 6-2。

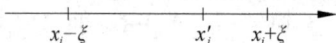

图 6-2　可接受的突变基因值区间：示例 2

3. 高斯算子

根据该算子的算法，新值 x_i' 必须偏离亲代值 x_i 一个由高斯函数计算的量。

$$x_i' = x_i + \Phi(\mu, \sigma)$$

其中，

- μ：这是一个自由算子参数，它是数学期望值或平均值。通常等于 0。
- σ：这是一个自由算子参数。

标准偏差决定了函数的最终值与数学期望值的差异程度。见图 6-3。

6.3.2　交叉算子

这些算子的目的是从双亲个体中获得一个或多个

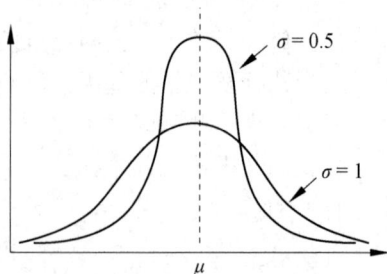

图 6-3　为基因赋值 μ 的概率图

后代个体。或者，以公式形式描述就是，它将根据双亲染色体 X_1 和 X_2 创建子染色体 X'_1，X'_2，…，X'_n。

让我们来仔细研究一下此类算子。

1. 平面交叉

在该算子中，子代的基因 x'_i 是一个随机数，位于 $x_i^{\min}$ 到 $x_i^{\max}$ 区间，其中 $x_i^{\min}$ 是亲本基因的最小值，而 $x_i^{\max}$ 则是亲本基因中的最大值。见图 6-4。

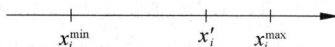

图 6-4　可接受值范围

2. 混合交叉

在该算子中，子代的基因 x'_i 也是一个随机数，不过它所在的区间是 $x_i^{\min}-\lambda\sigma$ 到 $x_i^{\max}+\lambda\sigma$。

$$\sigma_i = x_i^{\max} - x_i^{\min}$$

其中，

λ 是一个自由算子参数。显然，该参数的值越大，后代的基因与父母的基因就越不相同。你可以构建算法，使每个基因的该参数的值都不同。见图 6-5。

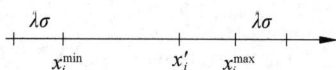

图 6-5　可接受值范围

3. 算术交叉

在该算子中，后代的染色体将根据以下公式创建：

$$x'_{1,k} = \lambda x_{1,k} + (1-\lambda)x_{2,j}$$
$$x'_{2,k} = \lambda x_{2,k} + (1-\lambda)x_{1,j}$$

其中，

λ：这是一个从 0 到 1 的随机数。

4. 启发式交叉

在该算子中，使用以下公式计算后代的基因 x'_i：

$$x'_i = \lambda(x_{1,i} - x_{2,i}) + \lambda x_{1,i}$$

其中，

λ：这是一个从 0 到 1 的随机数。

在该公式中，假设第一个个体比第二个个体的适应性更强。

5. 线性交叉

在该算子中，将根据以下公式创建三个子体：

$$x'_{1,i} = 0.5x_{1,i} + 0.5x_{2,i}$$
$$x'_{2,i} = 1.5x_{1,i} - 0.5x_{2,i}$$
$$x'_{3,i} = -0.5x_{1,i} + 1.5x_{2,i}$$

见图 6-6。

6. 模糊交叉

使用该算子时，最终会有两个子代。女性（雌性）个体基因 x'_i 的概率用三角概率密度函数 $F(x'_i)$ 描述。所以对于 x^1_i，三角形的左角将位于 $x^1_i - \lambda\sigma$，右角位于 $x^1_i + \lambda\sigma$。

λ 是该算子的参数；最常用的值是 0.5。见图 6-7。

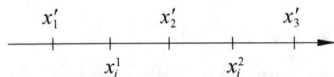

图 6-6　可接受值范围

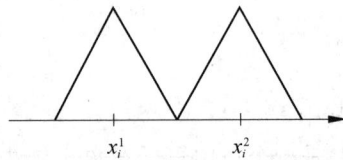

图 6-7　基因赋值概率图

7. 模拟二元交叉

在模拟二元交叉（simulated binary crossover，SBX）算子中，将创建两个子体；基因 i 的值通过以下公式计算：

$$x'_{1,i} = 0.5((1-u)x_{1,i} + (1+u)x_{2,i})$$
$$x'_{2,i} = 0.5((1-u)x_{2,i} + (1+u)x_{1,i})$$

其中，

u 是一个数字，其概率密度是使用以下公式计算的：

$$\beta(u) = \begin{cases} (2u)^{\frac{1}{n+1}}, & u(0,1) \geqslant 0,5 \\ \left(\dfrac{1}{2(1-u)}\right)^{\frac{1}{n+1}}, & u(0,1) < 0,5 \end{cases}$$

n 是算子的自由参数，取值范围为 2 到 5。数字 n 的增加意味着子基因的值将在父基因的值附近产生的概率增加。见图 6-8。

6.3.3　筛选算子

这组算子可通过添加最合适的个体帮助形成新的种群。

1. 轮盘赌方法

轮盘赌方法（roulette method）基于以轮盘赌的形式表示种群，其中每个个体都有自己的扇区，扇区的大小与其目标函数的值成正比。见图 6-9。

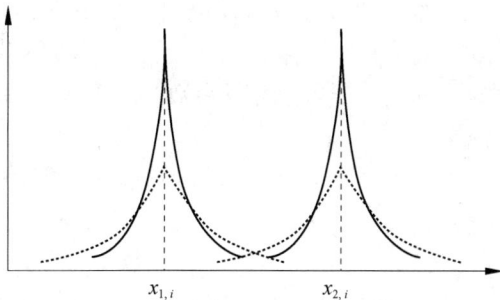

图 6-8   基因赋值概率图

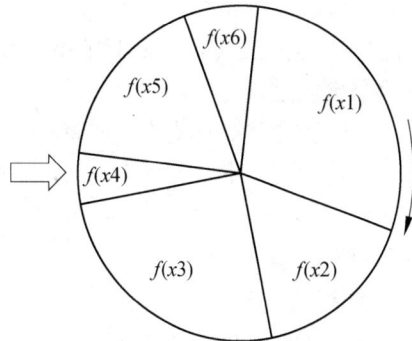

图 6-9   概率轮盘赌

使用轮盘赌方法的筛选算法如下：

（1）对于每个单独的个体 s_i，使用以下公式计算其选择的概率：

$$p_i = \frac{f_i}{\sum_{i=1}^{|S|} f_i}$$

（2）将 0 到 1 的区间除以 $|S|$ 子区间，以便与上一步计算的值成比例。

（3）现在旋转轮盘，生成一个从 0 到 1 之间的随机数，具体取决于该数字所属的扇区，并选择该个体。

（4）重复步骤（3），直到选择所需数量的个体。

从上面的公式中可以清楚地看出，为个体分配的子区间越高，或者换句话说，目标函数的值越高，则它被选中的概率就越高。

这种方法的缺点是适应度低的个体会很快被排除在种群之外，这将导致算法过早停滞。

该方法的另一个缺点是，具有高适应度的个体并非总是被选中。因此，新种群可能会失去有希望的搜索方向。

2. 比例抽样法

比例抽样（proportional sampling）法被认为是轮盘赌方法的进一步发展。它基于以下公式构建：

$$\mu = \frac{f(s_i)}{f(S)}$$

其中，

- $f(S)$是 S 世代个体适应度的平均值。
- μ 的整数部分表示个体需要在中间种群中记录多少次，而分数部分则表示其再次到达的概率。

3. 随机通用方法

随机通用方法（stochastic universal method）是按比例筛选方法的另一种变体，但选择分两个阶段进行。

（1）n 个适应度最高的个体将被纳入新种群。n 是一个自由算子参数。

（2）使用轮盘赌方法选择剩余的所需个体数。

这种方法的结果是，具有高适应度的个体可以多次进入新的种群，这意味着它们更有可能与多个个体杂交。

4. 锦标赛方法

锦标赛方法（tournament method）指的是基于种群形成 n 个个体的组。在每一组中，选择一个适应度最强的个体，并将其纳入中间种群。

n 是一个称为锦标赛大小（tournament size）的自由算子参数。显然，如果它等于 1，那么锦标赛筛选方法将退化为随机筛选方法。一般来说，该参数的值为 2 或 3。

锦标赛筛选算法原理如下：

（1）无论以何种方式，需要将种群分组，每组 n 个个体。

（2）在每一组中，对于每个个体，均计算其适应度，并选择最适应的个体，将其纳入中间种群。

（3）根据需要多次重复步骤（1）和（2）。最终的中间种群将是这种方法的结果。

5. 基于排名的方法

基于排名的方法（rank-based method）类似于轮盘赌方法，只不过这种方法使用的选择概率将取决于排名，而不是个体的目标函数值。

排名等于种群中个体列表内的个体数量，按目标函数的值递增排序。

排名筛选算法的原理如下：

（1）计算种群中所有个体的目标函数。

（2）按照目标函数的升序对个体进行排序。

（3）对该列表进行编号，并为每个个体分配该编号，这称为排名（rank）。

（4）将排名与选择概率函数的值进行匹配。该函数可以是一个简单的线性函数，其形式如下：

$$\mu(r) = ar + b, a < 0$$

其中，

r 是排名，a 和 b 都是自由算子参数。

（5）使用轮盘赌方法和上一步获得的概率，选择所需数量的个体。

基于排名的筛选方法的主要优点是消除了遗传算法的早期停滞，因为该方法有助于保持种群的多样性。

6. 精英保留方法

精英保留方法（elitism-based method）基于以下两个步骤：

（1）保证选出所需数量的最佳个体。

（2）使用上述任何筛选方法选择缺失的副本数量。

该算法也可以有自己的变体，例如步骤（2）不从剩余的个体中进行选择，而是基于初始种群的初始化算法之一生成新的个体。

例如，中间种群可能包括 10% 的最佳个体，其余 90% 则是使用轮盘赌方法选择的。

这种方法的主要优点是它直接保护了适应能力最强的优秀个体。

7. 裁剪法

裁剪法（clipping method）是一种基于精英保留方法的筛选方法。它为目标函数 φ 的值设置了阈值。该方法将按照目标函数值的降序对个体进行排序，然后随机选择一个适应度大于阈值 φ 的个体。重复操作所需的次数。

当然，这种方法也可以有自己的变体，例如个体可以不通过随机方法选择，而是通过轮盘赌之类的方法选择。

这种方法的主要缺点是，具有最高适应度的个体很可能不会进入中间种群。

8. 拥挤方法

拥挤方法（crowding method）的基本思想是从种群中移除相近的个体。为此可使用确定个体接近度的函数值。例如，可以使用欧几里得范数。

$$\psi(s_1, s_2) = \sqrt{\sum_i (x_{1,i} - x_{2,i})^2}$$

该方法的算法原理如下：

（1）对于某个种群，可以使用接近度 $\psi(s_1, s_2)$ 的值形成该种群中个体之间的距离矩阵。

（2）在该矩阵中选择一个接近度最小的单元格，并以相等的概率从新的种群中排除个体 s_1 或 s_2。

（3）重复步骤（2），直到种群中仅余下所需数量的个体。

这种方法也可以修改。例如，可以使用锦标赛选择，其中的组不是随机组成的，而是基于邻近度的值。

分两个阶段形成种群的方法如下所示：

$$S(t) \rightarrow S'(t) \rightarrow S(t+1)$$

也可以考虑分三个阶段形成种群的可能性，如下所示：

$$S(t) \rightarrow S'(t) \rightarrow S''(t) \rightarrow S(t+1)$$

$S''(t)$是一个辅助种群，可以使用一些突变算子创建。此外，两次使用不同的筛选方法也可能是有意义的。

6.3.4　选择算子

这些算子的目的是从种群中选择要交叉的个体对。选择算子的基本原理是，选择最合适个体的概率随着种群数量的增加而增加。

绝大多数的选择算子都是基于对个体适应度的评估。图 6-10 显示了选择概率依赖于个体适应度值的示例。

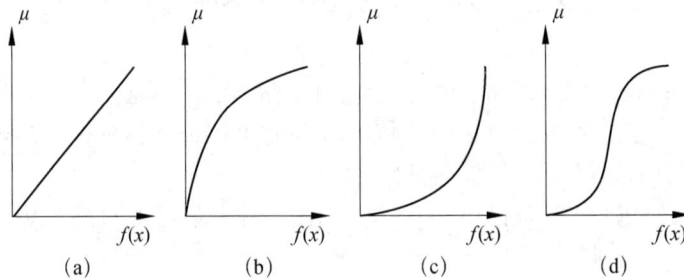

图 6-10　选择概率依赖于个体适应度值的示例

图 6-10（a）中的抽样函数对应于比例抽样。

在使用图 6-10（b）中函数的情况下，适应度分数只有平均水平的个体被选择的机会和适应度分数很高的个体被选择的机会是相等的。这种类型的选择算子减缓了算法的收敛速度，或种群平均适应度的提升速度，有利于更全面地探索搜索空间。也就是说，强度和广度之间的平衡向广度转移。

图 6-10（c）显示了相反的情况：与高适应度的个体相比，具有平均适应度的个体被选择的概率显著降低，这增加了算法的收敛性，但降低了种群的多样性。

如图 6-10（d）所示函数的性质允许将前两个算子的优点结合起来。

在大多数情况下，交叉都将使用两个个体。要选择它们，可以使用筛选算子，给定的目标个体数等于 2。但也有几个特定的选择算子。

1. 泛交配方法

泛交配方法（panmixia method）的本质是随机、同等可能地选择亲本个体。其核心特点是种群中所有个体具有均等的交配机会，一个个体可能会和其他个体组成多对亲本（一夫多妻或一妻多夫）。

该方法实现简单，效果显著。它的一个众所周知的缺点是随着种群规模的增加而退化。也就是说，随着种群规模增加，该方法和算法的整体有效性降低。

该方法的算法原理如下：

（1）为种群中的每个个体分配一个概率：

$$\mu = \frac{1}{|S|}$$

（2）使用轮盘赌方法，为亲本对选择第一个个体。

（3）以同样的方式选择第二个个体。如果第二个个体与第一个个体相同，则重试。

2. 选择性选择方法

选择性选择方法（selective selection method）基于以下两个条件。

- 只有适应度高于或等于种群中平均适应度的个体才能成为亲本。
- 满足第一个条件的所有个体都可以按相等的概率形成配对。

该方法的算法原理如下：

（1）对于种群中的每个个体，计算目标函数的值。

（2）计算种群的平均适应度值：f。

（3）从种群中选择适应度不低于步骤（2）计算的平均值的个体。

（4）为每个个体分配一个概率：

$$\mu = \frac{1}{|S|}$$

（5）使用轮盘赌方法选择一对亲本个体。

由于可以参与交叉的个体的限制，该方法具有很高的收敛性，因此这可能会导致算法在局部最小区域中提前终止。

3. 近亲繁殖

近亲繁殖（inbreed）选择方法基于两个阶段。在第一阶段，随机选择第一个亲本。在第二阶段，根据与第一个个体的接近度测量值，基于概率进行亲本对的选择。个体越接近，就越有可能被选为该亲本对中的第二个亲本。欧几里得范数可以用作接近度的度量。

$$\psi(s_1, s_2) = \sqrt{\sum_i (x_{1,i} - x_{2,i})^2}$$

该方法的算法原理如下：

（1）使用泛交配方法从种群中选择第一个亲本个体。

（2）对于所有剩余的个体，计算与第一个亲本的接近度。

（3）为每个个体分配一个与接近度成比例的概率值：

$$\mu = \frac{\psi(s_i)}{\psi}$$

（4）使用轮盘赌方法，根据步骤（3）计算的概率函数值选择第二个亲本个体。

这种方法可以通过将种群快速划分为彼此接近的单独个体组以提供高搜索强度。

4. 远系繁殖

远系繁殖（outbreed）选择方法基于以下两个阶段。

（1）使用泛交配方法选择第一个亲本。

（2）基于概率（该概率取决于与第一个个体的接近度测量值）选择亲本对。个体离得越远，就越有可能被选为该亲本对中的第二个亲本。

远系繁殖方法实际上与近亲繁殖法的方案一致，不同之处在于，它将为每个个体分配一个与接近度值成反比的概率值。

$$\mu = \frac{1/\psi(s_i)}{\sum_{j=1}^{|S|} 1/\psi_j}$$

与近亲繁殖方法相反，远系繁殖方法阻止了算法的早期收敛，有利于种群多样性，从而实现了搜索的高度多样化。

可以通过使用其他筛选算子（如选择性选择方法）选择第一个个体，从而修改近亲繁殖和远系繁殖方法。你还可以尝试使用不同的公式测量接近度，这也会影响算法的操作。很明显，你可以基于多种选择性选择方法的组合构建自己的遗传算法变体。

6.3.5　限制

前面讨论的许多突变和交叉算子都使用随机变量创建新的个体。这导致新个体的染色体可能会超出允许的 D 值。

你应该还记得，在设置优化问题时使用了公式 D。

$D=\{X \mid G(X) \geqslant 0\}$ 是向量 X 的可容许值集，其中 $G(X)$ 是限制向量的函数，由分量 $g_1(X)$，$g_2(X)$，$\cdots$，$g_{|G|}(X)$ 组成。

有若干种方法可以求解该问题。

- 使用仅生成有效个体的算子。
- 使用算法将条件优化问题简化为无约束优化问题。
- 使用为进化算法开发的特殊方法。

将条件优化问题简化为无约束优化的算法包括以下内容：

- 惩罚方法（penalty method）。

- 　滑动公差法（sliding tolerance method）。

特殊方法包括：

- 　死亡惩罚（death penalty）。
- 　静态惩罚（static penalty）。
- 　动态处罚（dynamic penalty）。
- 　分离遗传算法（segregated genetic algorithm）。
- 　简化方法（reduction method）。
- 　行为记忆方法（behavioral memory method）。

1. 滑动公差法

该方法的本质是以一定的准确率满足 $G(X) \geqslant 0$ 的条件。如果 $0 < \kappa(X) < \upsilon$，则认为值 X 有效；如果 $\kappa(X) > \upsilon$，则值 X 视为无效。

- 　$\upsilon = \upsilon(t)$：这是取决于迭代次数的滑动公差标准。
- 　$\kappa(X)$：这是在所有限制函数上定义的函数。

滑动公差标准应随着迭代次数 t 的增加而减小。随着值 υ 的减小，认为该值可接受的区域 D 的边界也会变窄。因此，在足够高的迭代次数下，只有有效值才会被考虑接受。

函数 $\kappa(X)$ 的创建方式必须是：当 X 属于可接受值 D 的范围时，$\kappa(X) = 0$。随着 X 值远离可接受值范围的最近边界，$\kappa(X)$值也增加了。

该方法的算法原理如下：

（1）使用一组算子，在不考虑 D 条件的情况下创建下一世代的代理。接下来，对每个代理进行测试。如果 $\kappa(X) \leqslant \upsilon$，也就是说，该值是可接受的，则我们假设该代理是可允许的，并将其留在种群中。

（2）如果 $\kappa(X) > \upsilon$，即该值不可接受，则寻找更靠近可接受值 D 区域边界的点 X''。为此，有必要解决局部无条件优化问题。本章稍后将讨论这些算法，$\min\kappa(Y) = \kappa(X'')$终止条件为表达式 $\kappa(X) \leqslant \upsilon$。

（3）当所有代理都有效时，可继续进行优化算法的下一次迭代。

该算法的主要优点是，当它接近优化问题的解时，允许的值范围逐渐变窄。换句话说，第一次迭代中的限制与最后一次迭代中的限制相比要软（softer）得多。这允许你在搜索最优解的第一次迭代中减少计算资源。

2. 惩罚方法

该方法的本质是对条件优化问题进行转换：

$$\max_{|X|} f(X) = f(X^*) = f^*$$

关于无约束优化问题，可以有：

$$\max_{|X|} \psi(X) = \max_{|X|}(f(X) + \phi(X,\alpha))$$

其中，

- $\phi(X,\alpha)$是一个惩罚函数，其值随着X接近允许值D的范围而增加。
- α是惩罚函数参数的值。α越高，惩罚函数的值增加得越快。见图6-11。

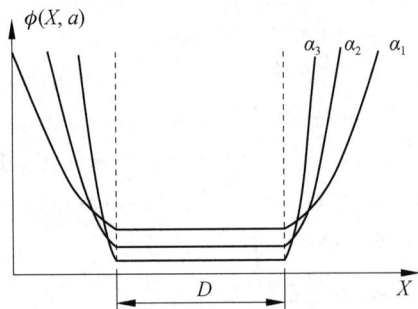

图 6-11 显示了惩罚函数的示意图。可以看到$\alpha_3 > \alpha_2 > \alpha_1$。

图 6-11　惩罚函数示意图

惩罚函数$\phi(X,\alpha)$的选择方式是，当X的值在可接受的值范围内时，函数$\psi(X)$的值与目标函数$f(X)$值相差很小。随着X远离可接受值的范围，这种差异也会增大。

值得注意的是，尽管有惩罚函数，X的值仍然可以超出可接受值的范围，甚至可以比满足D条件的值更优。

一般情况下，惩罚函数公式具有以下形式：

$$\phi(X,\alpha) = \alpha \sum_{i=1}^{|G|} \rho_i L_i(g_i(X))$$

其中，

- α：这是惩罚函数参数的向量。
- ρ：这是系数的向量，允许更改单个分量X对惩罚函数最终值的影响。
- $L_i(g_i(X))$：这是限制函数之外的泛函。一般来说，此函数的公式如下：

$$\begin{cases} L(g(X)) = 0 & G(X) \geqslant 0 \\ L(g(X)) > 0 & G(X) < 0 \end{cases}$$

该公式表明，如果X在可接受值的范围内，则惩罚函数的值等于0。一旦X离开这个区域，则该函数的值就开始大于0。

使用从点X到允许值D区域最近边界的距离计算L是合乎逻辑的。但计算该距离通常是一项艰巨的任务。因此，更常用的是其他计算方式：

$$L_j(g_j(X)) = (e_j(X))^2$$

$$e_j(X) = \begin{cases} 0 & G(X) \geqslant 0 \\ g_j(X) & G(X) < 0 \end{cases}$$

因此，该惩罚函数的算法如下：

（1）创建一个初始种群X^0，并设置惩罚函数参数α、ρ的初始值。

（2）使用一组算子生成一组新的个体 X^t。

（3）计算无条件优化函数的值。

（4）使用一组算子再次生成一组新的个体 X^{t+1}。

（5）检查限制条件。如果满足该条件并且也满足结束搜索的条件，则可以认为已经找到了最优解并停止搜索。否则，根据某些规则，需要增加参数值（超出允许值的基因），然后再次进行步骤（4）。

结束无约束优化问题搜索的标准通常是结束条件优化搜索的标准。

这种方法的主要缺点是优化函数较复杂，这正是消除限制的代价。

3. 死亡惩罚

这种方法的思想就是简单地丢弃无效个体。

该方法的算法原理如下：

（1）执行算子，产生一个新的个体 s'。

（2）检查新个体的可接受性，即检查是否符合限制条件 $G(X) \geqslant 0$。

（3）如果该个体成功通过测试，则它将留在新的种群中。如果没有，则将其丢弃并转到步骤（1）。

在该方法中，算法有很高的循环风险。也就是说，在步骤（1）中每个新生成的个体都不在可接受值的范围内。

当目标函数的容许值集是多维平行六面体时，步骤（2）的检查操作简化为使用以下公式分别检查个体 s' 的每个基因：

$$x_i^{\min} \leqslant x_i' \leqslant x_i^{\max}$$

如果我们讨论的是一个只改变某些基因的算子，那么丢弃无效基因并再次重复算子的计算就足够了。

这种方法的缺点是需要重复应用算子，尽管可能无须对所有基因，而只是对其中一些基因重复应用。

4. 静态惩罚

这种方法的特点是，它不考虑违反限制的程度，而是考虑违反限制的总数。

此方法的惩罚函数如下：

$$\phi(X) = b - \sum_{i=1}^{n} \frac{b}{|G|}$$

其中，

b 是自由方法参数。这是一个很大的正数。

在这种情况下，使用以下公式计算修改后的目标函数的值：

$$\psi(X) = \begin{cases} f(X) + \phi(X) & X \in D \\ \phi(X) & X \notin D \end{cases}$$

自由参数 b 的选择必须使目标函数在可接受范围之外的值明显小于可接受值。

这种方法的主要缺点是，它没有考虑有多少允许值的边界被违反，而是仅考虑违反的总数。

5. 动态处罚

此方法的惩罚函数如下：

$$\phi(X) = -(at)^b \sum_{i=1}^{|G|} L_i(g_i(X))$$

其中，

a、b：它们都是自由方法参数。

$L_i(g_i(X))$ 函数通过以下公式计算：

$$L(g(X)) = \begin{cases} 0 & g(X) \geqslant 0 \\ |g(X)| & g(X) < 0 \end{cases}$$

动态惩罚方法的一个特点是惩罚随着世代数 t 的增加而增加。自由参数 a、b 的建议值为 $a = -0.5$、$b = 2.0$。

6. 分离遗传算法

该算法使用两个惩罚函数，而不是一个：$\phi_1(X)$、$\phi_2(X)$。该算法的目标是尽量避免惩罚函数太大或太小。

该算法的步骤如下：

（1）对于种群中的每个个体，计算两个惩罚函数的值：$\phi_1(X)$、$\phi_2(X)$。

（2）对 $\phi_1(X)$、$\phi_2(X)$ 的每个值按升序排序。

（3）将这些列表组合成一个长度为 $2|S|$ 的排序数组，并删除最后的 $|S|$ 项，使剩余部分的长度等于 $|S|$。其余成员将对应于在最低程度上违反可接受值限制的个体。

（4）将遗传算子应用于结果种群，以获得新的种群 S^{t+1}。

这种方法的问题在于，对于惩罚函数 $\phi_1(X)$、$\phi_2(X)$ 的选择缺乏明确的建议。

7. 简化方法

简化方法（reduction method）的主要思想是使用简化函数 $r(X)$，辅以将不可接受的个体 s^- 变换成为可接受的个体 s'。以这种方式获得的个体 s' 被称为已恢复（restored）。

相应地，有许多不同的简化函数。以突变算子为例，假设将此算子应用于有效个体的结果是，亲代 s 已经突变了一些基因，使得后代 s^- 无效。

$$\underline{s} = (h_1, \cdots, h_i, \underline{h_i}, h_{i+1}, \cdots, h_k, \underline{h_k}, h_{k+1}, \cdots, h_j)$$

其中，基因的下画线是其突变的标志。

然后，可以按如下方式进行简化：

（1）按照 $j = 1, 2, \cdots, n$ 的顺序，返回到突变基因 $\underline{h_i}$ 的先前值 h_i，并在每一步检查个体是否进入可接受值的范围。如果在这些迭代中的任何一次获得了可接受的个体，则停止计算。否则就继续下一步。

（2）依次将从基因集中随机选择的一对基因 $\underline{h_k}$、h_j 恢复到其先前的值。如果在这些迭代中的任何一次获得了可接受的个体，则停止计算。否则就继续下一步。

（3）执行与步骤（2）类似的操作，但针对 3 个基因。

（4）对 4 个基因执行操作，直到获得可接受的个体。

如果允许值的区域是多维平行六面体，那么将点投影到多维平行六面体上的算子可以被提出为简化函数，使得 $X' = L(X^-)$，图 6-12 显示了二维向量 X 的点投影。

注意，重建的个体 s' 可以从点 X_1' 和点 X_2' 获得。

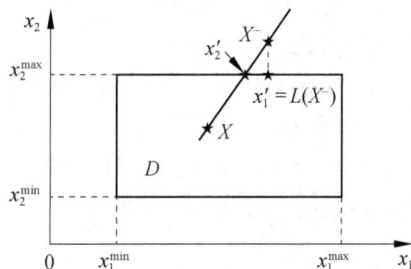

图 6-12　将点投影到多维平行六面体上的算子

8. 行为记忆方法

这种方法的基本思想是逐步连接限制。也就是说，完成的迭代越多或创建的种群越多，连接的限制就越多。

该方法的算法原理如下：

（1）当达到一定的迭代次数时，添加第一个约束。

（2）使用前面已经讨论过的限制方法之一，以确保种群中的大多数个体都是可以接受的。

（3）经过一定次数的迭代后，激活第二个约束。

（4）再次使用上述限制方法之一，确保在两种条件下，当前种群中的大多数个体都是可以接受的。

（5）以此类推，直至考虑到所有限制条件。

6.3.6　局部无约束优化算法

这些算法的目标是快速搜索目标函数的局部极值。

在优化的最后阶段，这是提高最佳个体所必需的。当这些代理的参数值作为局部搜索算法的起点时，这可以从遗传算法中获得更好的结果。

这些方法也可用于一些考察约束的算法中。此前我们就详细讨论了其中一种方法：滑动公差法。

随机局部搜索算法有三类：单点算法/一步算法、多步算法和多点算法。

1. 一步算法

一般来说，一步随机搜索（random search，RS）算法的公式如下：

$$X^{k+1} = X^k + \lambda^k D^k$$

其中，

k 是表示随机方向 D^k 上的步长的正数。

在最简单的形式中，一步局部搜索算法的操作序列如下：

（1）在可接受值范围内随机或以其他方式选择一个起点。

（2）随机选择方向 D^k。

（3）朝这个方向前进 λ^k。

（4）如果满足条件 $f(X^{k+1}) > f(X^k)$，则接受一个新点并重复所有步骤，但使用精确的 X^{k+1}；否则使用点 X^k 返回点 1。

当然，在一般情况下，确定函数 X^{k+1} 不是简单的线性函数，而是以下形式的更复杂的确定性或随机性函数：

$$X^{k+1} = \Phi(X^k, D^k)$$

2. 选择搜索方向

随机线搜索（random line search，RLS）算法是由 H.J.Bremermann 于 1970 年提出的。根据该算法，方向向量 D^k 的分量由以下公式确定：

$$d_k = \pm U(0;1)$$

也就是说，向量的每个分量都可以在三个数字（–1、0 和+1）之间平均分布。

根据 RLS 算法，步长由以下公式确定：

$$\lambda^k = \alpha \max(x_k^{\max} - x_k^{\min})$$

$x_k^{\min}$ и $x_k^{\max}$：这创建了允许值范围的边界。

α：这是算法的自由参数。它的取值范围为 0 到 1。

一维扰动搜索（single-dimension perturbation search，SDPS）算法的思想是将方向选择分为若干个步骤，其中向量 D^k 采用以下形式：

$$D_i^k = (0, \cdots, 0, U(-1,1), 0, \cdots, 0)$$

也就是说，在方向选择的每个子步骤 i 中，只有方向矢量的第 i 个分量是非零的。当然，在每个子步骤 i 中，这种方法将确保只沿着第 i 个坐标方向的搜索方向，这也是该方法被称为一维的原因。

$U(-1,1)$ 是一个函数，用于确定方向向量的非零分量的值。该函数可以是均匀概率分布函数或正态分布函数 $N(0,\sigma)$，其中数学期望为零，标准偏差是算法的自由参数。

3. 选择步长的规则

如果步长在所有迭代过程中保持不变，则该算法称为固定步长随机搜索（fixed step size random search，FSSRS），但如果步长 λ 在迭代过程中变化，则该方法称为自适应步长随机搜索（adaptive step size random search，ASSRS）。

在 ASSRS 算法中，有大量的算法用于改变步长 λ。例如，在局部单峰抽样算法（local unimodal sampling algorithm）中，该值是使用几何级数计算的。也就是说，如果不满足条件 $f(X^{k+1}) > f(X^k)$，则根据以下公式减小步长：

$$\lambda = \eta\lambda$$

其中，

η：这是一个自由算法参数，其值范围为 0 到 1。

在 SDPS 算法中，将根据以下公式减少步长：

$$\lambda = \lambda_0 \frac{k^{\max} - k}{k^{\max}}$$

其中，

- λ_0：这是初始步长；它是一个自由参数。
- $k^{\max}$：这是最大迭代次数。
- k：这是当前的迭代次数。

显然，根据这种方法，当接近目标函数的最佳值时，步长会减小。

根据自适应最大随机搜索（adaptive maxing random search，AMRS）算法，步长 λ 应分两个阶段计算。在第一阶段，确定最大允许值 $\lambda^{\max}$，这确保了 $X^{k+1} = X^k + \lambda_{\max}D$ 形式的所有点的可接受性。

在第二阶段，该步长被计算为位于区域 $U(0, \lambda_{\max})$ 中的随机变量。该方法与 SDPS 一样，当接近目标函数的最佳值时，步长会减小。

演示一步算法操作的经典算法之一是当一步失败时的返回算法。

为了获得新的近似值，它使用以下形式的标准公式：

$$X^{k+1} = X^k + \lambda^k D^k$$

该算法的原理如下：

（1）设置起点 X^0，以及涵盖以下自由参数的初始值：

- λ^0：初始步长；
- β：不成功尝试的最大次数（建议将此值设置为 $|X|$）；
- η：步长 λ 折减因子。

（2）将失败尝试计数器的初始值设置为 $j = 1$。

（3）使用某种算法计算向量 D^k。找到 X^k 的当前值和目标函数 $f(X^k)$ 的值。

（4）如果满足条件 $f(X^{k+1}) > f(X^k)$，转到步骤（2），否则转到下一步。

（5）如果 $j \leqslant \beta$，则 $j = j+1$，并转到步骤（2），否则转到下一步。

（6）检查搜索结束条件。如果满足条件，则停止计算；如果未满足条件，则设置 $\lambda = \eta\lambda$ 并转到步骤（2）。

图 6-13 说明了该算法的工作原理。

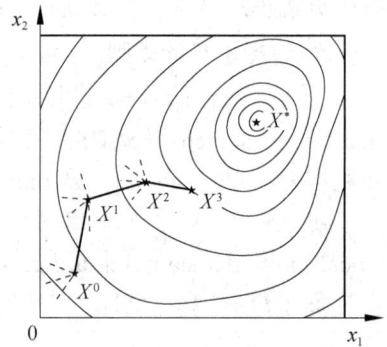

图 6-13　极值搜索轨迹

4. 多步算法

一般来说，多步算法的公式如下：

$$X^{k+1} = \sum_{j=0}^{j-1} \alpha_j X^{k-j} + \lambda^k D^k$$

其中，

- j 是一个自由参数。它指定了多步算法中的步骤数。
- α_j 是自由参数集。这些是前面搜索步骤的权重。
- λ^k 是随机方向 D^k 上的步长。

与一步算法的情况一样，如果满足条件 $f(X^{k+1}) > f(X^k)$，则将接受新值 X^{k+1}。如果条件不被接受，那么根据某些规则，步骤和方向都会改变。

以下是该算法的一个示例：

（1）设置起点 X^0 和最大尝试次数。

（2）使用一步算法，计算点 X^1 和 X^2。

（3）计算方向向量 D^k 作为 X^1 和 X^2 的平均搜索方向。

（4）使用公式 $X^{k+1} = X^k + \lambda^k D^k$，计算出近似值 X^{k+1}。

（5）如果满足条件 $f(X^{k+1}) > f(X^k)$ 并且满足结束迭代的条件，则停止计算。如果满足条件 $f(X^{k+1}) > f(X^k)$，但不满足结束迭代的条件，则增加步长并转到步骤（2）。

（6）如果不满足条件 $f(X^{k+1}) > f(X^k)$，则进行 j 次尝试，通过改变搜索方向增加目标函数的值；如果这没有得到结果，则减少步长并转到步骤（2）。

图 6-14 显示了该算法的操作。

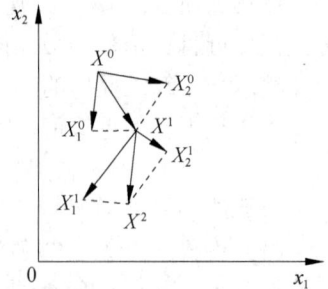

图 6-14　算法工作原理示意图

5. 多点算法

这组算法的思想不是使用一个点，而是使用若干个点找到目标函数的最优值。它包括以下类型：

- 单纯形（simplex）或复合形（complex）算法。
- 超球面（hypersphere）算法。

接下来让我们仔细看看这些算法。

6. 单纯形或复合形算法

复合形是一个具有 $n > (|X|+1)$ 个顶点的多面体。

放大来看，该算法由以下几个步骤构成。

- 复合形的生成。
- 复合形顶部的反射。
- 复合形的压缩。

让我们对这些步骤做进一步的分解。

（1）复合形的生成。

必须使用任何一步局部优化算法执行此操作。

① 选择一个起点。

② 使用以下公式生成复合形所需数量的顶点：

$$X^i = X^0 + \lambda \frac{D}{\|D\|} = X^0 + \lambda \underline{D}$$

其中，

- $\|D\|$ 是向量 D 的范数，这意味着 $\dfrac{D}{\|D\|}$ 具有单位长度。
- 参数 $\underline{D}$ 用作方向指示器。

图 6-15 显示了复合形的生成过程。

（2）复合形顶部的反射。

该步骤的目的是通过重心反射复合形 C 的顶点 X_i。通常而言，它们将反射目标函数值最差的顶点。在得到的复合形 C' 中，所有顶点将与原始复合形 C 的对应顶点重合。第 i 个顶点位于通过顶点 X_i 和复合形 C 的重心的直线上。

反射顶点的计算公式如下：

$$X = X_c + \lambda(X_c - X^i)$$

λ 是复合形的拉伸系数。它是一个自由的算法参数。当然，这个参数可以是自适应

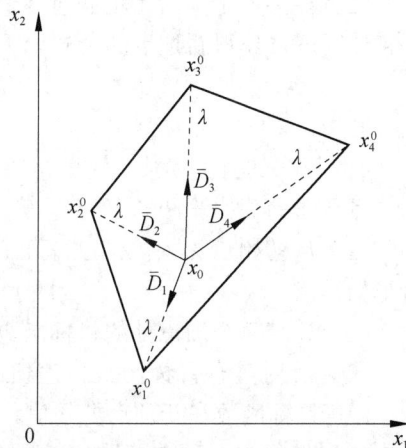

图 6-15　复合形的生成

的。因此，你可以随着迭代次数的增加而减小此值。或者，如果目标函数的值没有显著增加，那么你也可以增加它。

重心可通过以下公式确定：

$$X_c = \frac{1}{n} \sum_{i=1}^{n} X_i$$

根据该公式，复合形的质心是复合形所有顶点的算术平均值。基于目标函数的值引入顶点的显著系数（significance coefficient）会使确定质心的逻辑变得复杂。因此，如果某些顶点的目标函数值比复合形其余顶点的值好得多，那么质心将向它们移动。

值得注意的是，此程序会执行多次。图 6-16 显示了顶点翻转的工作原理示例。

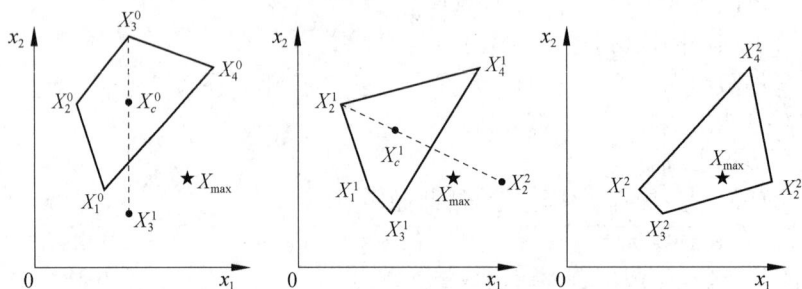

图 6-16　复合形的变化轨迹

（3）复合形的压缩。

此步骤类似于复合形的拉伸步骤。它还涉及复合形 C 的顶点 X_i 通过重心的反射。在这种情况下，获得新顶点的公式如下：

$$X = X_c + \beta(X_c - X^i)$$

其中，

β 是算法的自由参数。这就是所谓的压缩比。它必须小于 1。

复合形的简化算法如下：

（1）从初始点 X^0 生成初始复合形 C^0。为此可使用一种单纯形算法或其他算法生成复合形的顶点。

（2）计算每个顶点处的目标函数值。

（3）反射具有目标函数最差值的顶点 X^i，得到了一个新的顶点 X_*^i 和一个新复合形 C'。计算目标函数在新顶点处的值。

（4）如果与旧顶点相比，新顶点处的目标函数值有所改善，则压缩该复合形并继续执行步骤（2）。

（5）检查搜索结束条件。如果满足条件则停止计算。否则，转到步骤（2）。

可使用以下条件作为搜索结束条件：

● 复合形边的最大长度不超过规定的求解精度。

● 复合形边顶点处目标函数值之间的最大差值不超过求解所需的精度。

7. 超球面算法

超球面算法的基本思想是生成均匀分布在超球面上的随机点。

该算法的原理大致如下：

（1）设置初始点 X^0、超球面的初始半径 R^0 和超球面上点的数量 n。

（2）生成 n 个随机点 X_i^t，均匀分布在以点 X^t 为中心的半径为 R^t 的超球面上。

（3）在所有已获得的点上计算目标函数的值，并找到该值最佳的点。

（4）使用任何单点优化算法，通过公式 $X^{t+1} = \max(X^t + \lambda(X_i^t - X^t))$ 找到在 $(X_i^t - X^t)$ 方向上的目标函数的最大值。

（5）检查搜索结束条件。如果满足条件，则停止计算。否则，我们将点 X^{t+1} 设置为球体的中心，然后转到步骤（2）。

与任何优化算法一样，这个算法也有许多变体。例如，当超球体接近最佳值时，可以更改其半径；此外，还可以不在 $(X_i^t - X^t)$ 方向上搜索目标函数的最小值，而是执行给定长度的步长。有些算法不是在超球面上均匀地生成点，而是在某个扇区中随机生成点。

超球面的半径可以作为结束搜索的标准，它不应低于解的指定精度。

8. 随机搜索算法

这组算法大量使用随机变量寻找局部极值。它们还可用于寻找目标函数的全局最优值，并生成第一代遗传算法。常见的随机搜索算法包括：

● 蒙特卡罗算法。

● 模拟退火算法。

● 随机重启算法。

● 局部迭代搜索。

接下来让我们仔细看看这些算法。

9. 蒙特卡罗算法

蒙特卡罗算法（Monte Carlo algorithm）可以被认为是所有其他随机搜索算法的祖先。它通常用于为其他更复杂的算法生成起点。

它由以下几个步骤组成。

（1）设置最终迭代次数 n，并设置 $t = 1$。

（2）使用任何随机数生成器，生成点 X^{t+1} 并计算该点处的目标函数值。将 t 增加 1，

即 $t = t+1$。

（3）如果迭代次数 t 超过最大迭代次数 n，则停止计算。否则，重复步骤（2）。

10. 模拟退火算法

模拟退火算法（simulated annealing algorithm）是最古老的算法之一，已被证明在解决许多问题方面都是有效的。该算法的思想基于一种校正金属晶格（crystal lattice）缺陷的机制。所谓晶格，就是晶体内部的粒子按一定的几何规律排列的空间格架。金属晶格中的缺陷通常是由于一些粒子占据了不正确（非最佳）的位置造成的。在常温下，它们没有足够的动能克服势垒并占据正确的位置（即晶格处于局部能量最小的状态）。为了克服势垒，使系统从局部最小值变为全局最小值，系统被加热。在加热到足够高的温度之后，占据错误位置的粒子会获得能量，并可以占据正确的位置，逐渐排列成低能量的有序状态。随着金属冷却，粒子失去能量，系统再次稳定在局部最小值状态。

如果将这种类比应用于优化理论，那么每个局部最小值都可以被视为一个需要校正的有缺陷的晶格。模拟退火算法实际上就是将优化问题的解空间类比为物理系统的状态空间，目标函数值类比为能量，通过模拟退火过程寻找全局最优解。

该算法与其他算法的主要区别在于，它允许优化问题的解周期性退化。

该算法的原理和步骤如下：

（1）设置起点 X^0，ξ 是一个正阈值，它将随着算法迭代次数的增加而减小。它代表一个包含数学期望的随机变量。这赋予了退火金属的温度意义。

（2）在当前近似值 $X^{t+1} = \omega(X^t)$ 附近随机生成一个新值。

（3）解 X^{t+1} 变为新的近似值，其概率由以下公式确定：

$$\theta(f) = \begin{cases} 1 & f^{t+1} \leqslant f^t \\ \exp\left(-\dfrac{f^{t+1} - f^t}{\xi}\right) & f^{t+1} > f^t \end{cases}$$

11. 随机重启算法

随机搜索算法有一个很大的缺点：它们需要大量的测试。随机重启算法（random restart algorithm）算法属于两阶段随机搜索算法。这些算法包括两个搜索阶段：全局阶段和局部阶段。第一阶段的目标是生成一定数量的随机点。第二阶段包括使用局部搜索算法，其中的起点是在第一阶段形成的点。

该算法的总体方案如下：

（1）设置起点总数 n。

（2）生成点 X^t 的坐标。

（3）使用点 X^t 作为初始点，使用之前介绍的局部搜索算法之一找到局部极值。

（4）如果起点数量小于 n，则返回步骤（2）；否则，完成计算。

这种方法的危险之处在于，一些局部解可能会被多次找到，而另一些最优解则可能根本找不到。

12. 局部迭代搜索

局部迭代搜索（iterated local search）算法的主要思想是使用先前找到的解的扰动（perturbation），而不是随机生成起点。这种方法的问题在于，有必要克服局部极值区。否则，局部搜索算法将再次返回到该极值。因此，扰动应该足够强，但不应该太强。否则，该算法与随机重启算法几乎没有区别。

迭代局部搜索算法的操作顺序如下：

（1）生成属于可接受值范围的随机初始值 X^0。

（2）使用点 X^t 作为起点；使用任何局部搜索算法找到解 X^t。

（3）扰动点 X^t，得到点 X^{t+1}。

（4）如果满足结束搜索的条件，则停止计算；否则，返回到步骤（2）。

☀ 提示

什么是扰动？

扰动过程可以建立在任何种群算法的基础上。一般来说，遗传算法可用于这些目的。基于使用随机变量的算法，还有各种各样的扰动实现选项。

扰动需要满足以下要求：

● 它必须足够强大，以克服当前局部极值的吸引力区域。

● 它不一定是完全随机的。

● 它可以使用已找到的解的历史记录。

6.4　小　　结

本章学习了种群算法的基础知识，特别是遗传算法。我们阐释了该算法的许多算子的逻辑，这将有助于创建优化算法库的第一个版本。

值得注意的是，遗传算法远非种群类中唯一的算法。为了解决搜索和优化盈利策略的问题，粒子群优化算法（particle swarm optimization algorithm）、人工免疫系统算法（artificial immune systems algorithm）等也引起了人们的兴趣。

这些算法的实现，以及使用的算子数量的增加，可以认为是我们系统的增长点。

第7章　优化算法的实现

在第 6 章中，我们介绍了构建优化算法的理论，研究了什么是遗传算法，以及可以从哪些算子中构建遗传算法。本章将把这些信息整合在一起，以创建一个库，该库将成为搜索盈利策略系统的重要模块之一。

与构建任何模块或服务一样，创建这样一个库将包括以下几个步骤。

（1）编写用例描述。这一步对于了解新库中包含的功能以及如何使用它是必要的。

（2）列出所需的功能。

（3）实现该库。

本章将首先讨论我们对优化算法模块的期望，并描述总体愿景。

在此之后，我们将实现最简单的优化算法，即暴力算法。由于它很简单，因此在实现时的大部分工作都将放在创建模块基础上。实现包含新优化算法的机制不会影响库用户。

一旦模块基础准备就绪，即可开始实现遗传算法。

我们将使用.NET 框架实现，但这并不意味着本章只对那些熟悉.NET 框架的开发人员有用。使用任何其他流行编程语言和框架的开发人员同样可以基于本章思路取得成功。本章讨论的想法对任何决定创建自己的交易系统的人都有用，无论你选择的是哪种编程语言。

希望你在阅读本章之后，拥有足够的信息和想法创建自己的优化算法库。

7.1　总　体　愿　景

在第 6 章中，人们非常关注这样一个事实，即优化算法不是一系列明确定义的规则，而是构建算法的思想。以遗传算法为例，人们已经为其开发了许多算子，在此基础上，你可以实现大量自己的遗传算法变体。

由于优化算法的列表不受限制，每个算法都是唯一的，并且有自己的设置和参数列表，这意味着服务中用于寻找盈利策略的优化算法将是一个实体。

我理解的创建优化算法的场景应该如下所述：

（1）用户在应用程序的 UI 部分打开用于创建优化算法的特殊表单。

（2）用户可以输入新算法的名称。

（3）用户选择算法类型。本章仅实现两种类型的算法：暴力算法和遗传算法。

（4）用户配置算子类型或其他选项。

（5）用户设置自由参数的值。

（6）用户保存结果。

优化算法模块与上述场景有什么关系？毕竟，它并不会包含用户界面（UI），甚至连数据库都与它无关。但是请注意步骤（3）～（5），应用程序将从哪里获得可用算法类型的列表？算子的类型和它们的自由参数列表呢？这些内容从何而来？答案是所有这些信息都必须由优化算法模块提供。

这里，我们强调了模块必须实现的第一个功能。

功能要求：返回创建和配置优化算法变体所需的所有信息

假设用户创建了一个新的优化算法或更改了现有的算法，那么他如何知道他的算法足够有效呢？当然，通过使用少量优化参数和不太长的历史数据对一些简单的子理论进行测试，以此进行初步检查是有意义的，但这足够吗？此外，即使这样的测试也需要时间，可能无法揭示新优化算法的所有优缺点。

所有这些都导致需要创建一种不同的方法测试算法的有效性。确实存在这样一种方式，它基于特殊数学函数的训练算法。当然，这种方法并不能给出绝对的结果。正如第 6 章所指出的，找到最优参数值的问题尚无定论。也就是说，它没有任何数学模型。这意味着不可能找到一个与此优化问题相似的用于训练的数学函数。

但我们知道它是多极值的，有一个允许值的范围，它是一个多维平行六面体。这些知识使我们能够在添加或不添加一系列可接受值的情况下，测试算法在多极值数学函数上的性能。

功能要求：提供允许你在训练数学函数时测试所创建算法的功能

由于使用该模块不仅可以优化策略，还可以优化数学函数，因此还有另一个要求。

功能要求：模块必须独立于使用它的上下文

这意味着，对于模块中嵌入的算法而言，在计算策略买入信号某一条件的指标时，K线时间间隔（1 分钟、5 分钟或 1 小时等）的优化应与 Hartman 三维函数向量 X 中某一分量的值在数学逻辑上保持等效性，二者不应存在差异。

因此，使用优化算法模块，用户应能够创建一个新算法并测试其在数学函数上的操作，之后他在理论生成器的设置中选择了新算法并单击了生成按钮。接下来就是生成理论，并在此基础上创建子理论，该子理论将使用算法创建和测试策略。

想象一下，用户选择了一种暴力算法，根据子理论设置，有数千种策略变体，每种都需要测试。算法是否应该立即返回数千个参数值的变体？当然不是。首先，同时保存和排队数千种策略不是一个好主意，因为在这个过程中可能会出现问题。

其次，用户可能会改变主意并停止计算。那么，大量的策略和任务将徒劳无功，只会浪费数据库中的空间。这意味着由模块提供参数值的变化是有意义的。

大多数优化算法的迭代特性也有利于分块。例如，如果采用遗传算法，那么它具有世代的概念，世代也是按顺序生成的。

功能要求：生成用于计算目标函数（计算策略指标）的值集的过程必须是一个迭代过程

因此，模块的操作可以表示为一个循环，如图 7-1 所示。

图 7-1   优化模块的操作

现在我们可以确定库中所需的最终功能列表。

（1）提供创建和配置优化算法变体所需的所有信息。

（2）模块必须独立于使用它的上下文。

（3）生成用于计算目标函数的值集的过程应该是一个迭代过程。

（4）提供允许在训练数学函数时测试所创建算法的功能。

7.2 暴 力 算 法

暴力算法（brute-force algorithm）的本质是枚举参数值的所有可能选项。

让我们从第一个要求开始：提供创建和配置优化算法变体所需的所有信息。

首先，让我们讨论一下如何使用库类。

我认为可以采用以下方式：

（1）使用 IServiceCollection 进行连接。依赖注入（dependency injection，DI）通过允许使用模拟实现替换依赖项来加强测试。它减少了模块之间的耦合，并促进了代码中更好的责任分离。这是一种普遍接受的做法，即使乍一看似乎不需要 DI 也不应放弃。

（2）如果将来需要更高级的功能，枚举或其等效项可用于存储算法类型的列表。

（3）所有功能都将嵌入到实现 IOoptimizationAlgorithm 接口的类中，并将为每种类型的优化算法创建一个类。

（4）要获得实现算法的类的实例，你需要联系工厂，工厂可将算法的类型与所需的类相匹配，并生成其实例。

现在让我们开始进入实战。代码清单 7-1 显示了 IServiceCollection 扩展的实现。这里，我们使用的是.NET 8 Keyed Services 最新版本中实现的功能。其思想是能够添加一个接口的命名实现。我们使用了其中一个枚举元素作为键。

代码清单 7-1　添加依赖项

```
public static IServiceCollection AddOptimizationAlgorithms(this
IServiceCollection services)
{
    services.AddSingleton<AlgorithmFactory>();

    services
        .AddKeyedTransient<IOptimizationAlgorithm,
    BruteForceAlgorithm>(
            AlgorithmTypes.BruteForce);

    return services;
}
```

我将工厂连接为单例，因为该类是无状态的，所以我不认为每次从集合中获取实例时都需要生成新的实例。但是 IOoptimizationAlgorithm 将是瞬态的，因为它将存储计算下一部分参数值所需的设置。

代码清单 7-2 显示了获取 AlgorithmFactory 类中算法实例的函数的实现。

代码清单 7-2　GetOptimizationAlgorithm()函数

```
public IOptimizationAlgorithm GetOptimizationAlgorithm(
    AlgorithmTypes type)
{
    return _serviceProvider
        .GetRequiredKeyedService<IOptimizationAlgorithm>(type);
}
```

7.2.1　获取信息

让我们看看代码清单 7-3 中的 IOoptimizationAlgorithm，因为第一步是实现获取算法信息的功能。现在它只包含一个函数。

代码清单 7-3　IOoptimizationAlgorithm 接口

```
public interface IOptimizationAlgorithm
{
    public AlgorithmTypeInfo GetTypeInfo();
}
```

暴力算法只有一个自由参数：每次迭代返回的值集的数量。因此，AlgorithmTypeInfo
类看起来很简单（见代码清单 7-4），但在实现遗传算法时，它将变得复杂得多。

代码清单 7-4　AlgorithmTypeInfo 记录

```
public record AlgorithmTypeInfo(AlgorithmTypes Type)
{
    public List<AlgorithmTypeInfo_Param> Params { get; }
    = new();
}

public record AlgorithmTypeInfo_Param(
ParamTypes Type,
decimal DefaultValue);
```

BruteForceAlgorithm 的信息生成函数大致如代码清单 7-5 所示。

代码清单 7-5　BruteForceAlgorithm 的 GetTypeInfo()函数

```
public AlgorithmTypeInfo GetTypeInfo()
{
    var info = new AlgorithmTypeInfo(AlgorithmTypes.
    BruteForce);
    info.Params
        .Add(new AlgorithmTypeInfo_Param(ParamTypes.
        PointsCount, 100));

    return info;
}
```

我已经添加了 PointsCount 参数，所以现在可将其传递给实现算法的类。为此，我创
建了一个 AlgorithmInfo 类，它与 AlgorithmTypeInfo 非常相似，但需要填写 value 字段而
不是 defaultValue。

你还需要将 Init() 函数添加到 IOoptimizationAlgorithm 接口中，并在工厂中调用它。
代码清单 7-6 显示了 AlgorithmFactory 类中修改后的代码。我公开了这两种工厂方法。一
个方法创建用于计算的算法，另一个方法创建必要的信息。

代码清单 7-6　GetOptimizationAlgorithm()函数

```
public IOptimizationAlgorithm GetOptimizationAlgorithm(
    AlgorithmInfo info,
    List<FunctionVariable> functionVariables)
{
    IOptimizationAlgorithm optimizationAlgorithm =
        GetOptimizationAlgorithm(info.Type);

    optimizationAlgorithm.Init(info, functionVariables);

    return optimizationAlgorithm;
}
```

```
public IOptimizationAlgorithm GetOptimizationAlgorithm(
    AlgorithmTypes type)
{
    return _serviceProvider
        .GetRequiredKeyedService<IOptimizationAlgorithm>(type);
}
```

代码清单 7-7 演示了 BruteForceAlgorithm 类的 Init()函数的实现。

代码清单 7-7　Init()函数

```
public void Init(AlgorithmInfo info, List<FunctionVariable>
functionVariables)
{
    _pointsCount =
        (int)info.Params
            .First(p => p.Type == ParamTypes.
            PointsCount).Value;
    _functionVariables = functionVariables;
}
```

现在来看看 FunctionVariable 类型，它是函数参数的表示形式。优化模块必须优化这些参数的集合。代码清单 7-8 显示了该类的实现。

代码清单 7-8　FunctionVariable 记录

```
public record FunctionVariable
{

    public IVariableId Id { get; }

    public decimal? MinValue { get; }
    public decimal? MaxValue { get; }
    public decimal? Step { get; }

    public List<decimal>? Values { get; }

    public FunctionVariable(
        IVariableId id,
        decimal minValue,
        decimal maxValue,
        decimal step)
    {
        Id = id;
        MinValue = minValue;
        MaxValue = maxValue;
        Step = step;
    }

    public FunctionVariable(IVariableId id,
    List<decimal>? values)
    {
```

```
        Id = id;
        Values = values;
    }
}
```

首先，注意 Id 字段的类型。想象一个应用程序与库协同工作的场景。基于子理论搜索最优策略的服务必须生成这些参数的数组。

然后，库返回这些参数的集合及其值。应用程序将如何理解这些参数所属的信号、条件和指标？可以将此字段设置为 string，应用程序将必要的信息编码为 JSON 格式。但是，如果某些算法需要对这些标识符进行排序，或者需要其他操作该怎么办呢？string 类型很可能无法为我们提供足够的功能。

目前来说，IVariableId 接口看起来非常简单。

```
interface IVariableId: IEquatable<IVariableId>
```

我添加了 IEquatable<IVariableId>，因为该接口的实现可能需要相互比较。

注意，我大大简化了目标函数的可接受值范围，只留下 min、max 参数或值列表，因为创建这个库是为了寻找可盈利的策略，所以我相信不必在其中实现更复杂的限制函数方案。注意这两个构造函数，它们确保了数据的完整性。具体来说，一个构造函数将填充值列表，另一个构造函数将填充可能值的边界。这种机制可以通过使用继承来实现，其中一种类型将实现一个有限制的变量，另一种类型则实现一个值列表。

7.2.2　获取一组值

现在需要实现一种获取值集的方法。代码清单 7-9 显示了该函数的实现。

代码清单 7-9　GetNextPoints()函数

```
public IEnumerable<AlgorithmPoint> GetNextPoints(
    List<ObjectiveFunctionResult>? previousResults)
{
    List<AlgorithmPoint> allPoints = GetPoints();
    IEnumerable<AlgorithmPoint> nextPoints = allPoints
        .Where(allPoint =>
            previousResults == null
            || !previousResults.Exists(r => r.Point == allPoint))
        .Take(_pointsCount);
    return nextPoints;
}
```

该函数本身并不复杂。比较有意思的是 AlgorithmPoint 类和比较算子 r.Point== allPoint。

代码清单 7-10 显示了该类的一个实现。

代码清单 7-10　AlgorithmPoint 类

```
public class AlgorithmPoint
{
    public List<FunctionVariableValue> Values { get; } = new();

    public static bool operator ==(AlgorithmPoint? a,
    AlgorithmPoint? b)
    {
        if (ReferenceEquals(a, b))
            return true;

        if(a is null || b is null)
            return false;

        if(a.Values.Count != b.Values.Count)
            return false;

        return a.Values
            .OrderBy(v => v.Id)
            .SequenceEqual(b.Values.OrderBy(v => v.Id));
    }

    public static bool operator !=(AlgorithmPoint a,
    AlgorithmPoint b)
    {
        return !(a == b);
    }
}
```

让我们仔细看看这段代码。首先，你需要注意这样一个事实，即它通过标识符使用 OrderBy()函数，这是 IVariableId 接口的实现。这意味着该类实现此接口时还必须实现 IComparable，因为 OrderBy()实现将调用 CompareTo()函数。

让我们返回到 GetNextPoints()函数。它没有公开 GetPoints()函数的实现。这样做的目的是返回变量值集的所有可能变化。该算法的难点在于我们不知道目标函数包含多少变量。我基于模板构建了一个解决方案。

假设变量集具有如表 7-1 所示的形式。

表 7-1　变量示例

Id	Min	max	step
1	1	2	1
2	10	20	10
3	100	200	100

然后该算法的原理大致如下：

（1）取变量 1 的所有可能值。显然，这只有两个可能的值：1 和 2。根据这两个值创建模板。获取两个模板的数组。

（2）取第一个模板[1, …]，并将其展开为第二个变量的值。获取模式[1, 10, …]和[1, 20, …]。

（3）取模式[1, 10, …]并将其展开为第三个变量的值。获取可能的值集合[1, 10, 100]和[1, 10, 200]。

（4）重复步骤（2）和（3），直到所有未填充的模板都用完。

递归的思想体现为步骤（2）和（3）彼此没有区别，它们可以被一个函数所取代，该函数接收一系列模板作为输入，然后取一个未使用的变量，展开模板，并再次调用自己，以此类推，直到没有未被使用的变量为止。

调用树如图 7-2 所示。

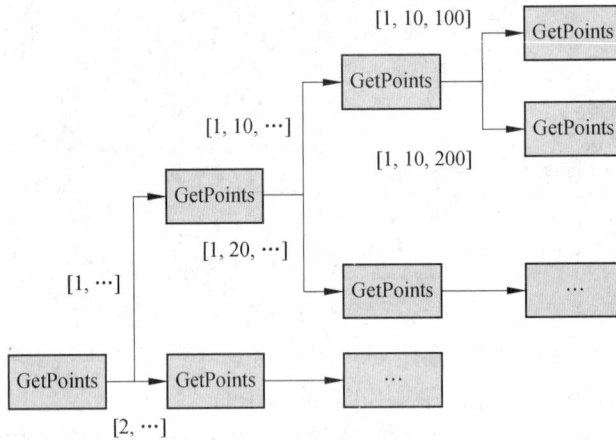

图 7-2　GetPoints()递归

代码清单 7-11 演示了 GetPoints()函数的最简单实现。

代码清单 7-11　GetPoints()函数

```
private List<AlgorithmPoint> GetPoints(AlgorithmPoint?
pointTemplate = null)
{
    pointTemplate ??= new AlgorithmPoint();

    FunctionVariable? remainderVariable =
    GetRemainderVariable();
    if (remainderVariable == null)
        return new List<AlgorithmPoint>(){ pointTemplate };

    var newTemplates = GetTemplates();

    var result = new List<AlgorithmPoint>();
```

```
foreach (AlgorithmPoint template in newTemplates)
{
    List<AlgorithmPoint> points = GetPoints(template);
    result.AddRange(points);
}

return result;

FunctionVariable? GetRemainderVariable()
{
    foreach (FunctionVariable functionVariable in _
    functionVariables)
    {
        if (!pointTemplate!.Values
                .Exists(v => v.Id.Equals
                (functionVariable.Id)))
            return functionVariable;
    }

    return null;
}

IEnumerable<AlgorithmPoint> GetTemplates()
{
    List<decimal> values = remainderVariable.GetValues();
    var templates = new List<AlgorithmPoint>();
    foreach (decimal value in values)
    {
        AlgorithmPoint newTemplate = new AlgorithmPoint();
        newTemplate.Values
            .Add(new FunctionVariableValue(remainder
            Variable.Id, value));

        foreach (FunctionVariableValue item in
        pointTemplate.Values)
        {
            newTemplate.Values
                .Add(new FunctionVariableValue(item.Id,
                item.Value));
        }

        templates.Add(newTemplate);
    }
    return templates;
}
}
```

退出递归的条件是算法再也找不到未使用的变量，即当 remainderVariable 变量等于 null 时。这个算法远非最优，但很容易理解。你可以将已使用变量的哈希值存储在某个变量中，而不是每次循环遍历所有变量集。我们尝试实现一个每个人都能理解的算法。如果你的技能和知识能够优化它，那就太好了！

7.2.3　使用方法

至此，BruteForceAlgorithm 已经实现。让我们试着连接库，看看是否易于使用。代码清单 7-12 给出了该算法的最简单实现。

代码清单 7-12　使用算法的示例

```
var services = new ServiceCollection();
services.AddOptimizationAlgorithms();
ServiceProvider provider = services.BuildServiceProvider();

AlgorithmFactory algorithmFactory = provider.GetRequiredService
<AlgorithmFactory>();

AlgorithmInfo info = new(AlgorithmTypes.BruteForce);
info.Params.Add(new AlgorithmInfo_Param(ParamTypes.
PointsCount, 2));

List<FunctionVariable> functionVariables = new();
functionVariables.Add(new FunctionVariable(new
VariableId("First"), 1, 2, 1));
functionVariables.Add(new FunctionVariable(new
VariableId("Second"), 10, 20, 10));
functionVariables.Add(new FunctionVariable(new
VariableId("Third"), 100, 200, 100));

IOptimizationAlgorithm? algorithm = algorithmFactory.
GetOptimizationAlgorithm(info, functionVariables);
List<ObjectiveFunctionResult>? previousResults = new();

List<AlgorithmPoint> points = algorithm!.
GetNextPoints(previousResults).ToList();
List<(int step, List<AlgorithmPoint>)> result = new();
int step = 0;
while (points.Any())
{
    result.Add((step, points));
    step++;

    points
        .ForEach(p => previousResults.Add(new
        ObjectiveFunctionResult(p, 1)));

    points = algorithm!.GetNextPoints(previousResults).
    ToList();
}
```

在这段代码中，创建了一个返回值为 2 的算法。

此外，目标函数包含我们前面讨论的示例中的变量。因此，这段代码将返回以下结果：

```
-----------------------------------------------------
| Step | First|Second   | Third    |         |
| 0      | 1      | 10       | 100       |
-----------------------------------------------------
| 0      | 1      | 10       | 200       |
-----------------------------------------------------
| 1      | 1      | 20       | 100       |
-----------------------------------------------------
| 1      | 1      | 20       | 200       |
-----------------------------------------------------
| 2      | 2      | 10       | 100       |
-----------------------------------------------------
| 2      | 2      | 10       | 200       |
-----------------------------------------------------
| 3      | 2      | 20       | 100       |
-----------------------------------------------------
| 3      | 2      | 20       | 200       |
-----------------------------------------------------
```

当然，该算法的实现工作还远未完成，因为该库没有进行任何测试。测试代码的工作在本书讨论范围之外，因为我们想要让你将注意力集中在主要的事情上。

7.3　遗传算法

现在让我们来看看如何实现遗传算法。有了库作为基础，我们可以构建一个新算法。你应该还记得，遗传算法是种群算法之一，其基本思想是创建若干个独立的代理（种群），根据某种逻辑，这些代理在可接受的值范围内迁移，以寻找目标函数的最优值。

任何种群算法的总体方案如下：

（1）根据某种逻辑，生成初始种群或第一组代理。

（2）代理开始迁移。如果考虑遗传算法，则迁移过程将被表示为一个算子的集合。在迁移过程中，会生成新的种群或下一组代理。

（3）检查搜索完成条件。如果满足条件，则计算停止。否则，转到步骤（2）。

创建此算法最有趣和最困难的部分是迁移过程。在第 6 章"优化算法"中已经介绍过，对于遗传算法来说，它看起来像是一组算子。

以下是算子的类型：

● 突变（mutation）。这个算子的思想是使用一些算法改变代理基因的值，从而创建一个新的种群。也就是说，这个算子的结果是创建了一个新的种群。

● 交叉（crossover）。在这个算子中，使用某种算法将两个代理（个体）交叉，从而创建一个或多个代理。这个算子也带来了新种群的出现。

- 选择（selection）。此算子不需要创建新的代理，但有必要为交叉算子选择亲本对。实际上，只有先使用选择算子，然后才能应用交叉算子。
- 筛选（filtering）。此算子对于选择最合适的个体是必需的。它不需要创造新的种群，而是筛选旧的种群，以便适应能力差的个体将来不会参与其他算子。

7.3.1　步骤

从一般意义上讲，遗传算法不是某种严格的规则集，而是一组指令，你可以根据需要构建尽可能多的优化算法变体。正是这些知识促使我创造了步骤（step）的概念。每个步骤都有自己的类型、顺序和参数集，以及子步骤列表。

我为自己确定了以下 4 种步骤。

（1）初始化（initialization）。在这个阶段，第一批种群被创造出来。

（2）突变（mutation）。在这一步中，将突变算子应用于当前种群。

（3）筛选（filtering）。这一步将对当前种群应用筛选算子。

（4）繁殖（breeding）。该阶段包含两个步骤：选择步骤和交叉步骤。我发现将这两个步骤分成两个不同的单元是不合适的，因为如果不先进行选择，就无法交叉。

这里的思路是，你可以使用并组合步骤（2）～（4），以任何数量和任何顺序构建自己的算法。例如，在采用该架构时，你可以创建以下算法：

（1）初始化。使用平面算子创建初始种群。也就是说，创建在整个可接受值范围内均匀分布的代理。

（2）突变。使用随机算子进行突变。

（3）繁殖。使用泛交配方法进行选择，产生模糊交叉算子。

（4）筛选。使用精英保留方法对当前种群进行筛选。

（5）突变。这是使用高斯算子进行的。

（6）以此类推，还可以采用其他遗传算法进行上述过程。

本书将演示该算法的最简单实现，因此我们的实现将使用最简单的结束搜索条件：迭代次数。实际上，该算法本身只有一个参数，那就是世代数。

7.3.2　获取信息

让我们从 GetTypeInfo()方法开始实现。显然，遗传算法类本身不应该知道每个步骤需要哪些参数。

这意味着需要执行以下步骤：

（1）GeneticAlgorithm 类的 GetTypeInfo()方法将调用所有可用步骤类型的 GetTypeInfo()

方法。

（2）使用 GetTypeInfo()函数创建 IAlgorithmStep 接口。实际上，每个步骤都是一个实现此接口的类。

（3）由于每个步骤都有自己的参数，因此有必要实现一个工厂帮助创建每种类型的步骤。

由于采用了步骤的概念并且它们存在出现的顺序，因此有必要更改 AlgorithmInfo 和 AlgorithmTypeInfo 类型。

代码清单 7-13 显示了 AlgorithmTypeInfo 类型的新实现。在本示例中，我们添加了 AllowedSteps 字段，因为现在每个算法都可以包含步骤。

代码清单 7-13　AlgorithmTypeInfo 记录

```
public record AlgorithmTypeInfo(AlgorithmTypes Type)
{
    public List<AlgorithmTypeInfo_AllowedStep> AllowedSteps {
    get; } = new();
    public List<AlgorithmTypeInfo_Param> Params {
    get; } = new();
}
```

代码清单 7-14 显示了 AlgorithmTypeInfo_AllowedStep 类型的实现。注意，该构造函数有一个 Index 参数。这里的关键在于，我们需要以某种方式表明某个步骤是强制性的，并提前说明其顺序编号。这涉及初始化阶段。这是强制性的，应该始终首先出现。我没有为该步骤参数创建单独的类型，因为我认为之前创建的 AlgorithmTypeInfo_Param 类型非常适合此任务。

代码清单 7-14　AlgorithmTypeInfo_AllowedStep 记录

```
public record AlgorithmTypeInfo_AllowedStep(StepTypes Type, int? Index)
{
    public List<AlgorithmTypeInfo_Operator> AllowedOperators {
    get; } = new();
    public List<AlgorithmTypeInfo_AllowedStep> Steps {
    get; } = new();
    public List<AlgorithmTypeInfo_Param> Params {
    get; } = new();
}
```

代码清单 7-15 显示了 AlgorithmTypeInfo_Operator 类，可以看到它仅包含一组参数和一个类型。

代码清单 7-15　AlgorithmTypeInfo_Operator 记录

```
public record AlgorithmTypeInfo_Operator(OperatorTypes Type)
```

```
{
    public List<AlgorithmTypeInfo_Param> Params = new();
}
```

代码清单 7-16 演示了 IAlgorithmStep 接口。目前它只有一个函数，但随着功能的扩展，其内容也会增长。

代码清单 7-16　IAlgorithmStep 接口

```
public interface IAlgorithmStep
{
    public AlgorithmTypeInfo_AllowedStep GetInfo();
}
```

由于我们有一组新的类，因此需要以某种方式将它们添加到集合中，并为它们创建一个工厂。我不想让库的中心部分知道算法中的步骤及其存在，所以为每种算法创建了自己的 IServiceCollection 扩展实现。

代码清单 7-17 显示了 AddOptimizationAlgorithms()函数的新实现。如你所见，现在 IServiceCollection 的工作隐藏在每个算法中，这非常方便。

代码清单 7-17　添加依赖项

```
public static IServiceCollection AddOptimizationAlgorithms(this IServiceCollection
services)
{
    services.AddSingleton<AlgorithmFactory>();

    services.AddBruteForceAlgorithm();
    services.AddGeneticAlgorithm();

    return services;
}
```

代码清单 7-18 显示了 AddGeneticAlgorithm()方法的实现。在其中添加了 GeneticAlgorithm 类，这是一个用于创建步骤和所有步骤类的工厂。

代码清单 7-18　AddGeneticAlgorithm 依赖

```
public static IServiceCollection AddGeneticAlgorithm(this
IServiceCollection services)
{
    services
        .AddKeyedTransient<IOptimizationAlgorithm,
    GeneticAlgorithm>(
            AlgorithmTypes.Genetic);

    services.AddSingleton<StepFactory>();

    services
        .AddKeyedTransient<IAlgorithmStep,BreedingStep>(
            StepTypes.Breeding);
```

```
services
    .AddKeyedTransient<IAlgorithmStep,FilteringStep>(
        StepTypes.Filtering);
services
    .AddKeyedTransient<IAlgorithmStep,InitializationStep>(
        StepTypes.Initialization);
services
    .AddKeyedTransient<IAlgorithmStep,MutationStep>(
        StepTypes.Mutation);

return services;
}
```

我们已经将这些步骤添加到 IServiceCollection 中，现在是时候在 GeneticAlgorithm 中实现 GetTypeInfo()方法了。

代码清单 7-19 显示了我的实现。我添加了一个控制世代数的参数。注意，这是世代数，而不是种群数。我这样做是有目的的，因为许多步骤（如突变）都会产生一个种群。所谓的世代（generation），就是算法遍历所有步骤的完整过程。

关于这段代码，比较有趣的是获取所有步骤信息的方法。我逐个取得了所有已实现 IAlgorithmStep 接口的类，调用了它们获取信息的方法。

代码清单 7-19 显示了 GetTypeInfo()方法的实现。

代码清单 7-19　GetTypeInfo()方法

```
public AlgorithmTypeInfo GetTypeInfo()
{
    var info = new AlgorithmTypeInfo(AlgorithmTypes.Genetic);

    info.Params.Add(
        new AlgorithmTypeInfo_Param(ParamTypes.
        GenerationsCount, 10));

    IEnumerable<IAlgorithmStep> steps =
        _stepFactory.GetAll();
    foreach (IAlgorithmStep step in steps)
        info.AllowedSteps.Add(step.GetInfo());

    return info;
}
```

让我们深入了解一下每个步骤的 GetInfo()函数的实现。显然，为了获得关于该步骤的完整信息，有必要获得每个已实现算子的信息。这意味着需要另一个 IOperator 接口。此外，每个步骤都有自己的步骤，因为每个步骤的目的和功能都不同。

让我们从 InitializationStep 开始。对于这一步，我实现了两个语句：FlatOperator 和 FlatManagedOperator。

FlatOperator 的思想是在可接受的值范围内均匀分布预定数量的初始个体。

FlatManagedOperator 与 FlatOperator 非常相似，但它并不指定初始种群的大小，而是指定最大可能个体数的百分比。

限于篇幅，这里就不展示 InitializationStepCollectionExtensions 和 OperatorFactory 类的代码了，因为它们的代码与之前实现的代码非常相似。

代码清单 7-20 显示了 InitializationStep 类的 GetInfo()方法的实现。这段代码唯一有趣的地方是，我立即定义了该步骤的顺序。这意味着该步骤应该始终首先出现，且不能跳过。

代码清单 7-20　GetInfo()函数

```
public AlgorithmTypeInfo_AllowedStep GetInfo()
{
    AlgorithmTypeInfo_AllowedStep info = new(StepTypes.
    Initialization, 0);

    IEnumerable<IOperator> operators = _operatorFactory.
    GetAll();
    foreach (IOperator @operator in operators)
        info.AllowedOperators.Add(@operator.GetInfo());

    return info;
}
```

接下来，在每个语句中，我大致实现了 GetInfo()方法，如代码清单 7-21 所示。

代码清单 7-21　获取算子信息的函数

```
public AlgorithmTypeInfo_Operator GetInfo()
{
    var @operator = new AlgorithmTypeInfo_
    Operator(OperatorTypes.Flat);
    @operator.Params.Add(
        new AlgorithmTypeInfo_Param(ParamTypes.
        PopulationSize, 10));

    return @operator;
}
```

关于获取信息的讨论可以就此结束，因为上述内容已经足以帮助你实现剩余步骤及其算子的 GetInfo()方法。

7.3.3　获取一组值

让我们继续讨论该算法的核心函数，即 GetNextPoints()函数。

首先，让我们决定操作的顺序。

想象一下，某个用户设计了以下遗传算法：

● 初始化。

- 突变。
- 筛选。
- 繁殖。
- 筛选。

停止条件则是创建 GenerationsCount 个世代。

因此，应用程序将在循环中调用算法的 GetNextPoints()方法，获取要计算的值集的新列表，计算每个值的目标函数值，并再次调用 GetNextPoints()方法。这将一直持续到 GetNextPoints()返回一个空的值集列表。

显然，为了计算世代数，优化算法需要知道下一次调用 GetNextPoints()时是哪一个世代和哪一个步骤。比较符合逻辑的做法是将此计数器存储在实现优化算法的类的每个实例中，但你不能这样做，因为应用程序实际上会引发多个实例，每个 Pod 一个。如果按上述做法，则会有多个类的实例。

我们不能保证 GetNextPoints()方法只会被类的一个特定实例调用。此外，不要忘记 Pod 可能随时不存在，然后应用程序将丢失有关当前世代和步骤的信息，这是不可接受的。

排除将计数器存储在每个实例中的做法，现在剩下两个选择：一种选择方案是将当前世代的信息存储在外部存储（如 Redis 或 PostgreSQL）中，另一种选择方案是将此任务委托给调用的应用程序。

这两种选择都不太让人满意：在第一种方法中，我们的库将强制应用程序使用某种存储，而在第二种方法中，需要公开库的一些实现细节。

最终我选择了第二种方法。也就是说，我将信息的存储委托给了调用的应用程序。但与此同时，我试图使这些信息尽可能体现不出其实际意义，以免泄露实现细节，使得其他算法也使用这个字段。

代码清单 7-22 演示了如何更改 IOptimizationAlgorithm 接口的 GetNextPoints()函数。

代码清单 7-22　GetNextPoints()函数

```
(List<AlgorithmPoint> points, string? magicString)?
    GetNextPoints(
        List<ObjectiveFunctionResult>? previousResults = null,
        string? magicString = null);
```

可以看到，这里我添加了 magicString 参数。这个名称完全体现不出来它的实际意义，让人感觉很神秘。每次调用 GetNextPoints()方法时都会返回此值。调用应用程序必须保存它，然后在下次调用函数时将其作为参数传递回去。

代码清单 7-23 演示了我为遗传算法实现的 MagicData 类。它显示 magicString 是一个

JSON 字符串，类实例将解析该字符串。

代码清单 7-23　　MagicData 类

```
public class MagicData
{
    public int GenerationNumber { get; set; }
    public int StepIndex { get; set; }

    public MagicData(string? jsonString = null)
    {
        if (jsonString != null)
        {
            MagicData? obj = JsonSerializer
                .Deserialize<MagicData>(jsonString);
            if (obj == null)
                throw new ArgumentException(nameof(jsonString));

            GenerationNumber = obj.GenerationNumber;
            StepIndex = obj.StepIndex;
        }
    }

    public MagicData(){}

    public override string ToString()
    {
        return JsonSerializer.Serialize(this);
    }
}
```

让我们梳理一下算法的具体步骤：

（1）第一次调用 GetNextPoints()。此时 previousResults = null，magicString = null。我们反序列化 magicString，得到 GenerationNumber = 0，StepIndex = 0。

（2）得到了该步骤的 Initialization 类的一个实例，因为 StepIndex = 0。

（3）转向获得此步骤的值集列表的方法，并获得后续的点或当前种群。

（4）得到下一步骤的标识符，在 magicData 中写入 GenerationNumber = 0，StepIndex = 1，并将所有信息返回给调用的方法。

（5）调用 GetNextPoints。返回一组 previousResults，且 GenerationNumber = 0，StepIndex = 1。

（6）得到一个步骤 Mutation 类的实例，因为 StepIndex = 1。要获得下一个种群，需要将当前种群传递给突变步骤方法，以便它可以使用所选算子对所有代理进行突变。

当这是第一个世代时，很容易得到当前的种群，但想象一下，如果这不是第一个世代，那么如何从 previousResults 中仅选择必要的实例呢？

正是出于这个目的，我将 Id 字段添加到 ObjectiveFunctionResult 类中。在 MagicData

类中有 PopulationIds 字段，其中包含解决方案 Id 列表。使用优化算法库的应用程序将能够提供此 Id，因为 ObjectiveFunctionResult 实际上是任务实体的映射，它当然会有一个标识符。

继续梳理以下步骤：

Mutation 步骤返回了一个要计算的新值集列表，我们将其传递给调用函数。

但重要的是，该值集不是新世代的。新世代由上一步骤中获得的种群加上突变步骤中获得的集合列表组成。

还需要考虑到，突变步骤可以通过将突变个体与上一代结合创造新一代，也可以通过替换亲本来实现这一点。

实际上，每一步骤都必须实现两个函数：一个函数获取参数集列表，另一个函数获得新的种群。第一个函数需要将控制权转移给调用函数，以便它可以计算新代理的目标函数，第二个函数则可以生成新的种群。

还有一个事实支持创建两个函数，即筛选步骤。在该步骤中，新的代理不会形成，但当前种群的一部分会被消除，这就是该步骤形成新种群的方式。

假设 Mutation 步骤现在有两个函数。其中一个函数生成一个新的参数集列表，另一个函数生成新的种群。看起来比较合理的做法是，首先调用函数来获取新的个体，然后获取新的种群，但这个顺序并不方便，因为在收到新个体的列表后，有必要将控制权转移到调用函数，这意味着无法继续对该函数的调用以获得新的种群。

还有一点需要注意的是，突变步骤可以选择用子代取代亲本，这意味着每组值都必须有自己的 MagicData。因此，我给 AlgorithmPoint 类添加了 MagicData 类型的字段，并为此创建了 PointMagicData 类。

由于算法的逻辑发生了变化，因此有必要再次开始梳理这些步骤。

（1）第一次调用 GetNextPoints()。此时 previousResults = null，magicString = null。反序列化 magicString，得到 GenerationNumber = 0，StepIndex = 0。

基于这些数据，可得到当前种群 currentPopulation 以及从之前的新个体列表中获得的计算结果 currentPreviousResults。当然，这两个列表都是空的，因为我们是第一次调用该函数。

（2）我们以需要返回给调用函数（nextPoints）的新个体列表是空的为条件开始循环。每次遍历该循环时，算法都会调用下一步骤的函数。并非所有步骤都会产生新的个体。

（3）在该循环中，我们会得到当前（零步骤）的一个实例，并调用 GetNextPopulation() 方法。此方法不会生成新的个体，因此对于初始化步骤，它将始终返回传递给它的列表。

（4）接下来进行下一步。在此逻辑中，我们必须对初始化步骤进行例外处理，因为不停止当前步骤就无法进入下一步。

（5）现在调用当前初始化步骤的 GetNextPoints() 方法，当然，该方法将返回函数需要传递给调用函数的新个体。

（6）如此循环往复。

代码清单 7-24 显示了 GetNextPoints() 方法第一步的实现。此代码片段将初始化 3 个重要变量：currentMagicData、currentPopulation 和 currentPreviousResults，从步骤（2）开始的循环中将需要它们。

代码清单 7-24　GetNextPoints() 函数的启动

```
public (List<AlgorithmPoint> points, string magicString)?
GetNextPoints(
    List<ObjectiveFunctionResult>? previousResults = null,
    string? magicString = null)
{
    previousResults ??= new();
    MagicData currentMagicData = new MagicData(magicString);
    List<ObjectiveFunctionResult> currentPopulation =
        GetCurrentPopulation(currentMagicData,
        previousResults);
    List<ObjectiveFunctionResult> currentPreviousResults =
        GetCurrentPreviousResults(currentMagicData,
        previousResults);
...
```

代码清单 7-25 显示了实现步骤（2）的循环的代码片段。

代码清单 7-25　GetNextPoints() 函数的第二部分

```
List<AlgorithmPoint>? nextPoints = null;
var nextMagicData = new MagicData();
while (nextPoints == null || !nextPoints.Any())
{
    AlgorithmInfo_Step currentStepInfo = _info.Steps
        .First(s => s.Index == currentMagicData.StepIndex);
    IAlgorithmStep currentStep = _stepFactory
        .GetStep(currentStepInfo, _functionVariables);
    currentPopulation = currentStep
        .GetNextPopulation(currentPopulation,
        currentPreviousResults);
    nextMagicData.PopulationIds = currentPopulation
        .ConvertAll(i => i.Id);
    AlgorithmInfo_Step? nextStepInfo =
    GetNextStep(currentMagicData, currentPopulation);
    bool stoppingConditionFulfilled =
        CheckStoppingCondition(nextStepInfo, currentMagicData,
        currentStepInfo);
    if (stoppingConditionFulfilled)
        return null;
    nextMagicData.GenerationNumber = currentMagicData.
    GenerationNumber;
    nextMagicData.StepIndex = nextStepInfo.Index;
    if (nextStepInfo!.Index <= currentStepInfo.Index
```

```
        && currentPopulation.Any())
            nextMagicData.GenerationNumber++;

        IAlgorithmStep nextStep = _stepFactory.
        GetStep(nextStepInfo, _functionVariables);
        nextPoints = nextStep
            .GetNextPoints(
                currentPopulation,
                new PointMagicData(
                    nextMagicData.GenerationNumber,
                    nextMagicData.StepIndex));
        currentMagicData = nextMagicData;
}
```

上述代码执行了以下操作：

（1）获得有关当前步骤的信息 currentStepInfo。有必要获取实现该步骤的类的实例。

（2）使用工厂，得到 currentStep 步骤类的一个实例。

（3）调用当前步骤的 GetNextPopulation()方法，并将结果保存到 currentPopulation 变量中。

（4）由于现在已经知道当前种群中个体的标识符，因此需要将它们写入 magicData。

（5）接收到关于下一步的信息。在代码清单 7-26 中提供了 GetNextStep()方法的实现。

（6）基于新步骤的索引可以判断这是否为下一代。这意味着我们可以检查完成计算的条件。如果条件尚未发生，则继续计算。

（7）如果新步骤的索引小于当前步骤的索引，则意味着算法已经完成了所有步骤，现在将开始生成新的世代。这意味着你可以在 nextMagicData 变量中增加世代数。

（8）调用新步骤的 GetNextPoints()方法。如果它返回新的个体，则控制权将转移到调用函数。

代码清单 7-26　GetNextStep()的实现

```
private AlgorithmInfo_Step GetNextStep(
    MagicData currentMagicData,
    List<ObjectiveFunctionResult> previousResults)
{
    if (!previousResults.Any())
        return _info.Steps.Single(s => s.Index == 0);

    AlgorithmInfo_Step? nextStep =
        _info.Steps
            .Where(s => s.Index > currentMagicData.StepIndex)
            .MinBy(s => s.Index);
    if (nextStep == null)
        nextStep = _info.Steps
            .Where(s => s.Index > 0)
            .MinBy(s => s.Index);

    return nextStep!;
}
```

7.3.4　初始化步骤

现在实现第一个步骤，即初始化步骤。需要强调的是，我们计划在此实现两个算子：FlatOperator 和 FlatManagedOperator。

代码清单 7-27 演示了 Init() 函数的实现。该函数并没有什么特别之处，其功能就是可以立即获得算子类的实例。

代码清单 7-27　Init() 函数

```
public void Init(
    AlgorithmInfo_Step step,
    List<FunctionVariable> functionVariables)
{
    _step = step;
    _functionVariables = functionVariables;
    _operator = _operatorFactory.GetOperator(_step.Operator);
}
```

如前所述，GetNextPopulation() 函数将返回已发送的 previousResults。代码清单 7-28 显示了 GetNextPoints() 函数的一个简单实现。这是调用 Generate 算子函数的地方。

代码清单 7-28　GetNextPoints() 函数

```
public List<AlgorithmPoint> GetNextPoints(
    List<ObjectiveFunctionResult>? population = null,
    PointMagicData? magicData = null)
{
    return _operator.Generate(_functionVariables, magicData);
}
```

让我们开始实现算子。先来看看它们的逻辑是什么。

FlatOperator 的思想是均匀分布预定数量的初始个体，这些个体均在可接受值范围内。

FlatManagedOperator 与 FlatOperator 非常相似，但它没有指定初始种群的大小，而是指定了一个最大可能个体数的百分比。实际上，在这两个算子中都调用了相同的函数生成个体；区别仅在于所需的新个体数量。

代码清单 7-29 显示了 FlatOperator 算子 Generate() 函数的实现。

代码清单 7-29　FlatOperator 算子的 Generate() 函数

```
public List<AlgorithmPoint> Generate(
    List<FunctionVariable> functionVariables,
    PointMagicData? magicData)
{
    return PointsFactory.Flat(functionVariables, magicData,
    _populationSize);
}
```

代码清单 7-30 显示了 FlatManagedOperator 算子相同方法（即 Generate()函数）的实现。它调用了相同的 PointsFactory.Flat()函数，区别是预先计算了所需个体数量。

代码清单 7-30　FlatManagedOperator 算子的 Generate()函数

```
public List<AlgorithmPoint> Generate(
    List<FunctionVariable> functionVariables,
    PointMagicData? magicData)
{

    int populationSize = GetPopulationSize(functionVariables);
    return PointsFactory.Flat(functionVariables, magicData,
    populationSize);
}

private int GetPopulationSize(List<FunctionVariable>
functionVariables)
{
    long variablesCount = 1;
    foreach (var variable in functionVariables)
    {
        List<decimal> values = variable.GetValues();
        variablesCount *= values.Count;
    }

    long populationSizeLong = (long)(_coveredPercent / 100 *
    variablesCount);

    int populationSize - (int)Math.Min(populationSizeLong,
    _maxPopulationSize);
    populationSize = Math.Max(populationSize,
    _minPopulationSize);

    return populationSize;
}
```

以上就是实现此步骤的基本思想。我还为该解决方案制定了一个相当简单的架构，在其中添加一个新的算子，只需要添加一个实现 IOperator 接口的类就足够了。

7.3.5　突变步骤

我将使用随机算子作为示例演示此步骤的实现。这种方法的本质是使用位于可接受值范围内的随机值替换一定数量的亲本基因。

代码清单 7-31 显示了获取种群的方法的实现。它包含一个简单的逻辑，将之前的种群与所有突变的个体结合起来。这意味着在这一步，个体的数量将翻倍。

代码清单 7-31　用于突变步骤的 GetNextPopulation

```
public List<ObjectiveFunctionResult>
    GetNextPopulation(List<ObjectiveFunctionResult>
```

```
previousPopulation,
    List<ObjectiveFunctionResult> previousResults)
{
    List<ObjectiveFunctionResult> nextPopulation = new();
    nextPopulation.AddRange(previousPopulation);
    nextPopulation.AddRange(previousResults);
    return nextPopulation;
}
```

代码清单 7-32 中给出的 GetNextPoints()函数也很简单。在该循环中，所有亲本都会经历突变过程。

代码清单 7-32　GetNextPoints()函数

```
public List<AlgorithmPoint> GetNextPoints(
    List<ObjectiveFunctionResult>? population = null,
    PointMagicData? magicData = null)
{
    var points = new List<AlgorithmPoint>();
    if (population == null)
        return points;

    foreach (ObjectiveFunctionResult parent in population)
    {
        AlgorithmPoint mutant = Mutate(parent);
        if (magicData != null)
            mutant.MagicData = magicData.ToString();
        points.Add(mutant);
    }

    return points;
}
```

代码清单 7-33 显示了此过程的实现。

它实现了以下算法：

（1）将所有可以包含多个值的变量放入 changeableVariables 变量中。

（2）随机选择突变过程所需数量的基因。

（3）调用所选算子的 Mutate()函数，并用结果值替换亲本基因。

代码清单 7-33　Mutate()函数

```
private AlgorithmPoint Mutate(ObjectiveFunctionResult parent)
{
    var mutant = new AlgorithmPoint();

    List<IVariableId> changeableVariables = new();
    foreach (FunctionVariable functionVariable in _
    functionVariables)
    {
```

```
        List<decimal> variations = functionVariable.
        GetValues();
        if (variations.Count>1)
            changeableVariables.Add(functionVariable.Id);
    }

    var random = new Random();
    List<IVariableId> variablesForMutation =
        random.GetList(changeableVariables, _mutationCount);
    foreach (var parentVariableValue in parent.Point.Values)
    {
        if (variablesForMutation.
        Contains(parentVariableValue.Id))
        {
            FunctionVariable functionVariable =
                _functionVariables.First(v => v.Id.
                Equals(parentVariableValue.Id));
            decimal parentValue = parentVariableValue.Value;
            decimal mutationValue = _operator.
            Mutation(functionVariable, parentValue);
            mutant.Values.Add(new FunctionVariableValue(
            parentVariableValue.Id, mutationValue));
        }
        else
            mutant.Values.Add(parentVariableValue);
    }

    return mutant;
}
```

7.3.6　筛选步骤

现在让我们开始实现筛选步骤。这一步骤不会创建新的个体，而是通过选择更合适的个体创建新的种群。因此，实现此步骤的类的 GetNextPoints()函数将返回 null。

GetNextPopulation()函数非常简单，该函数的实现如代码清单 7-34 所示。它将调用所选算子并返回生成的种群。

代码清单 7-34　用于筛选步骤的 GetNextPopulation()函数

```
public List<ObjectiveFunctionResult> GetNextPopulation(
    List<ObjectiveFunctionResult> previousPopulation,
    List<ObjectiveFunctionResult> previousResults)
{
    return _operator.GetNextPopulation(previousPopulation);
}
```

我为这一步骤实现了两个算子。即：

- 轮盘赌算子。
- 精英保留算子。

接下来，让我们仔细看看这两个算子。

1. 轮盘赌算子

在第 6 章中我们详细讨论了轮盘赌方法，因此在这里我只想提示一些基本原则。该方法的本质是以轮盘赌的形式选出个体，轮盘赌分为多个扇区。每个扇区都分配给一个特定的个体。该扇区的大小取决于个体的适应水平。

该选择算法的原理如下：

（1）计算每个个体被选中的概率。为此，可以取其目标函数的值，并将该值除以种群中所有个体值之和。

（2）将 0 到 1 的区间划分为与步骤（1）的值成比例的子区间。

（3）生成一个从 0 到 1 的随机数。根据个体所处的区间选择个体。

（4）根据需要重复步骤（3）多次。

根据上述算法，该算子只有一个自由参数：所需的种群大小。

代码清单 7-35 显示了 RouletteOperator 算子 GetNextPopulation()函数的实现。它不包括轮盘赌方法的基本逻辑，我将该逻辑移动到了另一个类中，因为轮盘赌方法在其他算子中也有使用。注意，每个个体的权重列表都会传递给 Roulette.Selection()方法。

代码清单 7-35　RouletteOperator 算子的 GetNextPopulation()函数

```
public List<ObjectiveFunctionResult> GetNextPopulation(
    List<ObjectiveFunctionResult> previousPopulation)
{
    List<(ObjectiveFunctionResult Entity, double
    ProbabilityWeight)> listForRoulette =
        previousPopulation.ConvertAll(i => (i, (double)
        i.Value));
    List<ObjectiveFunctionResult> nextIndividuals =
        Roulette.Selection(listForRoulette, _populationSize);

    return nextIndividuals;
}
```

代码清单 7-36 显示了 Roulette.Selection()方法的一个实现。这涉及通过调用 GetProbabilityElements()函数初始化轮盘赌扇区列表，然后调用 Random 类的 NextDouble()函数，该函数将返回一个从 0 到 1 的随机数。

在此之后，选择该数字所在的扇区，并将所选个体放入结果列表中。注意，此方法不会检查个体是否已进入新种群。

如前所述，在使用轮盘赌方法时，一些个体多次进入新的种群是正常的。

代码清单 7-36　Selection()函数

```
public static List<T> Selection<T>(
```

```
    List<(T Entity, double ProbabilityWeight)> list,
    int size,
    Random? rand = null)
{
    var result = new List<T>();
    List<ProbabilityElement<T>> probabilityElements =
        GetProbabilityElements(list);
    var random = rand ?? new Random();
    for (int i = 0; i < size; i++)
    {
        double u = random.NextDouble();
        ProbabilityElement<T> nextPoint =
            probabilityElements
                .First(e => u > e.MinInterval && u <=
                e.MaxInterval);
        result.Add(nextPoint.ListElement.Entity);
    }

    return result;
}
```

2. 精英保留算子

开发这种方法是为了确保最好的个体被纳入新的种群。它由两个阶段组成。

在第一阶段中，选出最优秀的个体，它们被列入新种群的个体名单。

第二个阶段则完全复制了轮盘赌方法。也就是说，使用轮盘赌方法将缺失的个体数量添加到新的种群中。

基于这一逻辑，该算子有两个参数：被视为精英的个体占总数的百分比和新种群所需的大小。

代码清单 7-37 显示了该算子 GetNextPopulation()函数的实现。

代码清单 7-37　GetNextPopulation()函数

```
public List<ObjectiveFunctionResult> GetNextPopulation(
    List<ObjectiveFunctionResult> previousPopulation)
{
    var individuals = new List<ObjectiveFunctionResult>();
    int eliteCount = (int)(_elitePercent / 100 *
    previousPopulation.Count);
    individuals.AddRange(
        previousPopulation
            .OrderByDescending(i => i.Value).ToList()
            .GetRange(0, elitCount-1));
    int remainder = _populationSize - individuals.Count;

    List<(ObjectiveFunctionResult Entity, double
    ProbabilityWeight)> listForRoulette =
        previousPopulation.ConvertAll(i => (i, (double)
        i.Value));
    List<ObjectiveFunctionResult> rouletteIndividuals =
    Roulette.Selection(listForRoulette, remainder);
    individuals.AddRange(rouletteIndividuals);
```

```
        return rouletteIndividuals;
}
```

可以看到，在代码清单 7-37 中，将首先计算精英的大小，并将该值放入 eliteCount 变量中；然后按照目标函数值的降序对之前的种群进行排序，并取 eliteCount 个排序在前的元素；最后调用之前实现过的轮盘赌方法（即 Roulette.Selection()方法）。

7.3.7　繁殖步骤

繁殖步骤的目的是通过交叉亲本个体创造新的个体。这一步的算法非常简单。它包括以下两个步骤：

首先，使用某种算法选择交叉对。

其次，使用前面描述过的算子之一交叉它们。

代码清单 7-38 显示了 GetNextPoints()函数的实现。在该函数中，首先检查当前种群是否至少由两个个体组成；否则，进一步的步骤毫无意义。然后，调用由选择步骤配置的 GetCarentsList()函数并将生成的亲本对放入 parentsList 变量中。最后，通过为每对亲本调用 Crossing()函数执行交叉。

代码清单 7-38　繁殖步骤的 GetNextPoints()函数

```
public List<AlgorithmPoint> GetNextPoints(
    List<ObjectiveFunctionResult>? population = null,
    PointMagicData? magicData = null)
{
    var nextGeneration = new List<AlgorithmPoint>();
    if (population != null && population.Count < 2)
        return nextGeneration;

    List<List<ObjectiveFunctionResult>> parentsList =
        _selectionStep.GetParentsList(population, _
        groupsCount);
    foreach (List<ObjectiveFunctionResult> parents in
    parentsList)
    {
        List<AlgorithmPoint> children = _crossingStep
            .Crossing(parents, _functionVariables);

        if (magicData != null)
        {
            string magicDataString = magicData.ToString();
            children.ForEach(c => c.MagicData =
            magicDataString);
        }
        nextGeneration.AddRange(children);
```

```
    }

    return nextGeneration;
}
```

GetNextPopulation 函数（如代码清单 7-39 所示）将基于先前的种群或亲本种群以及一组后代个体创建新的种群。在这一步骤中，我添加了 ReplaceWorst 参数。如果此标志为正值，则后代个体将完全替换最差的亲本个体。否则，新的种群将由后代和亲本个体组成。从长远来看，由于这种逻辑的存在，后代个体不仅会与它们这一代的个体竞争，还会与所有亲本个体竞争。当然，这在现实世界中是不可能的，因为没有不朽的生物。

代码清单 7-39　GetNextPopulation()函数

```
public List<ObjectiveFunctionResult> GetNextPopulation(
    List<ObjectiveFunctionResult> previousPopulation,
    List<ObjectiveFunctionResult> previousResults)
{
    if (previousPopulation.Count == 1)
        return previousPopulation;

    var individuals = new List<ObjectiveFunctionResult>();

    if (_replaceWorst)
    {
        int needParentsCount =
            previousPopulation.Count>previousResults.Count
                ? previousPopulation.Count -
                previousResults.Count
                : 0;
        var needParents = previousPopulation
            .OrderByDescending(p => p.Value).
            Take(needParentsCount);
        individuals.AddRange(needParents);
        individuals.AddRange(previousResults);
    }
    else
    {
        individuals.AddRange(previousPopulation);
        individuals.AddRange(previousResults);
    }

    individuals = individuals.GroupBy(i => i.Id)
        .Select(g => g.First()).ToList();

    return individuals;
}
```

1. 选择步骤

此步骤的目的是创建一组用于交叉的亲本对。实现此步骤的类的 GetCarentsList()函数中不包含逻辑。它将调用与所选算子同名的函数。

● 选择算子

该算子的基本思想是，只有那些适应度高于或等于当前种群平均适应度的个体才会被列入亲本名单。然后使用轮盘赌方法选择配对，所有精英都有相等的概率被选为配对。

代码清单 7-40 显示了此算子的 GetParentsList()函数实现。

代码清单 7-40　GetParentsList()函数

```
public List<List<ObjectiveFunctionResult>> GetParentsList(List<
ObjectiveFunctionResult> individuals, int groupsCount)
{
    var parentsList = new List<List<ObjectiveFunction
    Result>>();

    var elite = new List<ObjectiveFunctionResult>();
    int eliteCount = _elitPercent / 100 * individuals.Count;
    elite.AddRange(individuals.OrderByDescending(i => i.Value).
    ToList()
        .GetRange(0, eliteCount-1));

    List<(ObjectiveFunctionResult Entity, double
    ProbabilityWeight)> listForRoulette =
        elite.ConvertAll(i => (i, (double)i.Value));
    for (int i = 0; i < groupsCount; i++)
    {
        List<ObjectiveFunctionResult> parentsGroup =
            Roulette.SelectionDistinct(listForRoulette, 2);
        parentsList.Add(parentsGroup);
    }

    return parentsList;
}
```

● 泛交配算子

这可能是最简单的选择算子。该算子的思想是以相等的概率随机选择亲本个体。代码清单 7-41 显示了它的实现。

代码清单 7-41　GetParentsList()函数

```
public List<List<ObjectiveFunctionResult>> GetParentsList(List<
ObjectiveFunctionResult> individuals, int groupsCount)
{
    var parentsList = new List<List<ObjectiveFunction
    Result>>();

    for (int i = 0; i < groupsCount; i++)
    {
        List<ObjectiveFunctionResult> parentsGroup = Roulette.
        SelectionDistinct(individuals, 2);
        parentsList.Add(parentsGroup);
    }
```

```
        return parentsList;
}
```

2. 交叉步骤

此步骤的目的是根据前一步骤中形成的亲本个体组创建后代个体。与选择步骤的情况一样，实现此步骤的类的 Crossing()函数中不包含逻辑。它将调用与所选算子同名的函数。

让我们看看这一步骤的平面算子实现。其基本思想是，后代的基因是一个位于亲本基因最小值和最大值之间的随机数。

代码清单 7-42 显示了 Crossing()函数的实现。

注意，为了确定后代基因值的区间，我从亲本个体组中选择了最佳和最差的个体。这个操作实际上对该算子没有意义，但对我实现的其他算子来说很有意义，如启发式算子，其中子代基因的值应该更接近亲本基因的最佳值。

代码清单 7-42　Crossing()函数

```
public List<AlgorithmPoint> Crossing(List<ObjectiveFunction
Result> parents, List<FunctionVariable> functionVariables)
{
    var nextGeneration = new List<AlgorithmPoint>();

    ObjectiveFunctionResult parent1 = parents[0];
    ObjectiveFunctionResult parent2 = parents[1];
    var point = new AlgorithmPoint();
    nextGeneration.Add(point);
    foreach (FunctionVariableValue value1 in parent1.
    Point.Values)
    {
        FunctionVariableValue value2 = parent2.Point.Values.
        First(v => v.Id.Equals(value1.Id));
        FunctionVariable functionVariable = functionVariables.
        First(v => v.Id.Equals(value1.Id));
        decimal best = parent1.Value > parent2.Value ? value1.
        Value : value2.Value;
        decimal worst = parent1.Value < parent2.Value ? value1.
        Value : value2.Value;
        decimal crossValue = Crossing(best, worst,
        functionVariable);
        point.Values.Add(new FunctionVariableValue(value1.Id,
        crossValue));
    }

    return nextGeneration;
}
```

代码清单 7-43 演示了 Crossing()函数的实现，但针对的是一个基因。在这段代码中，已经实现的 Roulette 类再次派上了用场。

代码清单 7-43　Crossing 变量

```
private decimal Crossing(decimal best, decimal worst,
FunctionVariable functionVariable)
{
    decimal crossValue = best;

    if (best != worst)
    {
        decimal minValue = Math.Min(best, worst);
        decimal maxValue = Math.Max(best, worst);

        List<decimal> accessValues =
            functionVariable.GetValues()
                .Where(v => v >= minValue && v <= maxValue).
                ToList();
        crossValue = Roulette.Selection(accessValues);
    }

    return crossValue;
}
```

7.4　测　试　函　数

该模块的要求之一是实现数学函数，因此可以检查所创建算法的性能。这种函数的要求之一是需要大量的局部极值。满足此条件的最常见函数之一是 Rastrigin 函数。这正是我最先实现的函数。

该函数的公式如下：

$$f(X) = \sum_{i=1}^{|X|} (x_i^2 - 10\cos(2\pi x_i) + 10)$$

显然，该函数的最小值和最优解将是 0，所有变量的值都等于 0。

你可能会有疑问：上述优化问题听起来像是最小化目标函数的值，而我们寻找盈利策略的任务则是获得最大化值，那么寻求最小值不是南辕北辙吗？确实如此，但这个问题很好解决，因为如果把目标函数的值乘以−1，那么最大化问题就变成了最小化问题。

代码清单 7-44 显示了 Rastrigin 函数的实现。

代码清单 7-44　用于测试计算的函数的实现

```
public static decimal Calculate(
    List<FunctionVariable> functionVariables,
    AlgorithmPoint point)
{
    double result = 0;
    foreach (FunctionVariable variable in functionVariables)
    {
```

```
        double x = (double)point.Values.First(v => v.Id ==
        variable.Id).Value;
        result += x * x - 10 * Math.Cos(2 * Math.PI * x) + 10;
    }

    return (decimal)result;
}
```

7.5　子理论示例

优化算法模块已经实现。现在让我们仔细研究一下其用例。

想象一下，我们有一个子理论，其参数如下：

```
建仓信号：
    AND 组合：
        Volume < Const
        Bbw < Const
        Lp < BbwL
平仓信号：
    AND 组合：
        Hp > BbwU
```

风险控制将以止损单的形式呈现。

成交量（Volume）是指 K 线的交易量。K 线本身可以通过以下 3 个参数获得。

- CandleIntervalId：K 线间隔标识符（例如 1 分钟、2 分钟、日线和周线等）。
- CandleFrom：确定需要从当前 K 线移开多少根 K 线的参数。
- CandleTo：确定需要从 CandleFrom 移回多少 K 线的参数。

使用这些参数可以获得一组 K 线，用于计算成交量指标。你可以按类似的方式搜索所有其他指标的 K 线。如果条件涉及两个需要 K 线信息的指标，那么对于 condition = true 来说，左右部分的所有 K 线都必须满足该条件。

Const 是一个常数或特定的数字，不依赖于交易数据。这里只有一个参数，即成交量，它对比的是常数本身的值。

Bbw 指的是布林带宽度（Bollinger bands width），这是一个包含以下两个参数的指标：lookbackPeriods 和 standardDeviations。该指标还包含上面介绍的 3 个参数，用于确定计算该指标的 K 线。

Lp 是所选 K 线的最低价（low price）。除了上面描述的 3 个参数（CandleIntervalId、CandleFrom 和 CandleTo），它没有其他特定参数。

BbwL 指的是布林带下带（Bollinger bands lower band），它同样是一个包含以下两个参数的指标：lookbackPeriods 和 standardDeviations。该指标也包含上述 3 个参数，用于确定计算该指标的 K 线。

Hp 指的是最高价（high price）。除了定义 K 线所需的参数外，它没有其他特定参数。

BbwU 指的是布林带上带（Bollinger bands upper band），它同样是一个包含以下两个参数的指标：lookbackPeriods 和 standardDeviations。该指标也包含上述 3 个参数，用于确定计算该指标的 K 线。

止损单只有一个参数：保护系数。使用此系数可以计算限价。如果金融资产的当前价格高于此水平，则关闭头寸。

这里还有必要注意一下我决定为 CandleFrom 和 CandleTo 变量设置参数的方式。如果使用标准的 from、to 和 step，则值交叉以及数据无效的可能性很高。例如，当 CandleFrom = 5 和 CandleTo = 1 时，数据就是无效的。为了避免这种情况，我决定改为使用 CandleFrom 和 CandleInterval 参数，这样 CandleTo 很容易定义：CandleTo = CandleFrom + CandleInterval。

如果取所有信号参数，即可得到优化算法的变量列表，如表 7-2 所示。如你所见，从子理论参数到优化算法变量的转换非常容易实现。

表 7-2　开仓信号参数

对象	名称	参数	From	To	Step
开仓信号	Volume	CandleIntervalId	1 分钟、5 分钟、10 分钟、1 小时、4 小时		
		CandleFrom	0	2	1
		CandleInterval	0	5	1
	Const	Volume	10	2 000	10
	Bbw	LookbackPeriods	7	500	1
		StandardDeviations	2	5	1
		CandleIntervalId	1 分钟、5 分钟、10 分钟、1 小时、4 小时		
		CandleFrom	0	2	1
		CandleInterval	0	5	1
	Const	Volume	10	2 000	10
	Lp	CandleIntervalId	1 分钟、5 分钟、10 分钟、1 小时、4 小时		
		CandleFrom	0	2	1
		CandleInterval	0	5	1
	BbwL	LookbackPeriods	7	500	1
		StandardDeviations	2	5	1
		CandleIntervalId	1 分钟、5 分钟、10 分钟、1 小时、4 小时		
		CandleFrom	0	2	1
		CandleInterval	0	5	1

续表

对象	名称	参数	From	To	Step
平仓信号	Hp	CandleIntervalId	1 分钟、5 分钟、10 分钟、1 小时、4 小时		
		CandleFrom	0	2	1
		CandleInterval	0	5	1
	BbwU	LookbackPeriods	7	500	1
		StandardDeviations	2	5	1
		CandleIntervalId	1 分钟、5 分钟、10 分钟、1 小时、4 小时		
		CandleFrom	0	2	1
		CandleInterval	0	5	1
止损	保护系数	Coeff	0.1%	10%	0.1%

7.6　小　　结

　　本章介绍了实现优化算法模块的选项之一，实现了两种算法：暴力算法和遗传算法。这些模块的实现方式已经预先考虑了扩展问题，可以轻松添加新的算法。

　　在遗传算法中，每个步骤都实现了多个算子，这允许你设计自己的优化算法变体。我们还演示了如何实现一个可用于检查和测试优化算法的数学函数。

　　至此，优化算法模块已经准备就绪。

第 8 章　Core 模块的实现

本章将演示主要组件（即整个系统的内核）的实现。这里的 Core 模块就是用于搜索盈利策略的子系统和实际交易的子系统。该模块的主要功能是根据交易信息向经纪人发出信号，以在交易所下订单或关闭订单（见图 8-1）。

图 8-1　Core 模块输入输出数据

8.1　用　　例

在开始之前，回忆一下前面介绍过的搜索盈利策略的子系统部分和直接与 Core 模块交互的真实交易子系统部分的操作逻辑。

寻找盈利策略的逻辑是基于理论的生成，而理论又将生成子理论。子理论使用优化算法生成策略。

要计算某个历史数据区间的策略，需要创建一个任务，其中包含策略标识符和 TestCandleInterval 标识符。

要计算任务，必须将其放入队列中进行计算。队列是数据库中的一个单独表。队列处理将由一个特殊的应用程序处理，为此将在 Kubernetes 中创建多个 Pod。

使用子系统中的 Core 模块搜索盈利策略的方案如下：

（1）其中一个任务队列处理程序 Pod 会接收下一个任务。

（2）这将以 K 线数组的形式加载有关历史数据的信息，并启动一个循环处理它们。

（3）在每次迭代中，当新 K 线出现时，将会通知沙箱交易所（sandbox exchange），然后沙箱交易所会通知 Core 模块订单状态的任何变化。

（4）在通知沙箱交易所后，应用程序会通知 Core 模块新 K 线的出现。

（5）Core 模块执行计算，并发出在交易所下订单或关闭订单的命令。

在明确了在策略搜索子系统中使用 Core 模块的逻辑之后，接下来让我提示你如何在真实的交易子系统中使用此模块：

（1）策略管理器服务（strategy manager service）的任务应用程序根据有关金融工具类

型和盈利策略列表的信息，决定是否有必要激活策略-金融工具对。

（2）策略管理器服务的任务应用程序调用策略服务的 API 应用程序方法，指示需要激活策略–金融工具对。

（3）策略服务 API 应用程序在其数据库中注明，策略–金融工具对现在处于活动状态。

（4）策略服务的一个空闲 Worker App Pod 开始处理新的策略–金融工具对。

（5）这将订阅有关所选金融工具新 K 线出现的事件。

（6）当发生新 K 线出现的事件时，Worker App 会通知 Core 模块。

（7）Core 模块执行计算，并发出在交易所下订单或关闭订单的命令。

（8）Worker 应用程序发送交易所网关 API 命令以下订单或关闭订单。

（9）当接收到来自交易所的有关订单状态更改的信息时，Worker App 会再次通知 Core 模块。

这两种场景都是为 Core 模块设计的，一次只能处理一个策略-金融工具对。我在讨论架构解决方案的章节中特别关注了这一点。这有两个原因。

首先，金融工具可能波动非常大，因此，在一个 Pod 上运行大量策略时，可能会出现 Pod 没有时间处理所有关于 K 线变化的消息的情况。

其次，这种方法允许将运行策略相互隔离，因为它们将缓存常用信息。

因此，可以确定 Core 模块将响应以下外部命令和事件列表：

● InitContextCommand。此命令用于初始化常用信息。

● UpdateCandleEvent。更新 K 线时会生成此消息。

● CancelExchangeOrderEvent。此消息将通知模块，订单已被经纪人取消。

● CloseExchangeOrderEvent。此消息将通知模块，订单已在交易所完成执行。

● CreateDealEvent。当交易在交易所执行时，会出现此消息。

反过来，Core 服务将仅调用一个命令，即处理程序，它必须在外部应用程序中实现。

PlaceOrderCommand 是在交易所下订单的命令。我没有添加取消订单的命令。我们在第 4 章中讨论了这一机制。由于系统将实现系统订单，而后者将负责订单执行逻辑，因此在本次实现中我们决定只在交易所下市价订单，这些订单通常会立即执行。

值得一提的是，关于 K 线变化的事件只会每隔一分钟出现在 K 线上，因为其他 K 线可以很容易地根据分钟 K 线计算出来。这也是因为许多交易所和经纪人要求为每个 K 线间隔订阅一个单独的 Web 套接字连接通道，当然，这也限制了此类订阅和连接的数量。

8.2　上　下　文

在这个阶段，我不会用所有必要的信息填充上下文，因为我们并不知道可能需要什么。但我将为这一机制奠定基础。上下文将是一个单例，其中填充了 InitContextCommand 命令处理程序中的信息。

我将确保 StrategyContext 上下文类只有一个实例这项工作完全留给 IServiceCollection。为此，我创建了一个静态的 CoreServiceCollectionExtensions 类，并向其中添加了一行代码以声明 StrategyContext 上下文。

代码清单 8-1 显示了 Core 模块连接函数

代码清单 8-1　Core 模块连接函数

```
public static IServiceCollection AddCore(
this IServiceCollection services)
{
    services.AddSingleton<StrategyContext>();

    return services;
}
```

在上下文初始化命令类中，InitContextCommand 到目前为止只添加了所需的最小信息，如代码清单 8-2 所示。

代码清单 8-2　InitContextCommand 类

```
public class InitContextCommand: IRequest<bool>
{
    public required int ExchangeId;
    public required int InstrumentId;
    public required int StrategyId;
}
```

8.3　更新 K 线事件

更新 K 线事件由使用 Core 库的应用程序发出。Core 包含一个针对于此的处理程序。我非常简单地实现了事件类，如代码清单 8-3 所示。为此，我们只需要一支 K 线。稍后你可能需要更多信息，但就目前而言，这就足够了。

在实现 Event 时，我使用了 .NET8 的一个新特性。.NET 8 调用了主构造函数，这允许你提高代码的可读性。你可以在以下网址获取更多信息：https://learn.microsoft.com。

代码清单 8-3　UpdateCandleEvent 类

```
public class UpdateCandleEvent(Candle candle) : INotification
{
    public readonly Candle Candle = candle;
}
```

也许值得一提的是 Candle 的实现。同时，我会提醒你这个概念包括哪些字段。

代码清单 8-4 显示了它的实现，以及 CandleInterval 枚举的所有值。我根据需要实现了所有 required 字段，以确保除了标识 K 线的必要字段（如 ExchangeId、InstrumentId 和 Interval），还填写了这些字段。当然，这包括 K 线的 Open（开盘价）、Close（收盘价）、High（最高价）和 Low（最低价）。除了价格，K 线还包含所有过去交易的数量（Volume）和 K 线的开盘日期（OpenDate）。

代码清单 8-4　Candle 记录

```
public record Candle
{
    public required int ExchangeId;
    public required int InstrumentId;
    public required CandleInterval Interval;

    public required decimal Open;
    public required decimal Close;
    public required decimal High;
    public required decimal Low;
    public required decimal Volume;
    public required DateTime OpenDate;
}

public enum CandleInterval
{
    _1min = 1,
    _2min = 2,
    _3min = 3,
    _5min = 5,
    _10min = 10,
    _15min = 15,
    _30min = 30,
    hour = 60,
    _4hour = 240,
    day = 1440,
    week = 10080,
    month = 43200
}
```

当新的分钟 K 线出现的事件到来时，你需要做以下 3 件事：

● 检查 K 线是否属于当前上下文。

● 检查系统订单，因为当交易信息到达时，它们需要采取某些行动。

● 计算信号，必要时发出命令下订单。

代码清单 8-5 显示了对这个分钟 K 线事件处理程序的实现。在此，我执行了基本检查，以确保 K 线与上下文匹配。接下来在上下文中调用了 UpdateCandle() 函数（稍后将演示此函数的实现，现在可以假设，所需间隔的所有 K 线都已更新）。在计算信号值时，这是必需的。毕竟，它们不仅可以使用分钟 K 线，还可以使用其他间隔的 K 线。在更新上下文中的 K 线后，我按顺序处理了用于检查订单和信号值的命令。

代码清单 8-5　UpdateCandleEvent 处理程序的 Handle() 函数

```
public async Task Handle(UpdateCandleEvent notification,
CancellationToken cancellationToken)
{
    Candle newCandle = notification.Candle;

    if (newCandle.ExchangeId != _strategyContext.ExchangeId)
        return;

    if (newCandle.InstrumentId != _strategyContext.InstrumentId)
        return;

    _strategyContext.UpdateCandle(newCandle);

    await _mediator.Send(new CheckSystemOrdersCommand(),
    cancellationToken);
    await _mediator.Send(new CheckSignalsCommand(),
    cancellationToken);
}
```

8.4　检查信号

信号值在 CheckSignalsCommand 命令处理程序中检查。代码清单 8-6 显示了信号检查命令处理程序的实现。

其基本原理如下：

（1）先计算 SignalData，然后详细分析该类。

最重要的是，它包含一个 bool？类型的 SignalValue 字段，其中包含信号 true、false 或 null 的值。如果该值为 null，则表示当前无法进行信号计算。事实上，许多指标都需要历史 K 线数据，这意味着如果数据没有积累，则不可能进行计算。

（2）如果至少一个信号无法计算，则命令的处理将停止，因为无法确定是否可以建仓或平仓。

（3）如果开仓和平仓的信号都是正值，那么这种情况就被认为是矛盾的，既不会开仓也不会平仓。

（4）如果开仓信号被触发，则调用开仓命令。

（5）如果平仓信号被触发，则执行平仓操作。

经验告诉我，开立多个头寸的能力对策略的质量有正面影响。

代码清单 8-6　CheckSignalsCommand 处理程序

```
public async Task<bool> Handle(
    CheckSignalsCommand request,
    CancellationToken cancellationToken)
{
    int openSignalId = _strategyContext.Strategy.OpenSignalId;
    int closeSignalId = _strategyContext.Strategy.
    CloseSignalId;

    SignalData openSignalData =
        await _mediator.Send(new CalculateSignalCommand(
            openSignalId));
    SignalData closeSignalData =
        await _mediator.Send(new CalculateSignalCommand(
            closeSignalId));

    bool? openPosition = openSignalData.SignalValue;
    bool? closePosition = closeSignalData.SignalValue;
    if (!openPosition.HasValue
        || !closePosition.HasValue
        || openPosition.Value && closePosition.Value)
        return true;

    if (openPosition.Value)
        await _mediator.Send(new OpenPositionCommand());
    else if (closePosition.Value)
        await _mediator.Send(new ClosePositionsCommand());

    return true;
}
```

8.4.1　策略模型

在继续实现信号计算命令之前，有必要为此实现一个模型。作为一个实体，信号的计算主要应考虑以下方面：

- 计算信号的目的是计算是/否响应结果。
- 可以通过计算根组条件的值获得是/否答案。
- 有两种类型的组：AND 条件组和 OR 条件组。
- 每个条件组都可以包含子组和条件。
- 条件的表示方式是比较两个指标值。

代码清单 8-7 显示了 Signal 类的一个实现。由于这是一个实体，因此它包含一个 Id 字段。Name 字段包含将显示在用户界面的描述。此外，它还包含一个 Condition 字段。

如前所述，Condition 具有层次结构，因此 Condition 不是一个列表。

代码清单 8-7　Signal 类

```
public class Signal
{
    public required int Id;
    public required string Name;
    public required Condition Condition;
}
```

代码清单 8-8 中显示的 Condition 类看起来更有趣。

代码清单 8-8　Condition 类

```
public class Condition
{
    public required Guid Code;
    public required int Index;
    public required bool IsGroup;
    public required List<Condition> Conditions = new ();
    public required ConditionGroupType? GroupType;
    public required int? Indicator1Id;
    public required ConditionType? ConditionType;
    public required int? Indicator2Id;
}
```

可以看到，该类添加了以下字段：

- Code。在程序的许多地方都需要该字段，例如，在设置某个条件指标的参数值时。
- Index。此字段是确定 UI 向用户显示的顺序所必需的。在保存和更新包含信号的页面后，如果条件的顺序发生变化，则非常令人不适应。
- IsGroup。此字段对于了解该条件是一个条件组还是一个包含多个指标的完整条件是必要的。
- Conditions。如果条件是一个条件组，那么它当然包含子条件。这些子条件将存储在此参数中。
- GroupType。这是一个枚举类型的字段，且只包含两个值：AND 和 OR。
- Indicator1Id。这是第一个指标的 ID。
- ConditionType。这是比较标识符值的条件类型。它被表示为具有 6 个可能值的枚举：相等（equality）、不等（inequality）、小于（less）、小于或等于（lessorequal）、大于（greater）和大于或等于（greaterorequal）。
- Indicator2Id。这是第二个指标的 ID。

知道表示信号的类的结构之后，即可描述 SignalData 类。

代码清单 8-9 显示了 SignalData 类的一个实现。我向此字段添加了 Id，以便 SignalData

和指标值列表可以链接在一起。注意，在 SignalDataIndicatorValues 类中，我没有使用
IndicatorId 字段，而是引入了 bool 类型的 IsIndicator1 字段。也就是说，如果其值为
true，那么这是条件中 Indicator1Id 的值；否则，它就是 Indicator2Id。我是故意这样做
的，因为有些策略会比较同一指标的值，但时间间隔不同。

代码清单 8-9 SignalData 类

```
public class SignalData
{
    public long Id;
    public required int ExchangeId;
    public required int InstrumentId;
    public required int StrategyId;
    public required DateTime CandleTime;
    public required int SignalId;
    public bool? SignalValue;

    public List<SignalDataIndicatorValues> IndicatorValues
    = new();
}

public class SignalDataIndicatorValues
{
    public required string ConditionCode;
    public required bool IsIndicator1;
    public required decimal? IndicatorValue;
    public required int CandleBackNumber;
}
```

在这个阶段，我们拥有实现策略模型所需的一切。让我提醒你，该策略的主要目标
是包含开仓和平仓信号的标识符，以及计算所选信号的所有标识符所需参数的值。代码
清单 8-10 显示了 Strategy 类的一个实现。这是一个实体，这意味着它有自己的标识符。
我还添加了 Name 字段。OpenSignalId 和 CloseSignalId 是所选信号的标识符。

注意 StrategySignalParam 和 StrategySignalCandle 类中的 SignalId、ConditionCode 和
IsIndicator1 这 3 个字段，它们用于准确确定设置了哪个指标的参数。StrategySignalParam
包含有关指标参数值的信息，这是 IndicatorParamTypeId 字段的值列表，该字段将由用于
计算指标的单独库提供。StrategySignalCandle 类包含 CandleIntervalId 字段，它是计算指
标值的 K 线间隔的标识符，另外还有 CandleFrom 和 CandleTo 字段，它们决定了应该在
什么深度执行此计算。

代码清单 8-10 Strategy 类

```
public class Strategy
{
    public required int Id;
    public required string Name;
    public required int OpenSignalId;
```

```
    public required int CloseSignalId;

    public required List<StrategySignalParam>
    StrategySignalParams;
    public required List<StrategySignalCandle>
    StrategySignalCandles;
}

public class StrategySignalParam
{
    public required int SignalId;
    public required string ConditionCode;
    public required bool IsIndicator1;

    public required int IndicatorParamTypeId;
    public required decimal ParamValue;
}

public class StrategySignalCandle
{
    public required int SignalId;
    public required string ConditionCode;
    public required bool IsIndicator1;
    public required int CandleIntervalId;
    public required int CandleFrom;
    public required int CandleTo;
}
```

　　由于策略和信号已经成为复杂的实体，其参数很可能在命令处理程序中需要，因此有必要添加用于检索实体的存储库接口，并用新参数丰富 StrategyContext 类。

　　代码清单 8-11 显示了 InitContextCommand 命令处理程序的新实现。我得到了策略的目标和必要的信号。由于这些实体仅在策略启动时接收一次，因此应该记住，当策略或信号发生变化时，有必要重新启动策略。

代码清单 8-11　InitContextCommand 处理程序

```
public async Task<bool> Handle(
    InitContextCommand request,
    CancellationToken cancellationToken)
{
    _strategyContext.ExchangeId = request.ExchangeId;
    _strategyContext.InstrumentId = request.InstrumentId;
    _strategyContext.Strategy =
        await _strategyRepository.GetAsync(request.StrategyId);

    _strategyContext.Signals =
        await _signalRepository.GetAsync([
            _strategyContext.Strategy.OpenSignalId,
            _strategyContext.Strategy.CloseSignalId,
        ]);

    return true;
}
```

8.4.2　计算信号

现在让我们开始实现 CalculateSignalCommand 命令处理程序。该任务是以 SignalData 类实例的形式返回计算信号数据的结果，并将此数据保存到数据库中。用户将需要这些数据检查计算的正确性和整个算法的操作。

代码清单 8-12 显示了中央命令处理程序函数的实现。我填充了命令处理程序类中其他函数中需要的一些字段，然后创建了 SignalData 类的一个实例。

计算条件将调用 CalculateConcondition()函数。注意，我已将 SignalData 实例放入类字段中，这样做是为了让计算函数可以将计算出的指标值添加到其中。

代码清单 8-12　CalculateSignalCommand 处理程序

```
public async Task<SignalData> Handle(
    CalculateSignalCommand request,
    CancellationToken cancellationToken)
{
    _signal = _strategyContext.Signals
        .First(s => s.Id == request.SignalId);

    _signalData = new()
    {
        ExchangeId = _strategyContext.ExchangeId,
        InstrumentId = _strategyContext.InstrumentId,
        StrategyId = _strategyContext.Strategy.Id,
        CandleTime = _strategyContext.LastCandle!.OpenDate,
        SignalId = _signal.Id,
    };

    _signalData.SignalValue = CalculateCondition(_signal.
Condition);

    _signalData = await _signalDataRepository.SaveAsync
(_signalData);
    return _signalData;
}
```

CalculateCondition()函数的实现非常简单。这是选择计算函数的地方。如果这是一个条件组，则调用 CalculateGroupCondition()函数；否则，将调用 CalculateNotGroupCondition()函数。代码清单 8-13 显示了 CalculateCondition()函数的实现。

代码清单 8-13　CalculateCondition()函数

```
private bool? CalculateCondition(Condition condition)
{
    bool? conditionValue = false;
    if (condition.ItsGroup)
        conditionValue = CalculateGroupCondition(condition);
    else
        conditionValue = CalculateNotGroupCondition(condition);
```

```
    return conditionValue;
}
```

条件组计算函数是一个循环，其中将计算每个子条件，并根据其类型决定整个组的值。如果它是 AND 类型，则必须满足组的所有条件和其中包含的子条件。如果它是 OR 类型，那么只要有一个条件满足就足够了。

为了计算子条件的值，我使用了之前编写的 CalculateCondition() 函数。这个函数的有趣之处在于，我计算了所有的子条件（对于 AND 类型的组，其实在第一个不满足的条件处就可以停止），这是为了检查计算的正确性，我想看到所有的指标值，所以计算了全部条件。

代码清单 8-14 显示了此函数的实现。

代码清单 8-14　CalculateGroupCondition() 函数

```
private bool? CalculateGroupCondition(Condition condition)
{
    bool? conditionValue = condition.GroupType ==
    ConditionGroupType.And;
    bool oneOfChildIsNull = false;
    foreach (Condition childCondition in condition.Conditions)
    {
        bool? childConditionValue = CalculateCondition(
        childCondition);
        if (!childConditionValue.HasValue)
        {
            oneOfChildIsNull = true;
            break;
        }

        conditionValue = (condition.GroupType ==
        ConditionGroupType.And)
            ? conditionValue.Value &&
            childConditionValue!.Value
            : conditionValue.Value ||
            childConditionValue!.Value;
    }

    conditionValue = oneOfChildIsNull ? null : conditionValue;

    return conditionValue;
}
```

注意我是如何解决某些条件无法计算的问题的。我创建了一个变量 oneOfChildIsNull，如果它为 true，则只计算子条件，执行整个函数的结果将为 null。

一个更有趣的函数是计算非组合条件的函数。为此，你需要从信号设置中获取 K 线的深度，然后检查每根 K 线的状况。例如，如果条件配置如下：

```
indicator_1 candle from = 0 - candle to = 2
<
Indicator_2 candle from = 3 - candle to = 4
```

然后对 5 分钟 K 线进行计算，新 K 线的开盘日期为 2024-02-10T10:45:00。那么，为了使条件值为正，必须满足所有条件。

- indicator_1 on 2024-02-10T10:45:00 < Indicator_2 on 2024-02-10T10:30:00 (minus 3 times for 5 minutes)
- indicator_1 on 2024-02-10T10:45:00 < Indicator_2 на 2024-02-10T10:25:00 (minus 4 times for 5 minutes)
- indicator_1 on 2024-02-10T10:40:00 < Indicator_2 на 2024-02-10T10:30:00 (minus 3 times for 5 minutes)
- indicator_1 on 2024-02-10T10:40:00 < Indicator_2 на 2024-02-10T10:25:00 (minus 4 times for 5 minutes)
- indicator_1 on 2024-02-10T10:35:00 < Indicator_2 на 2024-02-10T10:30:00 (minus 3 times for 5 minutes)
- indicator_1 on 2024-02-10T10:35:00 < Indicator_2 на 2024-02-10T10:25:00 (minus 4 times for 5 minutes)

代码清单 8-15 显示了 CalculateNotGroupCondition()函数的实现。我从 candleFrom 和 candleTo 获得了 K 线设置，然后使用了两个周期。在每次迭代中计算每个指标的值，如果这两个值都不为空，则检查条件。

代码清单 8-15　CalculateNotGroupCondition()函数

```
private bool? CalculateNotGroupCondition(Condition condition)
{
    bool? conditionValue = false;

    var (candleFrom1, candleTo1) =
        GetFromToCandles(condition.Code, true);
    var (candleFrom2, candleTo2) =
        GetFromToCandles(condition.Code, false);

    for (int i1 = candleFrom1; i1 <= candleTo1; i1++)
    {
        for (int i2 = candleFrom2; i2 <= candleTo2; i2++)
        {
            decimal? indicator1Value =
                CalculateIndicatorValue(condition.Code,
                true, i1);
            decimal? indicator2Value =
                CalculateIndicatorValue(condition.Code,
                false, i2);

            bool? currentConditionValue = false;
```

```
            if (!indicator1Value.HasValue || !indicator2Value.
            HasValue)
                currentConditionValue = null;
            else
                currentConditionValue =
                    CalculateConditionValue(
                        condition.ConditionType!.Value,
                        indicator1Value.Value,
                        indicator2Value.Value);

            conditionValue = currentConditionValue;
            if (conditionValue != true)
                return conditionValue;
        }
    }

    return conditionValue;
}
```

代码清单 8-16 显示了 GetFromToHandle()和 CalculateConditionValue()辅助函数的实现。当然，K 线 from 和 to 设置存储在策略本身中，因此 GetFromToHandle()函数可访问 Strategy 类的一个实例。

CalculateConditionValue()函数是一个简单的开关。从 C# 8 版本开始，这样使用它变得非常方便。

代码清单 8-16　GetFromToProcessing()函数

```
private (int from, int to) GetFromToCandles(
    string conditionCode,
    bool isIndicator1)
{
    int candleFrom =
        _strategyContext.Strategy.StrategySignalCandles
            .FirstOrDefault(d =>
                d.SignalId == _signal.Id
                && d.ConditionCode == conditionCode
                && d.IsIndicator1 == isIndicator1)?.CandleFrom
        ?? 0;
    int candleTo =
        _strategyContext.Strategy.StrategySignalCandles
            .FirstOrDefault(d =>
                d.SignalId == _signal.Id
                && d.ConditionCode == conditionCode
                && d.IsIndicator1 == isIndicator1)?.CandleTo
        ?? 0;
    return (candleFrom, candleTo);
}

private bool CalculateConditionValue(
    ConditionType conditionType,
    decimal indicator1Value,
    decimal indicator2Value
) => conditionType switch
```

```
{
    ConditionType.Equality => indicator1Value ==
    indicator2Value,
    ConditionType.Inequality => indicator1Value !=
    indicator2Value,
    ConditionType.Greater => indicator1Value > indicator2Value,
    ConditionType.GreaterOrEqual => indicator1Value >=
    indicator2Value,
    ConditionType.Less => indicator1Value < indicator2Value,
    ConditionType.LessOrEqual => indicator1Value <=
    indicator2Value,
    _ => throw new ArgumentOutOfRangeException(nameof(
    conditionType), conditionType, null)
};
```

CalculateIndicatorValue()函数执行两个操作。首先，计算指标值；其次，将计算之后的值添加到 SignalData 中。当然，指标值是在特殊类 IndicatorComputerManager 的 Calculate() 函数中计算的。

接下来将详细分析计算指标的逻辑。代码清单 8-17 显示了 CalculateIndicatorValue() 函数的实现。

代码清单 8-17　CalculateIndicatorValue()函数

```
private decimal? CalculateIndicatorValue(
    string conditionCode,
    bool isIndicator1,
    int candleBackNumber)
{
    decimal? indicatorValue = _indicatorCalculatorManager.
    Calculate(
        _signal.Id,
        conditionCode,
        isIndicator1,
        candleBackNumber,
        _strategyContext.Candles);
        _signalData.IndicatorValues.Add(new
        SignalDataIndicatorValues
        {
            ConditionCode = conditionCode,
            IsIndicator1 = true,
            IndicatorValue = indicatorValue,
            CandleBackNumber = candleBackNumber,
        });

    return indicatorValue;
}
```

8.4.3　指标计算

为什么选择 IndicatorComputerManager？毕竟，从性质和名称上讲，Calculator 不应该包含状态。但实践表明，这并不完全正确。首先，我们需要一个实体，它将存储所需 K

线数量的已计算指标值，以计算最后三根 K 线的 indicator_1 < indicator_2 类型的条件。其次，许多指标的公式中都包含变量，其值取决于历史数据。例如，平均方向指数（average directional index，ADX）、平均真实范围（average true range，ATR）、布林带宽度（Bollinger bands width，BBW）等指标均取决于之前的值，这意味着该值必须存储在某个地方。

因此，我构建了以下类架构解决指标计算问题：

- IndicatorCalculatorManager。这是一个创建 Calculator 列表并存储它的单体程序。这正是计算指标时所使用的程序。此类的目的是生成并存储 Calculator 列表。

- HistoryCalculator。这是实现指标计算接口的类的包装器，也是存储所需 K 线数量的计算数据的地方。此类的目的是提供计算指标的能力，并能够传递 candleBackNumber 参数，这有助于找到计算指标的 K 线。

- 这些类实现了 IIndicatorCalculator 接口。有一些特定的类包含计算指标所需的所有必要逻辑。

代码清单 8-18 显示了 IndicatorCalculatorManager 类的 Init() 函数的实现。这将为每个指标生成 Calculator。Init() 函数在 InitContextCommand 命令处理程序中调用。

注意，GenerateCalculators() 函数是递归形式的；事实上，该函数将为每个条件初始化生成器类。这意味着在组类型的条件中，每个子条件都需要调用该函数。

代码清单 8-18　Init() 函数

```
public void Init(
    Strategy strategy,
    List<Signal> signals)
{
    _calculators.Clear();

    foreach (Signal signal in signals)
        GenerateCalculators(strategy, signal.Id, signal.
        Condition);
}

private void GenerateCalculators(Strategy strategy, int
signalId, Condition condition)
{
    if (condition.IsGroup)
    {
        foreach (Condition childCondition in condition.
        Conditions)
            GenerateCalculators(strategy, signalId,
            childCondition);
    }
    else
```

```
    {
        var calculator1 = GetCalculator(strategy, signalId,
        condition, true);
        _calculators.Add(calculator1);

        var calculator2 = GetCalculator(strategy, signalId,
        condition, false);
        _calculators.Add(calculator2);
    }
}
```

GetCalculator 方法非常简单。这涉及从集合中获取一个实现 IIndicatorCalculator 的类，并随后初始化 HistoryCalculator 类。

为了获得与指标链接的 Calculator，需要存储信号标识符、条件代码和指示这是左指标或右指标的标志。我决定将这些参数存储在 HistoryCalculator 类中。参见代码清单 8-19。

代码清单 8-19　GetCalculator()函数

```
private HistoryCalculator GetCalculator(
    Strategy strategy,
    int signalId,
    Condition condition,
    bool isIndicator1)
{
    int indicatorId =
        isIndicator1
            ? condition.Indicator1Id!.Value
            : condition.Indicator2Id!.Value;
    IIndicatorCalculator indicatorCalculator =
        _serviceProvider
            .GetRequiredKeyedService<IIndicatorCalculator>
            ((IndicatorIds) indicatorId);

    StrategySignalCandle candleParam = strategy.
    StrategySignalCandles
        .First(c =>
            c.SignalId == signalId
            && c.ConditionCode == condition.Code
            && c.IsIndicator1 == isIndicator1
        );
    var calculator = new HistoryCalculator
    {
        SignalId = signalId,
        ConditionCode = condition.Code,
        IsIndicator1 = isIndicator1,
        MaxCandlesCount = candleParam.CandleTo + 1,
        CandleInterval = (CandleInterval)candleParam.
        CandleIntervalId,
        Calculator = indicatorCalculator
    };

    return calculator;
}
```

在 GetCalculator()函数中，我通过指标 ID 从 IServiceCollection 获取 Calculator 类的实例。要获得此机会，必须首先将该类放入此集合中。代码清单 8-20 显示了 IServiceCollection 扩展和 IIndicatorCalculator 接口的实现。

为了自动添加实现 IIndicatorCalculator 接口的新类的能力，我在 IIndicatorCalculator 中添加了一个名为 static IndicatorIds Id{ get；}的静态字段。在 AddIndicators()函数中，我选择了当前程序集中实现 IIndicatorCalculator 接口的所有类，然后使用 AddKeyedTransient()函数添加每个类。

代码清单 8-20　IIndicatorCalculator 接口

```
public interface IIndicatorCalculator
{
    static IndicatorIds Id { get; }

    public void Init(
        Dictionary<IndicatorParamTypes, decimal>
        indicatorParams);
    public decimal? Calculate(Candle newCandle);
}

public static IServiceCollection AddIndicators(this
IServiceCollection services)
{
    services.AddSingleton<IndicatorCalculatorManager>();
    var calculators = AppDomain.CurrentDomain
        .GetAssemblies()
        .SelectMany(assembly => assembly.GetTypes())
        .Where(type =>
            typeof(IIndicatorCalculator).IsAssignableFrom(type)
            && !type.IsInterface
            && !type.IsAbstract);

    foreach (var calculator in calculators)
    {
        IndicatorIds indicatorId =
            (IndicatorIds) calculator!
                .GetProperty("Id")!
                .GetValue(null, null)!;
        services.AddKeyedTransient(
            typeof(IndicatorIds),
            indicatorId,
            calculator);
    }

    return services;
}
```

让我们继续讨论一下 HistoryCalculator 类的实现。它只有一个公共函数 Calculate()，其实现如代码清单 8-21 所示。首先，它将找到一根具有所需间隔的 K 线。

需要注意的是，K 线更新事件只会每隔几分钟发生一次，但基于此，可以计算所有其他事件的 K 线间隔。Calculate() 函数将接收所有时间间隔的 K 线作为参数，这意味着需要在其中找到正确的一根 K 线。

接下来执行 NeedCalculation 检查。这将检查所需 K 线的参数是否发生变化。如果 K 线发生了变化，则联系计算程序进行计算，并将新结果存储在 HistoryCalculator 类的字段中。在此之后，接收请求的值。

代码清单 8-21　Calculate() 函数

```
public decimal? Calculate(int candleBackNumber, List<Candle>
candles)
{
    Candle newCandle = candles.First(c => c.Interval ==
    CandleInterval);

    if (NeedCalculation(newCandle))
    {
        decimal? newValue = Calculator.Calculate(newCandle);
        PutNewValue(newCandle, newValue);
    }

    return GetValue(candleBackNumber);
}
```

8.4.4　平均真实范围

本小节将通过计算平均真实范围（average true range，ATR）指标演示指标计算程序的实现。

ATR 是技术分析中广泛使用的市场波动性指标之一。由于 ART 是真实范围的平均值，因此，它的参数当然包括 K 线的数量，根据 K 线的数量即可确定指标的平均值。

计算 ATR 的公式如下所示：

$$\frac{\sum_{i}^{n} \mathrm{Tr}_i}{n}$$

也就是说，ATR 实际上就是所需 K 线间隔数的真实范围除以 K 线间隔数之和。

真实范围（True Range，TR）使用以下公式计算：

$$\mathrm{Tr} = \max(H - L, |H - C_p|, |L - C_p|)$$

其中，

- H 是当前 K 线的最高价。
- L 是当前 K 线的最低价。
- C_p 是前一根 K 线的收盘价。

为了实现该计算，我创建了一个单独的抽象类计算平均指标。我把这个逻辑放在一个单独的类中，因为很多指标都使用平均值，所以让这类指标的平均值计算具有通用性是有意义的。

代码清单 8-22 演示了 AverageCalculator 类的实现。除了 Calculate()方法外，它还实现了 Init()方法。为什么使用 Init()方法而不是构造函数？因为指标参数只能通过 Init()方法初始化，而且因为类是使用 IServiceProvider 创建的，所需的 K 线数量只能从指标参数中找到。

Calculate()方法的逻辑其实就是监视所需的 K 线列表，并从子类调用作为参数传递的 calculateValue()函数。

代码清单 8-22　AverageCamputer 抽象类

```
public abstract class AverageCalculator
{
    private int _maxCandlesCount;
    private SortedList<DateTime, Candle> _lastCandles;

    protected void Init(int maxCandlesCount)
    {
        _lastCandles = new();
        _maxCandlesCount = maxCandlesCount;
    }

    protected decimal? Calculate(
        Candle newCandle,
        Func<List<Candle>, decimal?> calculateValue)
    {
        _lastCandles.TryAdd(newCandle.OpenDate, newCandle);
        _lastCandles[newCandle.OpenDate] = newCandle;

        decimal? value = null;
        if (_lastCandles.Count >= _maxCandlesCount)
        {
            if (_lastCandles.Count > _maxCandlesCount)
                _lastCandles.Remove(_lastCandles.
                GetKeyAtIndex(0));

            value = calculateValue(_lastCandles.Values.
            ToList());
        }

        return value;
    }
}
```

因此，AtrInstructorCalculator 类的实现非常简单。如代码清单 8-23 所示，这将计算每根 K 线的 Tr，将这些值相加，然后除以 K 线的总数。

代码清单 8-23　AtrInstructorCalculator 类

```
public class AtrIndicatorCalculator : AverageCalculator,
IIndicatorCalculator
{
    public static IndicatorIds Id => IndicatorIds.Atr;

    private int _lookbackPeriods;

    public void Init(Dictionary<IndicatorParamTypes, decimal>
    indicatorParams)
    {
        _lookbackPeriods = (int) indicatorParams[
        IndicatorParamTypes.LookbackPeriods];
        base.Init(_lookbackPeriods);
    }

    public decimal? Calculate(Candle newCandle)
    {
        decimal? value = base.Calculate(newCandle,
        CalculateValue);
        return value;
    }

    private decimal? CalculateValue(List<Candle> lastCandles)
    {
        decimal sumTr = 0;
        for (int i = 1; i < lastCandles.Count; i++)
        {
            Candle candle = lastCandles[i];
            Candle prevCandle = lastCandles[i - 1];
            decimal tr = Math.Max(candle.High - candle.Low,
                Math.Max(Math.Abs(candle.High - prevCandle.Close),
                Math.Abs(candle.Low - prevCandle.Close)));
            sumTr += tr;
        }

        decimal value = sumTr / lastCandles.Count;

        return value;
    }
}
```

在此我还想向你演示一下代码清单 8-24 中的 HighPriceCalculator 类的实现，它可以返回当前 K 线的最高价，这是另一个指标。我们的目的是向你展示在不改变库本质的情况下扩展库的功能是多么容易。

代码清单 8-24　HighPriceCalculator 类

```
public class HighPriceCalculator : IIndicatorCalculator
{
    public static IndicatorIds Id => IndicatorIds.HighPrice;

    public void Init(Dictionary<IndicatorParamTypes, decimal>
```

```
    indicatorParams)
    {
    }

    public decimal? Calculate(Candle newCandle)
    {
        return newCandle.High;
    }
}
```

8.5　头 寸 处 理

在实现了信号计算命令处理程序之后，库将基于获得的信号决定开仓还是平仓。

需要注意的是，开仓只是开立一个头寸，但平仓则是关闭所有头寸。这就是为什么这些命令被命名为 OpenPositionCommand 和 ClosePositionsCommand（Open 后面的 Position 是单数形式，而 Close 后面的 Positions 则是复数形式的）。

最开始的时候，我创建了一个只允许开立一个头寸的系统。但是，正如实践所表明的那样，这种方法获得盈利的可能性不如那种允许开立多个头寸的方法。因此，最重要的是制定一个规则，限制开仓的数量和频率。

头寸处理过程也很重要。例如，系统开立了一个头寸，然后在交易所下了一个买入订单，但你的交易所账户上没有足够的资金，返回了一个包含错误信息的回调。在这种情况下，过程很简单，但如果金融资产已经购买完成了该怎么办？

接下来，根据风险控制中描述的规则，你可以开立多个特定的系统订单。如果这时你接到了平仓的信号，则必须记住关闭所有辅助订单。

或者，如果系统发送了一个下买入订单的命令，但在某个地方出了问题，并且从未收到有关此订单状态的消息，那该怎么办？在这种情况下，你会怎么做？

我曾经尝试基于状态和它们之间的转换实现头寸处理。但随着系统变得越来越复杂，头寸处理的过程也变得更加复杂，最终我就搞不清它们的状态了，它们之间的转换逻辑也变得很困难。在再次尝试引入该处理流程的另一个分支失败后，我放弃了这种做法。我意识到是时候做出改变了。此时我想起，在我的系统中其实已经实现了一个状态机，除了异步之外，我对其他一切都很满意。

已实现的状态机使用数据库存储实体的当前状态。作业定期运行，读取表并处理实体状态。但在 Core 模块中，没有任何后台作业的问题，我根本没有机会等待 1 毫秒（或更长时间）来处理作业，有必要立即对事件作出回应。我想：如果创建一个"精简"版本的状态机，所有步骤都进行得很快，实体只会在事件到达时沿着流程图移动，那会怎么样？

这个解决方案有两个问题。第一个问题是，并行处理的实体数量不可控；换句话说，我们将无法控制负载。如果在状态机的实现版本中，在设置中指定了已处理实体的数量，那么精简版本该怎么做呢？想象一下，有数百个实体的事件将同时发生。这个系统能应付吗？但一个 Pod 上真的会有数百个头寸要开立吗？这不太可能，所以我决定忽略这种危险，因为整个系统的架构不允许这种情况发生。在真实的交易子系统中，我有一个规则：一个 Pod 等于一个策略-金融工具对。在策略搜索子系统中，一个 Pod 一次只处理一个任务。也就是说，我们将遵循该规则：策略-金融工具对是一对一的。

第二个问题是一个实体同时有两个事件到达的概率。如果该过程同时处理它们，那么就有可能发生灾难，因为状态机的主要思想是，一个实体在一个时间点只能处于一个状态，这一基础如果被打破，那么一个 Pod 上只处理一个策略-金融工具对的规则在面对这一问题时几乎是无解的，因为一个头寸可以向经纪人下多个订单，这意味着它们有可能同时收到状态变化事件。此外，不要忘记还有平仓事件。

如何摆脱这种局面？帮助我解决这个问题的方法是，我了解到事件处理是一个非常快速的过程，我也知道不会有太多的事件——让我提醒你，该系统不是为频繁下单的剥头皮交易（scalping trading）而设计的。这两点给了我一个思路：当一个事件到达时，所有线程的整个机器人进程都被阻塞，这样是否可行呢？也就是说，精简版一次只能处理一个实体的一个事件。这种方法有一个缺点：Pod 可能没有时间处理整个事件队列。但我还是决定尝试一下，因为我要尽快实现该处理程序，而且将开立头寸的数量控制在很小的范围内。

8.5.1　ProcessBot Lite

在继续实际的实现之前，不妨先定义一下精简版处理机器人（ProcessBot Lite）这个版本的状态机的操作逻辑。

以下是一些要点：

- 只有在接收到事件时，才会对实体执行操作。
- 在此版本中，Waiting 节点类型不会在等待一定的时间之后继续前进，而是始终停留在这一步，直至事件到达。
- 在处理事件时，机器人会逐步达到流程图的末尾，或在第一个 Waiting 类型的节点处等待。
- 状态机只能一次处理一个实体。
- 我打算将实体的当前状态存储在数据库中。但是，此集成本身不应该在这个库中实现，而应该发布一个关于状态更改的事件。

因此，此库的输入如下：

- 我们将输入流程图节点列表。假设它不会存储在数据库中，而是直接存储在代码中，这将确保它在两个子系统（搜索子系统和真实交易子系统）中是相同的。
- 我们通过一个方法实现了 IProcessActFactory 接口，该方法通过其类型标识符获取 IProcessAct。此外，获取实现 IProcessAct 的类可以通过另一种方式实现，即在状态机库中创建一个命令，并在使用它的应用程序中为此创建一个处理程序。但是，出于某种原因，我不喜欢这种方法。

  在使用工厂实现的情况下，可以通过在 IServiceCollection AddProcessBotLite 扩展方法中实现类来"强制"应用程序将该类传递给我。当然，如果是在团队合作的情况下，就不能这么做了。
- 我们还需要调用库通过单个 GetCurrentNodeIdAsync()方法实现 IProcessEntityQueries 接口，GetCurrentNodeIdAsync()方法将返回实体的当前状态。

因此，此库提供了 MoveEntityCommand 命令的实现。这就是沿着流程图驱动实体的东西。见图 8-2。

图 8-2　库的输入和输出功能

MoveEntityCommandHandler 类的实现很简单。只需要从 serviceCollection 中获取 ProcessMap 类的一个实例，并调用它的 MoveAsync()函数即可。

MoveAsync()函数的算法原理如下：

（1）处理事件。也就是说，它可将实体移动到最近的触发器。

（2）节点将在循环中移动和处理，直至实体到达具有 Waiting 类型的节点上或流程图运行完毕。

代码清单 8-25 显示了在步骤（2）的循环之前，MoveAsync()函数实现的第 1 部分。注意，此函数将返回一个 bool 类型。如果其值为 false，则表示此实体的工作流已结束。也就是说，机器人已经到达了流程图的末尾。

我在 LockAsync()函数中隔离了其他线程的状态机阻塞逻辑。另外还要注意，eventId 的值可以为 null，这是专门为首次使用新的实体进入函数（即启动流程）设置的。

首先，我们将调用 GetCurrentNodeIdAsync()函数以了解实体当前所在的节点。之后，将实体移动到 HandleEvent()函数中最近的触发器。

代码清单 8-25　MoveAsync()函数，第 1 部分

```
public Task<bool> MoveAsync(Guid entityId, int? eventId)
{
    return LockAsync(async () =>
    {
        Guid? currentNodeId =
            await _processEntityQueries.GetCurrentNodeIdAsync(
            entityId);
        if (!currentNodeId.HasValue && eventId.HasValue)
            return false;
        Guid? triggerNodeId =
            await HandleEvent(entityId, currentNodeId,
            eventId);
        if (!triggerNodeId.HasValue)
            return true;
```

代码清单 8-26 显示了 MoveAsync()函数实现的第 2 部分。循环通过调用 GetNextNodeId()
函数确定下一个节点的标识符。如果没有下一个节点，则意味着流程图已完成，工作流
已关闭。在收到 nextNodeId 后，应用程序会收到实体 MoveEntityEvent 状态变化的通知，
当然也会通过调用 HandleNode()函数处理节点。

注意 nodeHandleResult 变量。这里面有两个字段。Move 正是了解是否有必要停止循
环和 NodeId 的原因。NodeId 是进行转换的节点所必需的，例如，如果满足条件，则转到
NodeId_1，如果不满足，则继续移动。

代码清单 8-26　MoveAsync()函数，第 2 部分

```
        currentNodeId = triggerNodeId;
        (bool move, Guid? nodeId) nodeHandleResult = (true,
        currentNodeId);

        while (nodeHandleResult.move)
        {
            Guid? nextNodeId =
                GetNextNodeId(nodeHandleResult,
                currentNodeId!.Value);
            if (!nextNodeId.HasValue)
                return false;

            currentNodeId = nextNodeId.Value;

            await _mediator.Publish(
                    new MoveEntityEvent(entityId,
                    currentNodeId.Value));
            nodeHandleResult =
                await HandleNode(entityId,
                currentNodeId.Value);
        }
```

```
        return true;
    });
}
```

代码清单 8-27 显示了 LockAsync()方法的实现。我使用了微软提供的 SemaphoreSlim 类。如果研究一下其说明文档，该文档表明，"SemaphoreSlim 类代表了一个轻量级、快速的信号量，可以在等待时间预计很短的情况下用于在单个进程内等待。"也就是说，该类提供了允许阻止其他进程执行代码的功能。

代码清单 8-27　LockAsync()函数

```
private readonly SemaphoreSlim _semaphore =
    new(initialCount: 1, maxCount: 1);

private async Task<T> LockAsync<T>(Func<Task<T>> act)
{
    await _semaphore.WaitAsync();
    try
    {
        return await act();
    }
    finally
    {
        _semaphore.Release();
    }
}
```

代码清单 8-28 显示了 HandleEvent()函数的实现。在这种情况下，如果 currentNodeId 还没有值，即状态机第一次处理实体，则搜索流程图的第一个节点。如果该实体不是第一次被处理，则通过代码搜索第一个节点，该代码是所传输事件的触发器，其代码要优先于（大于）当前节点的代码。

如果找到触发器，则实体将移动到该触发器，并通知应用程序该实体的移动。

代码清单 8-28　HandleEvent()函数

```
private async Task<Guid?> HandleEvent(
    Guid entityId,
    Guid? currentNodeId,
    int? eventId)
{
    Guid? triggerNodeId;
    if (currentNodeId.HasValue)
    {
        Node currentNode = _nodes.First(n => n.Id ==
        currentNodeId);
        triggerNodeId = _nodes
            .Where(n =>
                n.Code > currentNode.Code
                && n.EventId == eventId)
            .MinBy(n => n.Code);
```

```
            ?.Id;
    }
    else
    {
        triggerNodeId = _nodes
            .Where(n => n.EventId == eventId)
            .MinBy(n => n.Code)
            ?.Id;
    }

    if (triggerNodeId.HasValue)
        await _mediator
            .Publish(
                new MoveEntityEvent(entityId, triggerNodeId.
                Value));

    return triggerNodeId;
}
```

　　代码清单 8-29 显示了用于查找下一个节点标识符的 GetNextNodeId()函数的实现。在此代码中，如果处理前一节点的结果包含下一节点的 ID，则转换到该节点；否则，选择代码优先于（大于）当前代码的第一个节点。

代码清单 8-29　GetNextNodeId()函数

```
private Guid? GetNextNodeId(
    (bool move, Guid? nodeId) prevHandleResult,
    Guid currentNodeId)
{
    Guid? nextNodeId;
    if (prevHandleResult.nodeId.HasValue)
        nextNodeId = prevHandleResult.nodeId.Value;
    else
    {
        Node currentNode = _nodes.First(n => n.Id ==
        currentNodeId);
        nextNodeId =
            _nodes
                .Where(n => n.Code > currentNode.Code)
                .MinBy(n => n.Code)
                ?.Id;
    }

    return nextNodeId;
}
```

　　代码清单 8-30 显示了节点处理函数的实现。在本示例中，将根据节点的类型执行操作。这里比较有趣的是处理 Act 类型的节点。它涉及获取实现 IProcessAct 接口的类的实例。在此之后，将调用 Make()方法。如果执行此操作的结果为 true，则意味着需要从当前节点的参数移动到节点；否则，你可以继续前进。

代码清单 8-30　　HandleNode()函数

```
private async Task<(bool move, Guid? nodeId)> HandleNode(
    Guid entityId,
    Guid nodeId)
{
    Node currentNode = _nodes.First(n => n.Id == nodeId);

    (bool move, Guid? nodeId) nodeHandleResult = currentNode.
    Type switch
    {
        NodeTypes.Act => await MakeAction(),
        NodeTypes.Waiting => (false, null),
        NodeTypes.Trigger => (true, null),
        NodeTypes.Description => (true, null),
        _ => throw new Exception($"unknown node type
        {currentNode.Type}")
    };

    return nodeHandleResult;

    async Task<(bool move, Guid? nodeId)> MakeAction()
    {
        IProcessAct? act =
            _processActFactory.GetAct(currentNode.
            ActId!.Value);
        if (act == null)
            throw new Exception($"act is unknown {currentNode.
            ActId!.Value}");
        bool moveTo = await act.Make(entityId, currentNode.
        MagicString);
        Guid? moveToNodeId = null;
        if (moveTo)
            moveToNodeId = currentNode.MoveToNodeId!.Value;

        return (true, moveToNodeId);
    }
}
```

8.5.2　处理步骤

ProcessBot Lite 库已经实现。现在有必要思考头寸处理流程的过程图。首先，需要定义流程图将做出反应的事件列表。

我列出的事件包括：

● 开始（start）。此事件将开始头寸处理过程。

● 开仓订单已执行（open order executed）。在创建头寸后，需要立即购买一定数量的金融工具。为此，将创建一个系统订单，然后该订单向经纪人发出在交易所下订单的命令。当交易所订单被执行时，系统订单也将被执行。此事件是由执行系统订单这一事实生成的。

- 开仓订单错误（open order error）。有时经纪人无法在交易所下订单，这可能有很多原因，例如，账户中的资金不足，或经纪人工作暂时停止等。系统必须能够妥善处理这种情况。
- 平仓（close position）。此事件可能在以下几种情况下发生：第一，当触发平仓信号时。第二，当信号来自风险控制模块时。在我们的实现中，这相当于关闭一个辅助系统订单，例如止盈订单。第三，当用户在 UI 中明确指示系统平仓时，可以根据用户的请求产生关闭头寸的事件。
- 平仓订单已执行（close order executed）。平仓时有必要将该头寸的投资组合中的金融资产金额减少到零。这意味着，如果投资组合中还有一定数量的金融资产，则必须将其出售。也就是说，下卖出订单。由于此操作，可能会产生两个事件：平仓订单已执行和平仓订单错误。
- 平仓订单错误（close order error）。如上所述，这是下订单出售金融资产时可能发生的第二种事件。

有鉴于此，我得到了表 8-1 中列出的头寸状态列表。也许其中有争议的一点是"停止并发出警报"（Stop and alert）状态。这发生在平仓时出售资产的订单不成功的情况下。此时尝试再次下订单可能是有意义的，但这种方法可能无法获利，因为目前尚不清楚资产将以什么价格出售。我决定采取保守的路线，在不可预见的情况下给自己发警报。

同样值得注意的是"添加到活动头寸队列"（Add to queue of active positions）和"从活动头寸队列中删除"（Remove from queue of active positions）的操作。在开立新头寸时，有必要了解开仓的数量，以便对其进行控制。头寸数量将稳步增长，因此对活动头寸的选择要求也将增加。为了防止这种情况，我添加了另一个表存储开仓列表。

表 8-1　操作列表

名称和解释	类型
Trigger: 'Start' 触发：'Start'	Trigger 触发器
Set the status 'Created' 设置状态为 'Created'	Act 操作
Add to queue of active positions 添加到活动头寸队列	Act 操作
Create an opening order 创建开仓订单	Act 操作
Wait 等待	Wait 等待

续表

名称和解释	类型
Trigger: 'Open order executed' 触发：'Open order executed'	Trigger 触发器
Set the status to 'Open' 设置状态为 'Open'	Act 操作
Create auxiliary orders 创建辅助订单	Act 操作
Wait 等待	Wait 等待
Trigger: 'Close position' 触发：'Close position'	Trigger 触发器
Cancel all auxiliary orders 取消所有辅助订单	Act 操作
Go to 'Sell All' if the opening order is filled 如果开仓订单已填写则转到 'Sell All'	Act 操作
Wait 等待	Wait 等待
Trigger: 'Open order error' 触发：'Open order error'	Trigger 触发器
Go to 'Ending the process' 转到 'Ending the process'	Act 操作
Trigger: 'Open order executed' 触发：'Open order executed'	Trigger 触发器
Sell All 全部卖出	Description 说明
Place a closing order 下达平仓单	Act 操作
Wait 等待	Wait 等待
Trigger: 'Close order executed' 触发：'Close order executed'	Trigger 触发器
Go to 'Ending the process' 转到 'Ending the process'	Act 操作
Trigger: 'Close order error' 触发：'Close order error'	Trigger 触发器

续表

名称和解释	类型
Stop and alert 停止并发出警报	Act 操作
Ending the process 结束处理	Description 说明
Set the status to 'Closed' 设置状态为 'Closed'	Act 操作
Remove from queue of active positions 从活动头寸队列中删除	Act 操作
End of process 结束处理	Description 说明

该方案具有高度的可扩展性。例如，当开发一个资本管理模块时，可以在此方案中添加步骤，用于下订单并额外购买金融资产或部分出售，以固定部分利润。

8.5.3 事件

现在让我们描述一下在流程图上设置头寸的功能。更确切地说，就是编写命令处理程序以处理事件。

首先要处理的事件当然是 Start。此事件在创建头寸并将其记录在数据库中后立即发生。

代码清单 8-31 显示了头寸创建命令处理程序 OpenPositionCommandHandler 的实现。其基本原理是，如果计算开仓信号的结果为正，则从 CheckSignalsCommand 命令调用 OpenPositionCommand 命令。

在此处理程序中，通过进一步调用 ProcessBotLite 处理程序调用生成新头寸的命令。注意，头寸生成器可能返回 null，而不是对 position 类实例的引用。这是因为可以限制同时开立的头寸数量。

代码清单 8-31　OpenPositionCommandHandler

```
public async Task<bool> Handle(
    OpenPositionCommand request,
    CancellationToken cancellationToken)
{
    var position =
        await _mediator.Send(new GeneratePositionCommand());
    if (position == null)
        return false;
```

```
    position = await _positionRepository.SaveAsync(position);
    await _mediator.Send(
        new MoveEntityCommand(position.Id, (int)EventIds.
        Start));

    return true;
}
```

代码清单 8-32 显示了 GeneratePositionCommand 命令处理程序的最简单实现之一。首先，它将搜索活动头寸。如果至少找到一个，则不会创建新头寸。你可以根据资金管理情况更改此条件。一般来说，我将头寸生成划分为一个单独的命令，目的是在其中使用资本管理块。因为这是计算购买所需金融工具金额的地方。

由于资本管理非常简单，我没有将其拆分为一个单独的实体，而是在策略中添加了设置。我只需要 PositionBalanceCoeff，它决定了应开立头寸所占当前余额的比例。

注意 positionCount 计算和四舍五入处理。这可以通过在商品实体中添加小数字段来改进。这里所说的商品是金融工具的两大组成部分之一。商品包含两种：基础商品（base goods）和数量商品（quantity goods）。

以金融工具 POWI_USD 为例：

● 　基础商品是 Power Integrations 公司的股票。

● 　数量商品是美元。

也就是说，当我们下买单时，实际上是购买基础商品并花费数量商品（美元）。对于 POWI 而言，小数位数可以设为 0。但如果基础商品不是公司股票而是类似以太坊这样的加密货币呢？以太坊有 18 位小数位数，这说明小数位数的设置至关重要。

此代码还可以通过添加"手数"（lots）功能予以改进。事实上，并非所有交易所都支持小量交易，而是以手数为单位进行交易。例如，购买某种货币时，通常需要指定的是手数而非具体货币数量。举例来说，无法直接购买 15 000 哥斯达黎加科朗（Costa Rican Colon，CRC，哥斯达黎加共和国法定货币），但可以下达买入 10 手的订单，每手等于 10 000 CRC。

在该代码中，同样值得考虑的是经纪人对购买或出售金融资产的限制。所有经纪人都限制订单大小。你不能下单用 1 美分购买 CRC（1 美元≈507.395 哥斯达黎加科朗），就像你不能下订单出售价值 10 亿美元的 CRC 一样。

代码清单 8-32　GeneratePosition 命令处理程序

```
public async Task<Position> Handle(
    GeneratePositionCommand request,
    CancellationToken cancellationToken)
{
    List<Position> activePositions =
        await _positionRepository.GetActivePositions(
```

```
            _strategyContext.ExchangeId,
            _strategyContext.Instrument.Id,
            _strategyContext.Strategy.Id);

    if (activePositions.Count > 0)
        return null;

    decimal currentQuoteBalance = await _balanceQueries.
    GetBalanceAsync(
        _strategyContext.ExchangeId,
        _strategyContext.Instrument.Id,
        _strategyContext.Strategy.Id,
        _strategyContext.Instrument.QuoteGoodsId
    );
    decimal currentPrice = _strategyContext.Candles.
    First().Close;
    decimal positionTotal =
        _strategyContext.Strategy.PositionBalanceCoeff *
        currentQuoteBalance;
    decimal positionCount =
        Math.Round(positionTotal / currentPrice, 0,
        MidpointRounding.ToZero);

    Position position = new()
    {
        Id = Guid.NewGuid(),
        ExchangeId = _strategyContext.ExchangeId,
        InstrumentId = _strategyContext.Instrument.Id,
        StrategyId = _strategyContext.Strategy.Id,
        Count = positionCount,
    };

    return position;
}
```

事件"开仓订单已执行"（Open order executed）、"开仓订单错误"（Open order error）、"平仓订单已执行"（Close order executed）和"平仓订单错误"（Close order error）仅在响应经纪人订单状态变化的事件时发出。为了处理它们，我创建了一个命令 HandleFinalOrderStatusCommand，它会将订单状态解析为新的系统订单状态和事件，以进行头寸处理。代码清单 8-33 显示了此命令处理程序实现的第 1 部分。这是解析和保存系统订单新状态的地方。

代码清单 8-33　HandleFinalOrderStatusCommand 处理程序，第 1 部分

```
public async Task<bool> Handle(
    HandleFinalOrderStatusCommand request,
    CancellationToken cancellationToken)
{
    SystemOrder systemOrder =
        await _systemOrderRepository
            .GetAsync(request.Order.SystemOrderId);
```

```
systemOrder.Status = request.Status switch
{
    OrderStatus.Canceled => SystemOrderStatus.Canceled,
    OrderStatus.Error => SystemOrderStatus.Error,
    _ => SystemOrderStatus.Closed
};

await _systemOrderRepository.UpdateAsync(systemOrder);
```

代码清单 8-34 显示了函数后半部分的实现。根据系统订单的新状态，选择所需的 EventId 类型，并进一步调用头寸流程处理程序命令。

注意，"开仓订单已执行"（Open order executed）事件不仅是对系统订单的"已关闭"（Closed）状态的响应，也是对"已取消"（Cancelled）状态的反应。我还为系统订单引入了另一个 PositionOrderType 字段。这对于理解在头寸内创建此订单的目的是必要的。它可以取 3 个值：Open（开仓）、Auxiliary（辅助）和 Close（平仓）。因此，只有当 Open 或 Close 系统订单的状态发生变化时，才会在整个过程中执行头寸移动的反应。在该实现中，我们同意仅根据风险控制中的设置创建辅助系统订单；也就是说，它们只影响头寸关闭命令。

代码清单 8-34　HandleFinalOrderStatusCommand 处理程序，第 2 部分

```
EventIds eventId = systemOrder.PositionType switch
{
    (PositionOrderType.Open) => systemOrder.Status switch
    {
        SystemOrderStatus.Closed
            or SystemOrderStatus.Canceled => EventIds.
            OpenOrderDone,
        SystemOrderStatus.Error => EventIds.OpenOrderError,
        _ => throw new Exception("unknown order status")
    },
    PositionOrderType.Close => systemOrder.Status switch
    {
        SystemOrderStatus.Closed
            or SystemOrderStatus.Canceled => EventIds.
            CloseOrderDone,
        SystemOrderStatus.Error => EventIds.
        CloseOrderError,
        _ => throw new Exception("unknown order status")
    },
    _ => throw new Exception("unknown position type")
};

await _mediator.Send(
    new MoveEntityCommand(systemOrder.PositionId, (int)
    eventId));

return true;
}
```

事件处理程序如何修改经纪人处的订单状态？这个实现并不难，它们只执行两个重要操作：将新状态保存到数据库和调用 HandleFinalOrderStatusCommand 命令。需要指出的是，这些事件可以通过不同的方式实现。你可以为每个状态创建多个事件，也可以创建一个 ChangeOrderStatusEvent 并将新的订单状态作为参数传递。

我们还需要实现头寸处理过程中的最后一个事件，那就是"平仓"事件。此事件可以从两个命令处理程序发出。

第一种情况，当检查到平仓信号时，会发出 ClosePositionsCommand，并且所有活动头寸都已关闭。

第二种情况则是在处理 CheckSystemOrdersCommand 命令时发出的。当新 K 线到达时，将在事件处理程序中调用 CheckSystemOrdersCommand。

代码清单 8-35 显示了 ClosePositionsCommand 命令处理程序的实现，这将检查活动头寸。如果有，则使用 ClosePosition 事件处理头寸。

代码清单 8-35　ClosePositionsCommand 命令处理程序

```
public async Task<bool> Handle(
    ClosePositionsCommand request,
    CancellationToken cancellationToken)
{
    var openPositions =
        await _positionRepository
            .GetActivePositions(
                _strategyContext.ExchangeId,
                _strategyContext.Instrument.Id,
                _strategyContext.Strategy.Id);

    if (!openPositions.Any())
        return true;

    foreach (Position openPosition in openPositions)
        await _mediator
            .Send(
                new MoveEntityCommand(
                    openPosition.Id,
                    (int)EventIds.ClosePosition));

    return true;
}
```

HandleFinalOrderStatusCommand 命令处理程序看起来更有趣，但首先我们需要研究一下辅助系统订单。我实现了三种类型的此类订单，为了配置它们，我分配了一个单独的 RiskControl 实体，其标识符被放置在 Strategy 类的字段中。

- 止损单（stop loss order）。如果资产的当前价格低于创建此订单时的资产价格减去设置中指定的某个百分比，则此订单会发出平仓信号。换句话说，该系统订单指定了资产价格的下限。如果价格跌破这个水平，则立即平仓止损。

- 止盈单（take profit order）。此订单的逻辑与止损订单的逻辑相似。只不过它指定的是资产价格的上限。如果资产价格高于此水平，则立即平仓止盈。
- 追踪止损止盈订单（trailing stop order）。在第 3 章中讨论风险控制时详细介绍了该类型的订单。

该订单的基本思想是设定 3 个边界：决策边界（decision border）、止盈边界（profit border）和止损边界（stop border）。

- 止盈边界的行为与止盈订单完全相同，区别在于这个水平不取决于资产的初始价格，而是取决于根据特定逻辑移动的价格。
- 止损边界与止盈边界相反。也就是说，如果资产价格低于此值，则头寸关闭。
- 决策边界是决定更改目标价格的线，相对于该线计算止盈和止损边界。当资产价格达到此值时，会检查一个特殊信号，如果为 true，则目标价格会发生变化。

我还将 BorderChangeCoeff 参数引入了设置中，该参数负责止盈和止损边界的偏移。也就是说，这些边界随着目标价格的每一次变化而变得更加接近。这意味着，伴随着每一次正向决定，触发该系统订单的概率都会增加。

代码清单 8-36 显示了 CheckSystemOrdersCommand 命令处理程序函数的实现。当新 K 线到达时，会触发此功能。我将获得所有活动头寸和它们的系统订单，然后可根据它们的类型检查条件。

代码清单 8-36　CheckSystemOrdersCommand 命令处理程序

```
public async Task<bool> Handle(
    CheckSystemOrdersCommand request,
    CancellationToken cancellationToken)
{
    List<Position> activePositions =
        await _positionRepository.GetActivePositions(
            _strategyContext.ExchangeId,
            _strategyContext.Instrument.Id,
            _strategyContext.Strategy.Id);
    List<SystemOrder> systemOrders =
        await _systemOrderRepository.GetByPositionIdAsync(
            activePositions.ConvertAll(p => p.Id).Distinct());

    foreach (SystemOrder systemOrder in systemOrders)
    {
        var result = systemOrder.Type switch
        {
            OrderType.StopLoss =>
                await StopLoss_UpdatePrice(systemOrder),
            OrderType.TakeProfit =>
                await TakeProfit_UpdatePrice(systemOrder),
            OrderType.Trailing =>
```

```
            await Trailing_UpdatePrice(systemOrder),
        _ => true
    };
    }

    return true;
}
```

代码清单 8-37 显示了止损和止盈订单处理程序的实现。事实上，这两个处理程序的区别仅在于与当前价格的比较符号。

代码清单 8-37　止损和止盈订单处理程序的实现

```
private async Task<bool> StopLoss_UpdatePrice(SystemOrder systemOrder)
{
    decimal currentPrice = _strategyContext.CurrentPrice();
    double protectOrderLessPriceCoeff =
        _strategyContext.RiskControl.ProtectOrderLess
        PriceCoeff!.Value;
    decimal protectPrice =
        systemOrder.Price!.Value * (1 - (decimal)
        protectOrderLessPriceCoeff);
    if (currentPrice <= protectPrice)
        await ClosePosition(systemOrder);

    return true;
}

private async Task<bool> TakeProfit_UpdatePrice(SystemOrder systemOrder)
{
    decimal currentPrice = _strategyContext.CurrentPrice();
    double protectOrderHighPriceCoeff =
        _strategyContext.RiskControl.
        ProtectOrderHighPriceCoeff!.Value;
    decimal protectPrice =
        systemOrder.Price!.Value * (1 + (decimal)
        protectOrderHighPriceCoeff);

    if (currentPrice >= protectPrice)
        await ClosePosition(systemOrder);

    return true;
}
```

代码清单 8-38 显示了检查此类系统订单的基本逻辑。在本示例中，我们将检查价格边界的交点，如果发生这种情况，则关闭头寸并退出函数。如果没有发生这种情况，则检查决策边界；如果价格已经达到目标值，则目标价格会发生偏移。此外，我还将 ChangedCount 字段添加到系统订单实体中，这对于缩小价格限制是必要的。

代码清单 8-38　追踪订单处理程序

```
private async Task<bool> Trailing_UpdatePrice(
    SystemOrder systemOrder)
```

```
{
    decimal currentPrice = _strategyContext.CurrentPrice();

    if (CheckProfitBorder() || CheckStopBorder())
    {
        await ClosePosition(systemOrder);
        return true;
    }

    if (await CheckBorder())
    {
        systemOrder.ChangedCount++;
        systemOrder.Price = _strategyContext.CurrentPrice();
        await _systemOrderRepository.UpdateAsync(systemOrder);
    }

    return true;
}
```

CheckProfitBront()和 CheckStopBorder()函数看起来几乎与 StopLoss_UpdatePrice()和 TakeProfit_UpdatePrice()函数相同。唯一的区别是，新边界不仅取决于设置中指定的系数，还取决于边界本身的偏移次数（系统订单中的 ChangedCount 字段）。代码清单 8-39 显示了其中一个函数的实现。这里，应注意计算边界的公式。

- trailingProfitBorderCoeff：边界高于目标价格的系数。例如，如果将此值设置为 0.1，则意味着如果资产的当前价格超过目标价格的 10%，则需要关闭头寸。
- trailingBorderChangeCoeff：随着目标价格变动次数的增加，边界变窄的系数。例如，如果将此值设置为 0.05，则意味着每次边界移动时，追踪盈利边界系数将减少 5%。

让我们来看一个例子。

如果 ChangedCount = 0，那么 trailingBorderChangeCoeff 将等于 95%的零次幂。任何零次幂的数字总是等于 1。也就是说，上限将等于 Price*(100%+10%*1) = 110%Price。

当 ChangedCount = 1 时，trailingBorderChangeCoeff 将等于 95%的 1 次幂，即等于 95%。这意味着限价将等于 Price*(100%+10%*95%) = 109.5%Price。也就是说，上限与目标价格的偏差不是 10%，而是 9.5%。

当 ChangedCount = 2 时，trailingBorderChangeCoeff 将等于 95%的 2 次幂，上限将等于 Price*(100%+10%*95%*95%) = 109.025%Price。

如此循环继续，偏移次数越多，边界就越窄。

代码清单 8-39　CheckProfitbront()函数

```
bool CheckProfitBorder()
{
    double trailingProfitBorderCoeff =
        _strategyContext.RiskControl
```

```
            .TrailingProfitBorderCoeff!.Value;
    double trailingBorderChangeCoeff =
        _strategyContext.RiskControl
            .TrailingBorderChangeCoeff!.Value;
    trailingBorderChangeCoeff =
        Math.Pow((1-trailingBorderChangeCoeff), systemOrder.
        ChangedCount!.Value);
    trailingProfitBorderCoeff *= trailingBorderChangeCoeff;

    decimal protectPrice =
        systemOrder.Price!.Value * (1 + (decimal)
        trailingProfitBorderCoeff);

    return currentPrice >= protectPrice;
}
```

CheckBorder()函数的实现如代码清单 8-40 所示，它将检查价格是否跨越边界。如果发生这种情况，则检查信号。这一点非常重要，它决定了是否需要调整目标价格。

代码清单 8-40　CheckBorder()函数

```
async Task<bool> CheckBorder()
{
    double trailingDecisionCoeff =
        _strategyContext.RiskControl.
        TrailingDecisionCoeff!.Value;
    decimal decisionPrice =
        systemOrder.Price!.Value
        * (1 + (decimal)trailingDecisionCoeff);
    if (currentPrice <= decisionPrice)
        return false;

    SignalData signalData = await _mediator.Send(
        new CalculateSignalCommand(
            _strategyContext.RiskControl.
            TrailingDecisionSignalId!.Value));
    return signalData.SignalValue ?? false;
}
```

8.5.4　处理操作

在理解了影响头寸处理的事件，并且实现了所有相关命令之后，现在需要实现步骤处理程序了。首先，需要将它们添加到 IServiceCollection 中。需要说明的是，流程中的每一步都必须实现 IProcessAct 接口，但这还不够，因为未来还需要实现一个包含 IProcessActFactory 接口的类，该类只有一个函数，用于通过流程步骤中指定的标识符获取 IProcessAct 实现。

要创建这些步骤，可以使用 IServiceProvider，并使用 GetRequiredKeyedService ()函数接收操作。

这意味着每个类都必须包含一个键。因此，我创建了另一个接口，称为 ICoreAct。

如代码清单 8-41 所示，它具有一个静态 ActId 字段。所有操作都将实现此接口。

代码清单 8-41　ICoreAct 接口

```
public interface ICoreAct : IProcessAct
{
    static ActIds ActId { get; }
}
```

代码清单 8-42 显示了 IServiceCollection 实现的一部分，我在其中添加了所有操作。为此，我查找了实现 ICoreAct 接口的当前程序集的所有类，然后为每个类找到了名为静态字段 ActId 的 actId，然后使用等于 actId 的键将它们添加到 IServiceCollection 中。

代码清单 8-42　向 IServiceCollection 添加操作

```
var acts = AppDomain.CurrentDomain.GetAssemblies()
    .SelectMany(assembly => assembly.GetTypes())
    .Where(type =>
        typeof(ICoreAct).IsAssignableFrom(type)
        && !type.IsInterface);

foreach (var act in acts)
{
    ActIds actId =
        (ActIds) act!
            .GetProperty(nameof(ICoreAct.ActId))!
            .GetValue(null, null)!;
    services.AddKeyedTransient(typeof(IProcessAct),
    actId, act);
}
```

因此，用于获取实现 IProcessAct 的类实例的函数如代码清单 8-43 所示。

代码清单 8-43　GetAct()函数

```
public IProcessAct? GetAct(int actId)
{
    return
        serviceProvider
            .GetKeyedService<IProcessAct>(actId);
}
```

需要实现的步骤列表如下：

- SetStatusAct。这将用于多个步骤，如"将状态设置为 Created"（Set the status Created）、"将状态设置为 Open"（Set the status to Open）等。此步骤将在参数中获取所需状态的 ID，然后在数据库中执行 Update 过程以更新项目的状态。
- PutToQueueAct。这将执行将头寸放置在活动头寸队列中的过程。
- CreateAuxiliaryOrdersAct。如有必要，这将创建辅助订单。我为这样的订单实现了 3 种选择：止损单、止盈单和追踪单。

- CancelAuxiliaryOrdersAct。这将执行取消所有先前创建的辅助订单的过程。
- MoveToIfOpenOrderCompletedAct。此步骤将检查开仓订单的状态。如果它处于最终状态，则转换到参数中指定的步骤。
- MoveToAct。这是无条件移动到节点参数中指定的步骤的操作。步骤 Go to 'Ending the process' 需要操作数据。
- CreateCloseOrderAct。这是创建平仓订单的操作。
- AlertAct。在此步骤中，头寸将停止并在日志条目中标记错误。
- RemoveFromQueueAct。这将从活动头寸列表中删除一个头寸。

诸如 AlertAct 或 PutToQueueAct 这样的简单步骤就不再介绍了，因为它们背后的逻辑很简单。需要仔细查看的是 CreateAuxiliaryOrdersAct 步骤。代码清单 8-44 显示了 Make()函数的部分实现。

这个代码片段中最有趣的是确定新系统订单的目标价格的过程。由于一个开立头寸的订单可能涉及两笔价格不同的交易，因此在本示例中，我决定将目标价格设为开立头寸订单的所有交易价格的平均值。

这里，我得到了所有的系统头寸命令，之后选择了一个开仓订单。我假设它已经被创建了。如果没有，那么该步骤将以错误结束，这是合乎逻辑的。在此之后，我接收到经纪人下的订单，并调用 AvgPrice()函数以获取平均价格值。

代码清单 8-44　CreateAuxiliaryOrdersAct 的 Make()函数

```
List<SystemOrder> systemOrders = await
    _systemOrderRepository.GetByPositionIdAsync(entityId);
SystemOrder openSystemOrder =
    systemOrders.First(o => o.PositionType ==
    PositionOrderType.Open);
List<Order> orders = await _orderRepository.GetBySystemOrder
Async(openSystemOrder.Id);
Order openOrder = orders.First();

decimal avgPrice = openOrder.AvgPrice();

if (riskControl.CreateProtectOrderLess)
{
    await _mediator.Send(new CreateSystemOrderCommand
    {
        PositionId = entityId,
        Type = OrderType.StopLoss,
        PositionType = PositionOrderType.Auxiliary,
        Count = openOrder.Count,
        Price = avgPrice
    });
}
```

```
public class Order
{
    public decimal AvgPrice()
    {
        if (Deals == null || !Deals.Any())
            return 0;
        decimal price =
            Deals.Sum(d => d.Price * d.Count)
            / Deals.Sum(d => d.Count);
        return price;
    }
}
```

还有一个需要注意的是 CreateCloseOrderAct，其中所有已购买的资产都是头寸处理的结果。由于我打算使处理头寸的过程复杂化，因此这里出售所有资产的逻辑是不正确的，这些资产都是因执行开仓订单而购买的，它们是头寸处理的结果，这可能会增加额外购买或部分出售金融资产的步骤。因此，在这一步骤中，我选择了在交易所下达的所有订单并根据执行交易后的结果计算资产的数量。代码清单 8-45 显示了此算法的实现。

注意，在这种情况下，必须确定交易中资产金额的符号。

代码清单 8-45　CreateCloseOrderAct 的 Make()函数

```
public async Task<bool> Make(Guid entityId, string magicString)
{
    List<Order> orders = await _orderRepository.
    GetBySystemOrderAsync(entityId);
    decimal balance = orders
        .Sum(o =>
            o.Deals.Sum(
                deal =>
                    o.Side ==
                    OrderSide.Buy
                        ? deal.Count
                        : -deal.Count));
    if (balance > 0)
    {
        await _mediator.Send(new CreateSystemOrderCommand
        {
            PositionId = entityId,
            Type = OrderType.MarketSell,
            PositionType = PositionOrderType.Auxiliary,
            Count = balance
        });
    }

    return false;
}
```

8.6　小　　结

本章试图尽可能详细地揭示系统主要模块的实现。我们演示了如何处理上下文，这大大加快了策略的计算速度。此外，我们还实现了一个用于计算信号和指标的块。

本章创建了一个处理交易的机器人，并通过它描述了头寸的生命周期。这决定了该系统是否会为你带来收入。

增加复杂性、改变计算逻辑、添加指标和更改流程图都将对系统的效率产生很大的影响。

第 9 章　最终实现方法

在前面的章节中，我们详细描述了如何创建交易系统的主要模块，阐释了如何改进和构建交易系统，提供了包括架构解决方案在内的大量信息。但是，还有一个重要方面尚未充分探讨，那就是基础设施问题。本章将介绍如何部署服务。当然，本书不会像所讨论的工具的说明文档那样全面，但它将为你提供进一步研究的资源，并演示如何在家用计算机上构建一个相当复杂的基础设施。

本章将提供有关如何使用 Docker 和 Kubernetes 部署和运行项目的信息。我们还将探讨如何部署所需的基础设施。

9.1　Binance 适配器

在启动应用程序之前，你需要创建它。在前面的章节中，我们重点关注的是系统的内部服务，甚至只是它的域层，而没有详细介绍数据库和外围服务之间的交互。

本章将展示如何创建一个可用的应用程序。让我们为目前最大的加密货币交易所之一 Binance 推出一个适配器。

9.1.1　功能目标

在第 4 章中，详细描述了系统中与交易所交互相关的部分。这里，我想提示你这个区块的主要目标和架构特征。

以下是交易所的交互块中包含的主要功能：

- 下单的可能性。
- 取消订单的可能性。
- 提供有关更新订单状态和执行交易的信息。
- 提供交易数据。

本章将演示如何实现最后一点，因为它清楚地展示了你必须处理多少数据。

我们的目标是实现一个连接到 Binance 的应用程序，以接收 K 线更新，并将这些数据放入 Kafka 主题中。

9.1.2　具体实现

为了实现这个应用程序，我创建了一个 ASP.NET 项目。

在由唯一托管服务 CollectDataHostedService 添加的 Main() 函数中，我实现了从 Binance 接收数据，如代码清单 9-1 所示。这也是我配置日志（logging）、控制器（controller）和资源管理器（explorer）的地方。

代码清单 9-1　Main() 函数

```
public static void Main(string[] args)
{
    var builder = WebApplication.CreateBuilder(args);
    builder.Services.AddControllers();
    builder.Services.AddEndpointsApiExplorer();

    builder.Services.AddHostedService
    <CollectDataHostedService>();

    string logLevel = Environment
        .GetEnvironmentVariable("LOG_LEVEL") ?? "Trace";
    builder.Services.AddLogging(c =>
    {
        c.AddConsole()
            .SetMinimumLevel(Enum.
            Parse<LogLevel>(logLevel, true));
    });

    WebApplication app = builder.Build();

    app.MapControllers();

    app.Run();
}
```

为了快速检查该应用程序的功能，我添加了一个控制器 HealthCheckController（参见代码清单 9-2）。这里，我实现了两个函数：liveness() 和 readiness() 函数。稍后我会告诉你为什么定义两个函数，每个函数都有什么目的，目前你只需要知道它们将返回状态为 200 Success 的响应。注意，当你调用/status/liveness 方法时，将收到响应 "It's alive!!! "，添加此项是为了对应用程序的功能进行简单的可视检查。

代码清单 9-2　状态控制器

```
[ApiController]
[Route("status")]
public class HealthCheckController: Controller
{
    [HttpGet("liveness")]
    public ActionResult Liveness()
    {
```

```
        return Ok("It's alive!!!");
    }

    [HttpGet("readiness")]
    public ActionResult Rediness()
    {
        return Ok();
    }
}
```

代码清单 9-3 显示了 CollectDataHostedService 类的构造函数的实现。为此，我使用了两个流行的软件包：一个用于与 Binance 集成（https://www.nuget.org/packages/Binance.NET），另一个用于与 Kafka 交互（https://www.nuget.org/packages/Confluent.Kafka）。

此构造函数为 Kafka 实例化了 Binance 和生产者客户端类。Kafka 生产者是一个向主题写入消息的 Kafka 客户端。

代码清单 9-3　托管服务，第 1 部分

```
public CollectDataHostedService(
    ILogger<CollectDataHostedService> logger)
{
    _logger = logger;
    _exchange = "binance";
    _symbol = Environment
        .GetEnvironmentVariable("SYMBOL")
        ?? "btcusdt";

    _bootstrapServers =
        Environment
            .GetEnvironmentVariable("KAFKA_BOOTSTRAP_
            SERVERS")!;
    _binanceSocketClient = new BinanceSocketClient();

    _producer =
        new ProducerBuilder<Null, string>
            (new ProducerConfig()
            {
                BootstrapServers = _bootstrapServers
            })
            .Build();
}
```

StartAsync() 函数将订阅 Binance 交易所 K 线更新事件。订阅时，必须传递消息到达事件处理程序。代码清单 9-4 显示了这样一个实现。本示例使用了 LogLevel 跟踪记录消息，并生成 Kafka 主题。

代码清单 9-4　托管服务，第 2 部分

```
public Task StartAsync(CancellationToken cancellationToken)
{
    var klineSubscriptionResult =
```

```
            _binanceSocketClient.SpotApi.ExchangeData
                .SubscribeToKlineUpdatesAsync(
                    symbol: _symbol,
                    interval: KlineInterval.OneMinute,
                    onMessage: HandleDataEvent,
                    cancellationToken);

    return klineSubscriptionResult;
}

public Task StopAsync(CancellationToken cancellationToken)
{
    return _binanceSocketClient.UnsubscribeAllAsync();
}

private void HandleDataEvent(DataEvent<IBinanceStreamKlineData> message)
{
    string KafkaMessage = JsonConvert.SerializeObject(message);
    _logger.LogTrace(KafkaMessage);

    string topic = $"{_exchange}_{_symbol}";
    _producer
        .ProduceAsync(
            topic,
            new Message<Null, string>()
                {Value = KafkaMessage});
}
```

如果使用 Kafka 服务器实例的当前 URL 设置 KAFKA_BOOTSTRAP_SERVERS 环境变量并运行该应用程序，那么在日志中，将看到一条消息流，其中包含有关 BTC_USDT 对的分钟 K 线的当前信息。

9.2　Docker

本节将详细介绍 Docker。我们将解释如何基于应用程序创建 Docker 容器并在计算机上运行它。

9.2.1　容器化技术发展简史

在开始介绍 Docker 之前，不妨先来看看容器化技术是如何产生的。

大约在 20 世纪 90 年代，当计算机开始连接到网络时，称为提供商（provider）的公司参与了基础设施的开发。例如，在那些日子里，如果想让自己的项目或网站出现在互联网上，则必须从提供商那里购买或租用整个服务器，当然，这个价格可不便宜。

这种方法存在一个大问题：资源闲置。想象一下，你有一个新闻网站，它的峰值负载只发生在早晨那一小段时间，但是，你仍然必须租用专为峰值负载设计的服务器。那么剩下的时间呢？你的服务器将处于空闲状态。也就是说，如果你的网站并非一直处于峰值负载状态，那么这其实浪费了不少钱。

　　这个问题的解决方案是虚拟机技术的发展，它导致了云提供商的出现。云提供商购买并设置物理服务器，然后将这些虚拟机租给客户。虚拟化技术可以在一台物理服务器上运行许多独立的操作系统，并为每个操作系统分配所需的资源。以前，你被迫租用整个物理服务器，现在，你可以租用所需物理服务器的资源，并在必要时轻松增加这些资源。这成功实现了配置的可扩展性（scalability）。

　　正是在这个时候，亚马逊网络服务（Amazon Web Services）、DigitalOcean、谷歌云（Google Cloud）、微软 Azure 等公司应运而生。这些公司负责所有底层工作，如优化物理服务器和提高网络性能。由于这种方法的发展，应用程序开发人员和系统管理员实现了分离。现在，作为一名开发人员，你不再需要了解网络设置或物理服务器操作的复杂性。现在程序开发人员可以完全专注于编写代码。

　　这种方法确保了互联网项目和初创公司的蓬勃发展。随着应用程序的增长，复杂性也在增加。这种复杂性不仅表现在项目的算法或逻辑复杂性上，还表现在基础设施的复杂性上。项目开始不是由一个大型的单片服务组成，而是由许多不同的组件组成，每个组件都需要自己的一组依赖关系。例如，两个不同的应用程序可能使用两个版本的TypeScript。见图 9-1。

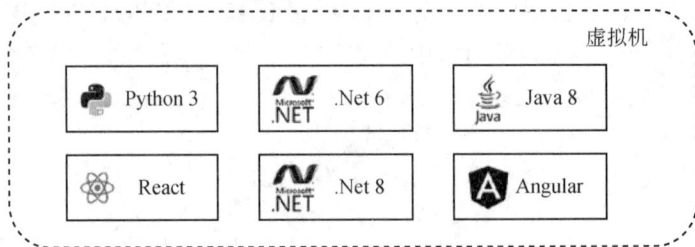

图 9-1　虚拟机

　　由于复杂性的增加，将所有应用程序保存在单个操作系统中则变得较为困难。因此，一个很明显的解决思路是在不同的虚拟机上分发应用程序。这种方法被证明有效，并在许多公司中使用，但这种方法也有两个问题。

　　首先是日益增长的复杂性。你拥有的虚拟机越多，那么拥有的不同类型的应用程序就越多，支持所有这些应用程序就越困难。更不用说，它们还需要更新或更改配置。除了所有这些复杂性之外，监控所有这些虚拟机和部署不同环境的难度也很大。开发人员需要开发环境，测试人员需要测试环境。因此，在发布版本之前，一个比较好的做法是在尽可能类似于生产环境的阶段环境中对新版本进行最终检查。

　　第二个问题是虚拟机占用了大量的服务器资源。每个虚拟机都需要自己的操作系统。当只有几十台服务器时，问题可能还不那么明显，但当持有更多的服务器时，它们就会消耗海量的服务器资源，从而消耗大量的资金。

为了解决这个问题，人们发明了容器化技术。目前，最流行的平台是 Docker。Docker 的要点是，它不是直接在操作系统上运行应用程序，而是启动一个 Docker 进程，目标应用程序在该进程中运行。从操作系统的角度来看，这样的进程看起来就像另一个进程。也就是说，它看起来只是另一个完成某些事情的应用程序。

在每个 Docker 进程中，每个正在运行的应用程序都认为它在整个操作系统中是唯一的，包括其所有依赖关系、用户和环境变量。

Docker 与虚拟机不同，它非常轻量级，只提供安全性。也就是说，它确保一个应用程序无法访问该系统上的其他应用程序和进程，并确保网络运行以确保容器之间的通信。

9.2.2　需要 Docker 的理由

Docker 技术对我们的系统有什么可以利用的地方？我们的交易系统建立在微服务架构之上。在第 4 章中详细描述了这种方法的优点。这里，我将强调这种方法的主要优点，即可扩展性和独立性。

可扩展性对于快速轻松地增加系统一部分所需的资源是必要的。例如，随着主动策略数量的增加，需要增加负责处理交易信息的应用程序的资源。同时，不需要增加应用程序 UI 部分的资源。

独立性是选择微服务架构的主要原因之一。对于微服务来说，如果在系统的一个部分发现问题，其余部分将不会受到影响。想象一下，当你在与某个交易所的集成块中发现错误时，需要更新应用程序以修复此错误。此时如果采用的是单体程序架构，那么整个应用程序都需要重新启动，这意味着所有不在该交易所交易的策略都将停止工作。对我们来说，这样的选择是不可接受的。

大量微服务的存在预先假定了便利的基础设施的存在。容器化技术非常适合这一点。

该交易系统还将使用第三方应用程序进行工作，如 Postgres 和 Kafka。这两个应用程序都可更容易、更方便地作为容器运行，而不是作为操作系统上的进程运行。

总之，了解 Docker 是开发本书所述交易系统的关键。

9.2.3　Docker 组件

理解 Docker 是建立在理解其基本概念的基础上的。整个 Docker 技术是建立在以下多个关键概念之上的。

- Docker 引擎。这是 Docker 的主要应用程序，也被称为平台（platform）。这就是确保 Docker 进程运行和它们之间网络交互的东西。安装 Docker 引擎的一个简单方法是使用 Docker Desktop。Docker Desktop 包含 Docker 引擎和许多其他组件。安装发行版可以从 Docker 官方网站下载。

- Docker 容器。这是操作系统上正在运行的 Docker 进程。这是一个运行容器，用于运行应用程序及其所有依赖项。
- Docker 镜像。这是一个容器的原型或其镜像。基于 Docker 镜像，可以运行任意数量的 Docker 容器。得益于 Docker 镜像，可以保证每个 Docker 容器实例都具有相同版本的目标应用程序以及所有依赖项。
- Dockerfile。这是一个描述如何创建 Docker 镜像的文件。也就是说，这是一个清单，Docker 将通过它了解未来 Docker 镜像的组成。

使用 Docker 的简单操作如下：

（1）你需要安装 Docker 引擎。我在工作计算机设备上使用的是 Docker Desktop，其中就包含 Docker 引擎作为组件之一。

（2）创建一个 Docker 文件，描述如何将目标应用程序构建为 Docker 镜像。

（3）使用 docker build 命令，创建 docker 镜像。

（4）使用 docker run 命令运行 Docker 容器。

本章将介绍除步骤（1）之外的所有步骤。之所以不介绍步骤（1），是因为它与特定的操作系统相关，并且在 Docker 网站上已经对此提供了详尽的说明文档。

9.2.4　启动应用程序

在启动 Docker 容器之前，需要创建应用程序的镜像。为此，我在项目目录中创建了一个 Docker 文件。这个文件可以被称为任何东西，但它通常被称为 Dockerfile，用大写字母表示，且不指定文件类型。代码清单 9-5 显示了我的 Docker 文件的内容。

要创建镜像，首先需要执行以下操作：

（1）下载所有项目依赖项。我们的项目将链接来自 NuGet 包的外部库。Docker 文件执行 dotnet-restore 命令。当执行该命令时，.NET 将搜索依赖项并下载它们。

（2）发布应用程序。要发布应用程序，可使用 dotnet publish 命令。这将编译应用程序并将生成的文件发布到指定目录。

（3）给 Docker 一个命令运行应用程序。

代码清单 9-5　Dockerfile

```
FROM mcr.microsoft.com/dotnet/sdk:8.0 AS builder          (1)
WORKDIR /app                                              (2)
```

```
COPY . ./                                                   (3)
RUN dotnet restore                                          (4)
RUN dotnet publish --no-restore -c Release -o out           (5)

FROM mcr.microsoft.com/dotnet/aspnet:8.0                    (6)
WORKDIR /app                                                (7)
COPY --from=builder /app/out .                              (8)
ENTRYPOINT ["dotnet", "GatewaysApi.Binance.dll"]           (9)
```

让我们仔细看看这个文件的每一行都执行了哪些操作。

（1）执行 FROM 语句。这指定了将执行应用程序构建命令的镜像。对于我的应用程序来说，使用的是位于 Microsoft Artifact Registry 服务器上的 image donet/sdk 8.0 版本。

（2）执行 WORKDIR 指令，这会将容器中的当前目录更改为指定的目录，即/app。

（3）COPY 语句告诉 Docker 将文件和文件夹复制到容器中。在本示例中，它指示 Docker 将所有内容从启动构建命令的目录复制到容器的 app 目录。

（4）运行 dotnet restore 命令。

（5）执行 dotnet publish 命令。-o 选项指示 Docker 将最终编译的文件放在 out 目录中。事实证明，生成的文件将存储在容器中的 app/out 中。

--no-restore 选项表示不需要检查依赖包，因为我们已经先运行了 restore 命令。-c 指定了构建配置的名称，在本示例中，该名称为 Release。

运行此命令后，程序集文件（各种.dll）将出现在 app/out 文件夹中。

（6）这就是镜像组装的第二阶段开始的地方。在该步骤中，FROM 语句已经指向应用程序的基镜像或父镜像。我创建的是一个 ASP.NET 应用程序，所以本示例使用的父镜像是 dotnet/aspnet 8.0 版本。

（7）由于 FROM 语句已开始新的构建步骤，因此必须使用 WORKDIR 语句再次指定当前容器目录。

（8）在此阶段，将上一构建阶段 /app/out 目录中的所有文件复制到当前目录。因此，生成的.dll 文件将位于当前应用程序目录中。

（9）ENTRYPOINT 指令告诉 Docker 在容器执行期间应该调用哪个命令以及使用哪个参数。在本示例中，将调用的是 dotnet GatewaysApi.Binance.dll 命令。

至此，Docker 文件和应用程序已经准备就绪。让我们收集镜像并启动容器。在开始之前，需要确保 Docker 引擎正常工作。为此，可以运行 docker -v 命令，这将提供有关当前 Docker 版本的信息。

Docker Hub 是一个公共的 Docker 镜像仓库，任何用户（无论公司还是个人）都可以免费上传和下载 Docker 镜像。我发布的 Docker 镜像 hello-world 网址如下：

```
https://hub.docker.com/_/hello-world
```

虽然该镜像仅包含一个静态文件，但是借助此镜像同样可以检查计算机上 Docker 引擎的性能。

如果运行 docker run hello-world 命令，将看到类似于代码清单 9-6 的信息。如果 Docker 找不到 hello-world 镜像，则会尝试下载它。下载完成之后，Docker 启动应用程序，即可看到消息"Hello from Docker！"。这意味着 Docker 工作正常。

代码清单 9-6　docker 运行 hello-world 的结果

```
$ docker run hello-world
Unable to find image 'hello-world:latest' locally
latest: Pulling from library/hello-world
c1ec31eb5944: Pull complete
Digest: sha256:d000bc569937abbe195e20322a0bde6b2922d805332fd6d
        8a68b19f524b7d21d
Status: Downloaded newer image for hello-world:latest

Hello from Docker!
This message shows that your installation appears to be working
correctly.
```

如果现在运行命令查看 Docker 镜像列表，则将看到类似于代码清单 9-7 的条目。你可以看到镜像 hello-world 和标签 latest。可以为镜像分配任何标签，但通常使用其版本。此信息还包含镜像标识符、创建日期和大小。

代码清单 9-7　Docker 镜像

```
$ docker images
REPOSITORY        TAG        IMAGE ID        CREATED         SIZE
hello-world       latest     d2c94e258dcb    10 months ago   13.3kB
```

由于显然不再需要 hello-world 容器，因此可以删除该镜像。但是，如果运行 docker rmi hello-world 命令，则 Docker 将无法成功删除 hello-world 镜像。代码清单 9-8 演示了将遇到的错误。

代码清单 9-8　删除镜像

```
$ docker rmi hello-world
Error response from daemon: conflict: unable to remove
repository reference "hello-world" (must force) - container
375244b990d2 is using its referenced image d2c94e258dcb
```

这是因为有一个正在运行的容器使用此镜像。要删除镜像和依赖容器，需要运行相同的命令，但要使用 - force 参数。然后 Docker 会删除镜像和所有依赖容器。代码清单 9-9 显示了该命令的输出。现在，如果运行一个 Docker 镜像，则会得到一个空列表。

代码清单 9-9　　强制删除镜像

```
$ docker rmi hello-world --force
Untagged: hello-world:latest
Untagged: hello-world@sha256:d000bc569937abbe195e20322a0bde
6b2922d805332fd6d8a68b19f524b7d21d
Deleted: sha256:d2c94e258dcb3c5ac2798d32e1249e42ef01cba484
1c2234249495f87264ac5a
```

在确信 Docker 引擎可以正常工作之后，现在可以使用现成的 Docker 文件创建应用程序的镜像。为此，需要运行以下命令：

```
docker build -t gateways-binance -f Dockerfile .
```

注意末尾的圆点！

这里使用了 -t 选项调用 docker build 命令，该选项指向标记 gateways-binance。

-f 参数指定了 Docker 文件的名称，命令将根据这些文件构建镜像。

代码清单 9-10 显示了上述命令的结果。可以看到，首先加载的是辅助镜像，然后再执行 Docker 文件中指定的命令。

代码清单 9-10　　Docker 构建镜像命令

```
$ docker build -t gateways-binance -f Dockerfile .
[+] Building 0.1s (14/14) FINISHED
docker:default => [internal] load .dockerignore
 => => transferring context: 2B
 => [internal] load build definition from Dockerfile
 => => transferring dockerfile: 328B
 => [internal] load metadata for mcr.microsoft.com/dotnet/
    aspnet:8.0
 => [internal] load metadata for mcr.microsoft.com/
    dotnet/sdk:8.0
 => [builder 1/5] FROM mcr.microsoft.com/dotnet/sdk:8.0
 => [stage-1 1/3] FROM mcr.microsoft.com/dotnet/aspnet:8.0
 => [internal] load build context
 => => transferring context: 6.03kB
 => CACHED [stage-1 2/3] WORKDIR /app
 => CACHED [builder 2/5] WORKDIR /app
 => CACHED [builder 3/5] COPY . ./
 => CACHED [builder 4/5] RUN dotnet restore
 => CACHED [builder 5/5] RUN dotnet publish --no-restore -c
    Release -o out 0.0s
 => CACHED [stage-1 3/3] COPY --from=builder /app/out .
 => exporting to image
 => => exporting layers
 => => writing image sha256:d7b014f94643b51fc7465ea104a47075e
        330681922101d9a1ad7b3840883ed18
 => => naming to docker.io/library/gateways-binance
```

此时如果运行 docker images 命令，则会看到如代码清单 9-11 所示的结果。

代码清单 9-11　docker images 命令

```
$ docker images
REPOSITORY          TAG          IMAGE ID          CREATED          SIZE
gateways-binance    latest       d7b014f94643      15 minutes ago   293MB
```

现在可以启动第一个容器。为此，需要运行以下命令：

```
docker run -d -p 1234:8080 gateways-binance
```

这里，我执行的是 docker run 命令。-d 参数（d 表示 detach）指定容器应在后台启动，并且只有此容器的标识符应显示在命令行上。

-p 1234:8080 选项指定了端口映射。你应该还记得，应用程序"认为"它正在一个单独的虚拟机上运行，而在这个"虚拟机"中，它将在端口 8080 上运行，因为除非另有指定，ASP.NET 应用程序一般都在端口 8080 上运行。如果你想访问你的应用程序，那么必须像访问另一台计算机一样操作。这就是有必要确定端口合规性的原因。这里，我指定当请求发生在端口 1234 上时，Docker 引擎将其转发到容器"虚拟机"中的端口 8080。

如果执行 GET 请求到 http://localhost:1234/status/liveness，将看到 It's alive!!! 这行消息，如代码清单 9-12 所示。

代码清单 9-12　获取状态

```
$ curl http://localhost:1234/status/liveness
It's alive!!!
```

使用以下命令可以看到容器的日志。

```
docker logs bbbe5ed2c573947bfa7b4c68d41d
```

这应该包含许多从 Binance 收到的交易信息的日志消息。

要找出容器 ID，可运行以下命令：

```
docker ps -f ancestor=gateways-binance
```

这将输出由镜像 gateways-binance 组成的所有容器。

现在可以在端口 1235 上启动应用程序的另一个实例。为此可以运行以下命令：

```
docker run -d -p 1235:8080 gateways-binance
```

运行以下命令将看到两个容器，相应地，还有两个应用程序实例。

```
docker ps -f ancestor=gateways-binance
```

由此可见，使用 Docker 启动应用程序实例是很容易的。想象一下，可以简单地将这个应用程序上传到 Docker 中心，任何运行 Docker 引擎的人都可以运行你的应用程序，完全不知道它是使用.NET 编写的，也不必关心它需要哪些依赖项，就是这么简单。

9.3　Kubernetes

现在我们已经启动了 gateways-binance 应用程序的两个实例，但当决定发布新版本时，又该怎么做呢？

你需要执行以下操作：

（1）使用新版本的应用程序发布镜像。

（2）停止并删除使用旧版本镜像的所有容器。

（3）使用新版本的镜像启动所需数量的容器。

这个过程有一个很大的缺点：应用程序在步骤（2）和（3）之间将无法运行。因此，步骤（2）和（3）需要对每个容器按顺序进行，也就是说，首先使用新版本的应用程序启动容器，然后停止使用旧版本应用程序的容器，这样应用程序才不会中断；随后，对第二个容器执行相同的操作，以此类推，直至达到目标容器数量。这种部署策略称为零停机部署（zero downtime deployment）。

当然，所有这些步骤都可以手动完成。但这样的交易系统将有至少 10 个不同数量的容器应用程序，而不是一个。手动更新每个应用程序需要格外谨慎，并且很可能出错。

除了更新的复杂性之外，基于纯 Docker 构建的基础设施还有另一个缺点：缺乏控制和监控。想象一下，如果一个容器停止存在，或者其中一个容器内的应用程序停止工作，那会怎么样？在这种情况下该怎么办？如果需要手动检查容器的数量，在出现问题时手动启动一个新的容器，那么这样的系统很难称为高效系统。

为了自动化更新、扩展和管理容器任务，人们开发了一类称为编排器（orchestrator）的特殊应用程序，其中最受欢迎的是 Kubernetes，其网址如下：

```
https://kubernetes.io/
```

本节将演示如何在 Kubernetes 中部署应用程序。与 Docker 一样，我不会详细介绍如何在计算机上安装此应用程序，因为它在每个操作系统上都不一样。我只想说，对于个人需求，使用 Docker Desktop 非常方便，这也包括运行 Kubernetes。

9.3.1　组件

Kubernetes（简写为 k8s，因为在 K 和 s 之间有 8 个字符）的核心组件是集群。集群由若干个称为节点的服务器组成。有两种类型的节点：工作节点（worker node）是运行容器的服务器，主节点（master node）则是管理工作节点工作的服务器。当在 k8s 上运行命令时，它们总是被发送到主节点。

对于 Kubernetes 集群的正常运行，一个主节点和一个工作节点就足够了，但通常有若干个工作节点。通过增加集群中的节点数量，可以水平扩展集群。也就是说，如果有大量容器需要运行，导致工作节点不敷使用，那么总是可以向集群中添加更多的工作节点。

图 9-2 显示了 Kubernetes 集群架构示意图。

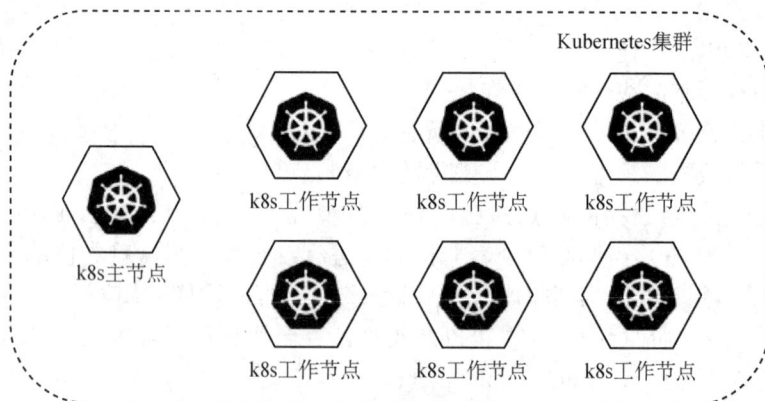

图 9-2　Kubernetes 集群

9.3.2　Pod

每个工作节点都可以运行若干个最小的 k8s 单元，称为 Pod。Pod 是最小的 k8s 对象，它保证了容器的运行。现在让我们看看如何使用应用程序创建 Pod。

首先需要确保 Kubernetes 正常工作。为此，可以运行一个简单的命令获取节点列表，如代码清单 9-13 所示。

代码清单 9-13　节点列表

```
$ kubectl get nodes
NAME              STATUS      ROLES            AGE       VERSION
docker-desktop    Ready       control-plane    215d      v1.27.2
```

可以看到，有一个 k8s 节点 v1.27.2 正在运行。

要创建 Pod，可以运行 kubectl run 命令，当然，还需要传递一些参数，例如将要启动的镜像和容器的名称，如代码清单 9-14 所示。

代码清单 9-14　kubectl run 命令

```
$ kubectl run gateways-binance-1
        --image=gateways-binance:latest
pod/gateways-binance created
```

现在，如果运行命令获取 Pod 列表，则 Pod 将被返回。参见代码清单 9-15。

代码清单 9-15　Pod 列表

```
$ kubectl get pods
NAME                READY    STATUS      RESTARTS    AGE
gateways-binance-1  1/1      Running     0           2m31s
```

要查看 Pod 日志，可以使用以下命令：

```
kubectl logs gateways-binance-1
```

如何检查应用程序的功能？可以调用 GET 方法访问/status/liveness。为此需要将端口 Pod 8080（这是 ASP.NET 默认运行应用程序的端口）转发到计算机上的某个端口。这需要运行 port-forward 命令，如代码清单 9-16 所示。

代码清单 9-16　kubectl 端口转发

```
$ kubectl port-forward gateways-binance-1 1234:8080
Forwarding from 127.0.0.1:1234 -> 8080
Forwarding from [::1]:1234 -> 8080
```

现在可以调用 GET 方法访问：

```
http://localhost:1234/status/liveness
```

你会看到响应消息：It's alive！！！。

要删除该 Pod，可运行以下命令：

```
kubectl delete pods gateways-binance-1
```

了解所有这些命令是一件好事，但也有一种管理 Kubernetes 的替代方法：使用 IDE。对我来说，最方便的是 Kubernetes Dashboard，其网址如下：

```
https://github.com/kubernetes/dashboard
```

另外，Lens 也值得推荐：

```
https://k8slens.dev/
```

接下来将继续通过命令行演示如何使用 k8s，因为这些是我想让你知道的基础知识。

9.3.3　部署

在目前这个阶段，我们有一个名为 gateways-binance-1 的 Pod，它有一个基于应用程序镜像构建的运行容器。创建和删除 Pod 与运行容器基本上没有什么不同。为了自动化 Kubernetes 中 Pod 的部署和扩展，可使用 deployments 实体。

我们将不使用 create 命令，而是使用所谓的清单文件（manifest file）创建它。此处需要清单文件保存和控制 Kubernetes 设置的配置。你可以将这些文件放入源代码管理中，并始终查看对其所做的更改。

现在让我们为部署创建一个清单文件。清单文件的类型为.yaml。在计算机上的任何目录中都可以创建 deployment.yaml 文件，但一般来说，与部署相关的文件都存储在.ops目录中，该目录位于应用程序的根目录中。

使用.yaml 文件时要特别小心。正确指出这一点非常重要。代码清单 9-17 提供了一个用于部署的最小清单文件。

代码清单 9-17　　deployment.yaml 文件

```yaml
apiVersion: apps/v1
kind: Deployment
metadata:
  name: gateways-binance-deployment
  labels:
    app: gateways-binance
spec:
  replicas: 2
  selector:
    matchLabels:
      app: gateways-binance
  template:
    metadata:
      labels:
        app: gateways-binance
      spec:
        containers:
          - name: gateways-binance-pod
            image: gateways-binance
```

可以看到，该文件中包含以下内容：

- apiVersion:apps/v1 表示 Kubernetes API 版本。
- kind:Deployment 是一种文件清单。例如，如果指定 kind:Pod，则意味着这个文件描述了 Pod 的创建。
- metadata:name 是部署的名称。
- metadata:labels 对许多事情都是必要的。它们可用于管理 Kubernetes 对象。例如，删除所有具有特定标签集的对象。它们也可用于收集应用程序日志，以向日志中添加其他信息。
- spec:replicas 是 Pod 的目标数量。
- spec:selector:matchLabels 指示通过哪些标签匹配部署和 Pod。
- spec:template 部分包含对未来 Pod 的描述。
- template:metadata:labels 指定将使用哪些标签创建未来的 Pod。
- template:metadata:spec:containers:name 是未来容器名称的前缀。
- template:metadata:spec:containers:image 指定将使用哪个镜像在每个 Pod 上启动

容器。

要使用该清单文件，可运行以下命令：

```
kubectl apply -f deployment.yaml
```

如果查看部署列表，将看到如代码清单 9-18 所示的消息。

代码清单 9-18　部署列表

```
$ kubectl get deployments
NAME                           READY      UP-TO-DATE      AVAILABLE      AGE
gateways-binance-deployment    2/2        2               2              12m
```

如果现在请求一个 Pod 列表，则会看到有两个 Pod，因为清单文件指定了 spec:
replicas=2。代码清单 9-19 显示了该结果。

代码清单 9-19　Pod 列表

```
$ kubectl get pods
NAME                                          READY   STATUS    RESTARTS   AGE
gateways-binance-deployment-656b7fd7d4-f76rh  1/1     Running   0          13m
gateways-binance-deployment-656b7fd7d4-rpn95  1/1     Running   0          13m
```

Kubernetes 的功能之一是监视和控制正在运行的 Pod。要检查和试用该功能，可以删
除其中一个 Pod，然后立即运行命令以获取 Pod 列表，如代码清单 9-20 所示。

代码清单 9-20　删除 Pod

```
$ kubectl delete pod gateways-binance-deployment-656b7fd7d4-
f76rh
pod "gateways-binance-deployment-656b7fd7d4-f76rh" deleted
```

Kubernetes 立即启动了一个新的 Pod 替换已删除的 Pod，因为实际运行的 Pod 数量不
等于目标数量（两个）。代码清单 9-21 显示了该结果。

代码清单 9-21　Pod 列表

```
$ kubectl get pods
NAME                                          READY   STATUS    RESTARTS   AGE
gateways-binance-deployment-656b7fd7d4-rpn95  1/1     Running   0          16m
gateways-binance-deployment-656b7fd7d4-tnq5b  1/1     Running   0          3s
```

如果更改清单文件并设置 replicas=3，然后再次调用 apply 命令，将看到类似于代码
清单 9-22 的消息。Kubernetes 自动在现有两个 Pod 的基础上添加了另一个 Pod。

代码清单 9-22　扩展

```
$ kubectl apply -f deployment.yaml
deployment.apps/gateways-binance-deployment configured

$ kubectl get pods
```

```
NAME                                              READY  STATUS   RESTARTS  AGE
gateways-binance-deployment-656b7fd7d4-c9jvq      1/1    Running  0         3s
gateways-binance-deployment-656b7fd7d4-rpn95      1/1    Running  0         20m
gateways-binance-deployment-656b7fd7d4-tnq5b      1/1    Running  0         4m
```

除了 Pod 本身可能不复存在之外，容器内运行的应用程序也可能突然停止执行其功能。为了检查应用程序的功能，k8s 会定期发出请求（进行探测）。URL 和检查频率也都可以在清单文件中设置。

- 探测 Pod 是否准备就绪对于 k8s 了解是否可以将流量切换到该 Pod 是必要的。如果就绪状态探测为负，则不会向此端口发送请求。
- 活性探测通常在 Pod 启动的那一刻进行，这样 k8s 就可以了解该应用程序已成功启动并投入运行。

对我们来说，Kubernetes 的另一个重要功能是 HorizontalPodAutoscaler。代码清单 9-23 显示了 deployment.yaml 文件的第 2 部分。可以看到，我已经为此添加了一个清单，其中包含对 HorizontalPodAutoscaler 对象的描述。

- minReplicas 指定了 Pod 的最小数量。
- maxReplicas 表示 Pod 的最大数量。
- spec:scaleTargetRef 指向我们的部署。
- metrics 部分指示了调节 Pod 数量的规则。该规则规定，如果所有 Pod 的平均 CPU 利用率超过 50，则将启动另一个 Pod，以此类推，直至达到 maxReplicas。

在 metrics 中，不仅可以使用系统度量指标，也可以使用自己的度量指标。例如，对于真实的交易子系统，主动策略数量这一指标就是相关的。

代码清单 9-23　deployment.yaml 文件中的 HorizontalPodAutoscaler

```
---
apiVersion: autoscaling/v2
kind: HorizontalPodAutoscaler
metadata:
  name: gateways-binance-hpa
spec:
  scaleTargetRef:
    apiVersion: apps/v1
    kind: Deployment
    name: gateways-binance-deployment
  minReplicas: 2
  maxReplicas: 5
  metrics:
    - type: Resource
      resource:
        name: cpu
        target:
          type: Utilization
          averageUtilization: 50
```

9.3.4　服务

在目前阶段，要访问应用程序，必须运行 port-forward 命令，这既不方便，也没有效率可言。因此，合适的解决方案是通过某个地址访问服务，而不必考虑哪个 Pod 提供了服务。此外，流量必须在所有 Pod 之间均匀分布。

为了解决这些问题，k8s 提供一个特殊的组件：service。k8s 正是通过这一组件提供了我们所需要的功能。

Kubernetes 的服务有若干种类型。本节将展示如何使用 NodePort 类型的服务。代码清单 9-24 中提供的清单文件是创建服务所需的最小文件。

其中比较重要的是 spec:selector 部分。它定义了一组标签，用于搜索绑定到服务的 Pod。spec:ports 部分则指定了 Kubernetes 集群中服务本身的端口，以及向 Pod 发出请求的端口。

代码清单 9-24　service.yaml

```
apiVersion: v1
kind: Service
metadata:
    name: gateways-binance-service
spec:
    selector:
        app: gateways-binance
    ports:
        - protocol: TCP
          port: 1234
          targetPort: 8080
    type: NodePort
```

在创建 service.yaml 文件后，还需要运行以下命令创建新服务。

```
kubectl apply -f service.yaml
```

创建服务后，即可在服务列表中看到它，如代码清单 9-25 所示。

代码清单 9-25　服务列表

```
$ kubectl get svc
NAME                        TYPE       CLUSTER-IP      EXTERNAL-IP   PORT(S)
gateways-binance-service    NodePort   10.106.71.65    <none>        1234:30550/TCP
```

注意 PORT(S)部分，这表示集群内的端口 1234，以及外部端口 30550，你可以通过该端口访问服务。

现在，如果向 http://localhost:30550/status/liveness 发出请求，则将看到消息 It's alive!!!。如果查看 Pod 日志，则可以看到请求已发送到其中一个 Pod。

9.3.5　helm

我们已经创建了多个清单文件，可以使用这些文件在 Kubernetes 集群上快速启动应用程序。未来你不仅将与 Binance 集成，还将与其他交易所和经纪人集成，这意味着将拥有许多 gateways-xxx 应用程序，它们之间的主要区别仅在于环境变量的名称和集合。当然，可以将清单文件与应用程序源代码一起存储，但如果需要更改其中的某些内容该怎么办呢？例如，在每个收集日志的 Pod 中再添加一个容器。在这种情况下，将不得不更改所有存储库中的清单文件，而这样做出错的可能性很高。此外，随着基础设施变得更加复杂，清单文件的列表可能不会像上述示例那样仅包含两个文件，而是包含十几个文件，在每个文件中，必须记住编写标签 app:gateways-binance。

为了解决这些问题，人们开发了一个名为 helm 的解决方案。你可以在它的官方网站上找到安装和配置说明，其网址如下：

```
https://helm.sh
```

helm 背后的思路其实很简单，那就是让应用程序清单文件成为模板，其中单个值（例如 gateways-binance）被替换为变量名，并且包含这些变量值的特殊文件被添加到其中。现在清单文件可以存储在一个地方，包含单个变量值的文件可以与源代码一起存储。参见代码清单 9-26。

代码清单 9-26　HelmChart

```
  - HelmChart
  - templates
- deployment.yaml
- service.yaml
  - values.yaml
  - Chart.yaml
```

新的 Chart.yaml 文件包含 helm 运行应用程序所需的技术信息。代码清单 9-27 显示了此类文件的一个版本。

代码清单 9-27　Chart.yaml

```
apiVersion: v2
name: basechart
type: application
version: 0.1.0
```

新的 values.yaml 文件包含默认变量值。我们的示例确定了 4 个变量，分别是副本数（replicaCount）、镜像（image）、端口（port）和目标端口（targetPort）。最终，values.yaml 文件如代码清单 9-28 所示。

代码清单 9-28　values.yaml 文件

```
replicaCount: 2
image: gateways-binance
port: 1234
targetPort: 3000
```

现在需要在清单文件中注册这些变量。

代码清单 9-29 显示了修改后的 service.yaml 文件。如你所见，此清单文件可用于所有 gateways-xxx 应用程序。

这里使用了技术变量.Release.Name。在执行 helm install 命令时我会指出这一点。

代码清单 9-29　包含 helm 变量的 service.yaml 文件

```
apiVersion: v1
kind: Service
metadata:
    name: {{ .Release.Name }}-service
spec:
    selector:
        app: {{ .Release.Name }}
    ports:
    -    protocol: TCP
         port: {{ .Values.port }}
         targetPort: {{ .Values.targetPort }}
    type: NodePort
```

要使用 helm 运行应用程序，需要运行 helm install 命令，如代码清单 9-30 所示。我在.Release.Name 参数中指定了 gateways-biance。

代码清单 9-30　helm install 命令

```
$ helm install gateways-binance HelmChart/
NAME: gateways-binance
LAST DEPLOYED: Wed Mar 6 19:35:40 2024
NAMESPACE: default
STATUS: deployed
REVISION: 1
TEST SUITE: None
```

命令成功完成后，可以通过运行以下命令验证是否已创建所有必需的组件。

```
kubectl get pod
```

要更新 helm-chart，需要调用以下命令。

```
helm upgrade
```

简而言之，helm 是一种强大的机制，允许轻松安装由多个组件组成的复杂应用程序。

例如，要安装 Kafka，可以使用 helm-chart 图表集。目前比较受欢迎的图表集是 Bitnami 的图表集，其网址如下：

```
https://bitnami.com
```

该 helm-chart 图表集提供了在 Kubernetes 集群上部署各种应用程序所需的一切。有了这些工具包，使用一个命令即可在服务器上运行复杂的应用程序。

9.4 小　　结

本书的学习之旅到此告一段落。你已经走了很长的路，学会了如何构建复杂的交易系统，了解了如何创建此类系统的架构以及如何实现它。

本章介绍了构建交易系统的主要主题之一，即基础设施。我以一个与加密货币交易所集成的小型应用程序为例，展示了如何创建自己的 Docker 镜像，以及如何启动一个 Docker 容器。

本章还演示了如何使用最流行的编排器 Kubernetes。我们介绍了其中的主要组件。展示了一个创建 Pod、部署和服务的示例，最后还介绍了如何将这些清单文件打包到 helm-chart 图表集中。

学习完本章之后，你将有足够的知识在服务器或个人计算机上安装所有必要的基础设施。现在，你已有足够的能力创建自己的易于扩展的交易系统。

值得一提的是，本书描述的系统并不是最终的解决方案，这里有无限的改进空间。例如，你可以开始使用整个公式，而不是在条件中使用指标。或者，你可以创建自己的信号类型，该信号不使用条件，而是基于新闻报道中某些短语的提及次数。

建立交易系统是一个无休止的过程，其中总是有改进的空间。从事这项工作非常令人愉快，因为你会立即看到并感受到你的工作在金钱方面的反馈，这是最好的激励因素之一。祝你交易成功，赚得盆满钵满。